디지털
시대의
메이커 교육

LIBRARY
문화예술교육 총서, 아르떼 라이브러리
이 책은 문화체육관광부와 한국문화예술교육진흥원의
'2019 문화예술교육 총서 발간 사업'의 일환으로 제작되었습니다.

이 도서의 국립중앙도서관 출판예정도서목록(CIP)은 서지정보유통지원시스템 홈페이지(http://seoji.nl.go.kr)와
국가자료종합목록 구축시스템(http://kolis-net.nl.go.kr)에서 이용하실 수 있습니다.
CIP제어번호: CIP2020000081

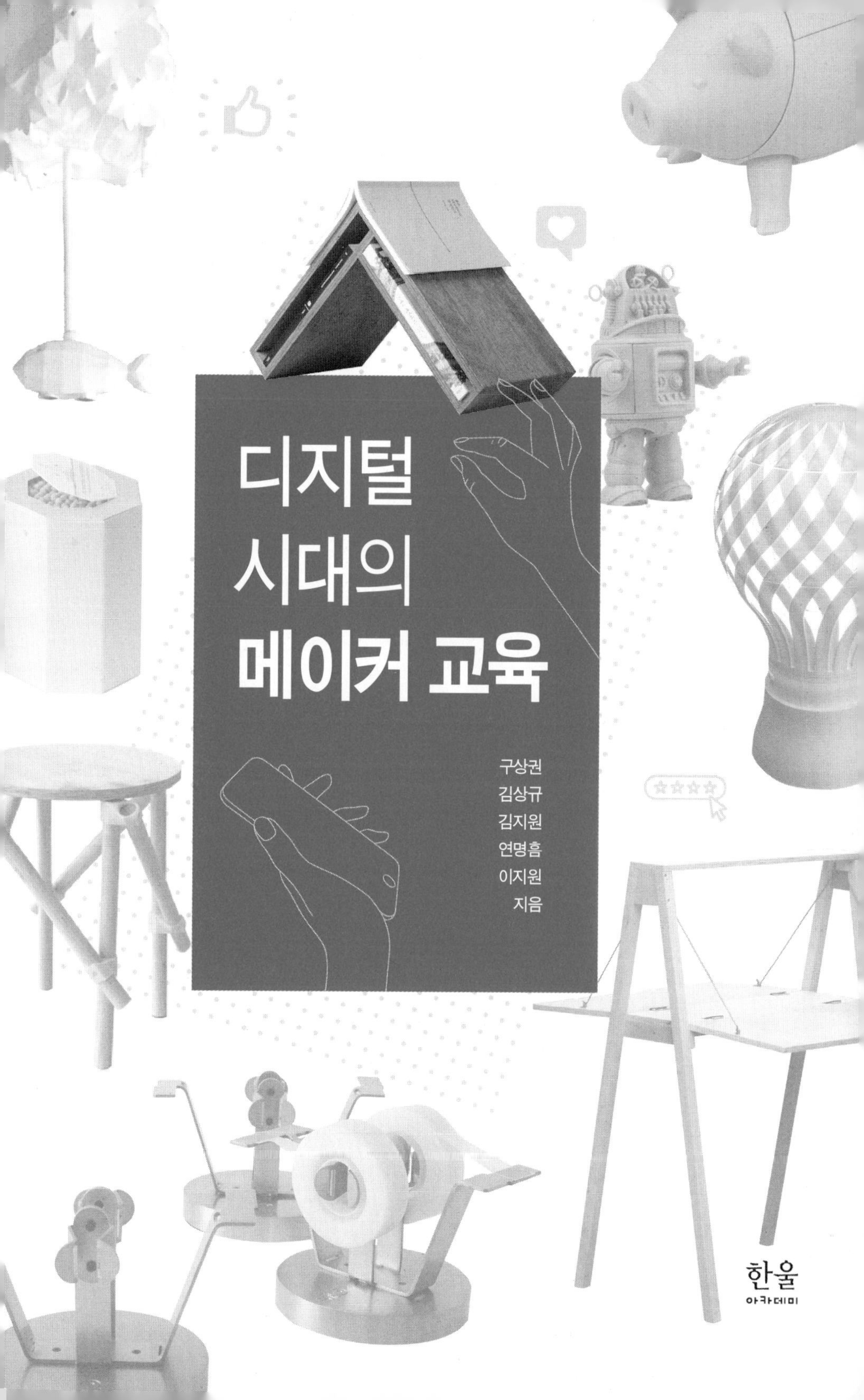
디지털
시대의
메이커 교육
구상권
김상규
김지원
연명흠
이지원
지음
한울
아카데미

C O N T E N T S

3장 지속 가능한 '만들기' 방법들

| 이지원 |

4장 피지컬 컴퓨팅 교육을 통해 본 디자인 메이커 교육

| 연명흠 |

C O N T E N T S

5장 메이커 운동과 3D 프린팅 교육 | 구상권 |

6장 좌담: 메이커 문화와 디자인 교육

서문

3D 프린터가 설치되어 있는 상상마당, 올해로 8년째를 맞이하는 메이커페어 서울, 각종 도서관에서 운영하는 메이커 교실에서 볼 수 있듯이 외국에서 시작된 메이커 문화 또는 메이커 운동이 우리 사회에 소개된 지도 적지 않은 시간이 흘렀다. 4차 산업혁명의 돌파구, 대안적이고 자급적인 생활양식을 추구하는 DIY 문화, 비판적인 제작 행동주의 등 메이커 문화를 바라보는 시점과 기대는 다양하다. 대학, 정부 출연 기관, 비즈니스 현장에 종사하는 이 책의 저자 다섯 명은 메이커 문화의 이론과 사례, 자전적 비즈니스 스토리와 인터뷰를 통해 우리 사회에서 메이커 문화의 의의를 되짚어 보고, 문화예술 창작자의 시점에서 다양한 메이커 운동의 양상을 소개한다. 또한 이 책을 통해 디자인, 더 나아가 문화예술교육 전반에서 메이커 교육을 어떻게 수용하고 진행할 것인가를 묻는다.

전통적인 디자인은 창작과 생산의 분리를 전제로 하여, 기업 주도로 개발되는 상품의 외관과 사용 경험을 혁신하는 것이다. 그러나 3D 프린팅으로 대표되는 디지털 제조 환경이 조성되고 오픈소스를 비롯한 제작 공유지가 확산되는 오늘날의 사회 여건 속에 창작과 생산이 재통합될 조건이 조금씩 만들어지고 있으며, 기업의 구성원으로서가 아니라 자기 목소리를 내는 작가로서의 활동 방식의 폭이 넓어지고 있다. 상품이 아니라 내 삶의 이야기를 전달하거나, 자칫 낡아 보일 수 있는 레트로 감성의 가치를 복원하거나, 합리성과 산업적 타당성을 넘어서는 대안적인 만들기를 실험하기도 한다. 이 과정에서 공예적인 접근의 가능성과 가치가 다시금 부각되기도 하는데, 이러한 움직임은 메이커 운동에 의해 일깨워지고 촉진되는 동시에 메이커 운동을 확산하는 데 기여하기도 한다. 이러한 변화는 결국 디자인 교육의 문제로 귀결된다. 이 책은 디지털 시대의 디자인이 놓인 새로운 지형과 교육 현장에서 벌어지는 디자인-메이커 교육을 살펴보고, 그에 대해 논의한다.

* * *

이 책은 좌담을 포함해 총 6개 장으로 구성되어 있다. 1장에서는 메이커 문화의 양상과 가치를 개괄적으로 다룬다. 2장과 3장에서는 다양한 메이킹 사례를 소개한다. 제작 현장과 창작물을 소개한다는 점에서 이 두 장은 유사해 보이지만, 2장은 우리 사회에서 메이커의 창작물이 어떻게 받아들여질지를 디자인과 공예의 관계를 중심으로 살펴보는 반면, 3장은 변화된 제작 환경에 맞춘 메이커의 활동을 인터뷰 방식으로 탐색하고, 생산 주체의 지속 가능성을 모색하려 했다는 점에서 차이가 있다. 4장은 메이커 교육을 본격적으로 소개하며, 피지컬 컴퓨팅 수업의 통찰점에 대해 논의한다. 5장은 저자의 비즈니스를 바탕으로 3D 프린팅이라는 디지털 제조 시대의 대표적인 도구에 대해 살펴본다. 4장과 5장은 각각 교수와 사업가로서의 개인 경험에 기반해 작성되었다.

1장 「제작 문화와 메이커 교육」은 서울과학기술대학교 교수이자 디자인 전시기획자인 김상규가 썼다. 저자는 현재의 메이커 운동과 메이커 교육이 올바른 제작 문화의 전통에 기초하는지 의문을 던지며 '메이커'의 개념이 산업사회의 변화와 어떻게 맞물려 왔는지 살펴보고 제작 문화의 전통을 추적한다. 먼저 저자는 오늘날의 제작 문화가 창작과 생산을 재통합했다고 평가하면서, 이렇게 등장한 제작 문화는 오늘날 정부, 산업계, 메이커 운동가, 개인 등 여러 주체의 낙관적인 기대에 휩싸여 있다고 진단한다. 제조업 부활과 디지털 제조에 대한 기대, 메이킹이 기존 제조업을 대체할 것이라는 낙관적이고 비현실적인 예측, 창업을 장려하는 정부, 이러한 지원을 활용하려는 개인의 열망에 공동체를 향한 시선은 없다. 그러나 본래의 메이커 문화에는 DIY 문화, 손으로 만드는 노동에 대한 존중, 장인정신, 애드호키즘Adhocism과 같은 공동체적 전통이 있었다. 저자는 이러한 제작 문화의 전통을 인식하지 않은 채 실시되는 메이커 교육의 한계를 지적한다. 공동체적 제작 문화를 이해하기 위해 우리는 자본주의 시스템을 넘어 사회적 전망을 담은 공유지commons를 넓혀야 한다. 개방적이고 공공적인 P2P 생산과 제작 민주화를 둘러싼 지식은 공동체의 노력으로 만들어진다. 이러한 공유지의 가치를 외면한다면, 만들기를 넘어 비평적 사고와 창의 역량을 담아야 할 메이커 교육이 그저 일시적인 교육의 유형이자 방법에 머물고 말 것이라고 주장한다.

2장 「디자이너는 왜 메이커가 되려 하는가」는 한국공예디자인문화진흥원에 재직 중인 김지원이 썼다. 저자는 축적된 가치들에 대한 사회적 관심, 이를테면 레트로 감성의 제품들이 시장에 귀환하는 현상이나 공예가 재조명되는 현상, 전통적인 가치들이 현대의 시선에서 재평가되는 현상 등을 살펴보며, 이 문화 확산들의 새로운 주체로 부상하는 디자이너-메이커의 활동에 주목한다. 디자이너-메이커, 이들은 공예의 가치와 디자인의 가능성을 체현한 문화 생산자이자 제작자로서 국가와 산업 주도의 환경에서 벗어나 자기 주도적 환경을 만들어가고 있다. 저자는 이들의 출현이 현 사회가 당면한 크고 작은 문제들을 해결할 수 있다는 긍정적인 전망에서 비롯되었음을 시사하면서, 메이커 문화와 디자이너-메이커들의 활동을 추적한다. 엣시Etsy나 아이디어스idus 같은 크라우드 펀딩, 1인 미디어, 크고 작은 마켓 등 온라인과 오프라인을 상호 연결하며 확장하는 플랫폼은 이들이 상품을 만들고 배우는 활동 공간이다. 한편으로는 스타트업들을 키워내는 인큐베이팅 시스템이나 멘토링, 워크숍 등이 디자이너-메이커들이 새로운 가능성에 도전하는 마중물 역할을 한다. 영국의 콕핏아트, 한국공예디자인문화진흥원의 '공예 디자인 스타 상품 공모' 사업 등이 그 예가 될 수 있다. 저자는 이 글에서 우리 시대의 디자이너는 왜 메이커가 되려 하는가, 디자이너-메이커의 실천은 디자인 산업의 생태계를 지속 가능하게 하는 대안이 될 수 있을까, 디자이너-메이커를 키워내기 위한 교육 기반은 존재하는가를 질문한다.

3장 「지속 가능한 '만들기' 방법들」은 디자인스튜디오 아키타입의 대표 이지원이 썼다. 저자 또한 한 명의 제작자로서, 만들기를 통해 자립과 지속 가능성을 모색하는 다른 제작자들이 자신의 작업을 어떻게 변화시키고 확장해 왔는지를 여러 인터뷰를 통해 생생히 들여다본다. '오픈소스: 집단지성의 힘'에서는 컴퓨터 공학과 미디어디자인을 전공한 이동훈의 공공 인터랙티브 미디어 작품들을 소개하며, 오픈프레임웍스나 깃허브와 같은 오픈소스를 활용해 작품을 만든 사례를 보여준다. '작은 제조업: 스스로 만드는 것의 가치'에서는 디자인 아로공간의 황희은 디자이너를 인터뷰하고 그의 작품을 사례로 들며, 자기 필요에 의해 스스로 만들고 향유하는 소규모 목공 작업의 가치를 소개한다. '만들기로 사회를 향해 발언하는 방법'에서는 릴리쿰이 진행한 워크숍 ≪공작소녀≫와 ≪스테가노 그래픽 니팅 클럽≫을 소개하며, 메이커의 퍼실리테이터 facilitator 로서의 역할과 사회적 문제에 대한 발언자로서의 가능성을 보여준다. 프래그 스튜디오를 인터뷰한 '예술, 환경, 사회를 생각하는 메이커 교육'에서는 폐자전거 리사이클링 프로젝트나 ≪데스크 팩토리≫ 프로젝트, 〈전자얼굴〉 키트를 통해 메이커 교육과 이들이 제작 문화의 생태계를 확장하는 방식을 보여준다. 이들은 제작 문화를 경제적 관점에서 보기보다는 주체적인 삶, 재미, 공동체에 필요한 것을 찾는 일로 여기며 오늘도 지속가능한 만들기를 추구하고 있다.

4장 「피지컬 컴퓨팅 교육을 통해 본 디자인 메이커 교육」은 국민대학교 교수인 연명흠이 썼다. 저자는 메이커 교육이란 무엇이고 우리 사회에서 그것이 어떻게 전개되고 있는지, 메이커 교육에서 착안할 점은 무엇인지를 살펴보고, 저자가 진행한 수업을 토대로 디자인 대학에서의 메이커 교육의 경험과 논의점을 거론한다. 저자는 메이커 교육이 구성주의 교육철학과 맞닿아 있고, 교육에서 메이커스페이스와 같은 시설 구축보다 마인드셋 함양이 더 중요하며, 메이커 교육의 TMI Think-Make-Improve 모델이 디자인 프로세스와 유사하다고 한다. 이어, 메이커페어를 바탕으로 '외형을 갖고 있으며, 움직이며, 완결된 것'이 메이킹 창작물의 공통 요소임을 주장한다. 우리나라의 메이커 교육은 초등 고학년과 중등 과정에서는 방과후 교실, 자유학기제 프로그램 등으로 진행되며, 대학교에서는 피지컬 컴퓨팅 수업, 3D 프린팅 관련 수업 등으로 전개되는데, 저자는 아두이노 수업 경험을 바탕으로 디자인 대학에서의 메이커 교육에 대해 논의한다. 디자인-메이커 교육을 통해 디자인 전공 학생들은 공학에 대해 이해하고 경험할 수 있으며, 워킹 프로토타입을 만들어보고 제작 노하우를 습득한다. 더 나아가 제작 과정에서 발생하는 예기치 못한 문제들에 대한 해결 능력이 생기며, 산업디자인 범위를 확장할 수 있고, 설계와 제조의 통합을 경험한다. 메이커 수업은 어려움도 많지만, 새로운 제작 환경과 산업에 맞닥뜨릴 디자이너에게 요구되는 능력을 배울 수 있는 기회라고 저자는 말한다.

5장 「메이커 운동과 3D 프린팅 교육」은 3D 프린팅용 파일 공유·판매업체 FAB365의 대표인 구상권이 썼다. 저자는 3D 프린팅 사업 초기에 겪은 실패를 바탕으로 3D 프린팅의 문제점은 3D 프린팅에 부적합한 형상을 출력하려는 데서 발생하는 것임을 들려준다. 이후 저자는 3D 프린팅의 장점과 단점을 파악하고 여러 시행착오를 거쳐, 부품을 조립하지 않고 접어 완성품을 만드는 경첩 구조의 3D 프린팅 제품을 착안해 저작권료 수입을 얻는 새로운 비즈니스 모델을 성공적으로 운영하고 있다. 이러한 경험을 바탕으로 저자는 3D 프린팅 시대의 새로운 디자인 프로세스를 역설한다. 렌더링에 드는 과도한 비용과 시간을 줄이고, 3D 출력물 위에 바로 스케치하며, 거침없이 제작(프린팅)하는 프로세스가 필요하다는 것이다. 또한 개인맞춤형 생리컵, 게임 아이템을 출력하는 셈스게임즈SEMS Games, 마이미니팩토리Myminifactory나 엣시Etsy를 판매 플랫폼으로 활용하는 방법도 소개한다. 이들은 다품종소량생산에 적합한 3D 프린터의 특성을 잘 활용한 사업들이다. 마지막으로 3D 프린팅 교육의 문제점을 지적하고 방향을 제시한다. 관리의 어려움을 피하고자 프린터의 조작 방법만을 교육하거나, 3D 프린팅이 아닌 대량생산에 적합한 형상을 만들거나, 기존의 모델링 교육 콘텐츠를 고수하려는 태도를 극복해야 한다고 지적한다. "처음 떠오른 아이디어는 폐기하라", "직접 행동을 통해 검증하라"라는 생생한 조언도 덧붙인다.

6장 「좌담: 메이커 문화와 디자인 교육」은 두 차례의 좌담으로 구성되어 있다. 5인의 저자가 진행한 1차 좌담은, 디자인 교육과 메이커 교육의 접점에서 논의를 시작해, 기회인 동시에 위기의 원인이 되는 제조 민주화, 산업주의적 메이커와 아마추어적 메이커에 대한 비교, 정부의 메이커 문화 관련 정책, 메이커 문화의 자율성과 공유지의 중요성을 이야기하고, 디자인과 공예의 공통성과 차별성, 한국 고유의 제작 문화 인프라와 아카이빙의 필요성에 대해 폭넓은 대화를 나눴다.

2차 좌담은 저자들에 더해 초대 ≪메이크:Make:≫ 편집자이자 '메이커페어 서울'의 기획자였던 정희 기획자, 고등학교에서 메이커 교육을 진행하고 있으며 '메이커교육실천'에 참여하고 있는 김주현 교사, 메이커스페이스에서 메이커 교육을 진행하며 '메이커스 핸즈'를 운영하고 있는 추형욱 대표, 3인이 참가하여 좌담을 진행했다. 메이커 교육이 중고등학교 과정의 교육 현장에서 어떻게 전개되고 있는지, 메이커 교육의 의의는 무엇이며 어떠한 가치를 지니고 있는지, 공예 분야에서 바라보는 메이커 문화는 무엇이 다른지, 메이커스페이스는 어떻게 운영되어 왔고 정부의 적절한 지원은 무엇이어야 하는지, 메이커스페이스와 메이커페어의 현황은 어떠한지를 둘러보고 메이커 교육의 교육철학의 의미에 대해 대화를 나눴다.

* * *

이 책은 한국디자인학회의 연구사업의 일환으로 시작되었다. 한국디자인학회는 2017년 초 결과물이 '논문이 아닌 형식으로 나오는 연구'를 진흥하기 위해 연구 주제를 자유 공모했고, 그 결과 '메이커'를 주제로 하는 제안서들이 선정되었다. 그해 가을에 열린 학술대회에서 '디자인 공예 산업과 메이커스 운동'이라는 이름으로 특별 세션을 열어, 이 책의 공동 저자인 연명흠이 사회를 보고 김상규, 김지원, 이지원이 발표를 했다. 이후 3D 프린팅 분야의 전문가인 구상권이 저자에 합류하여, '메이커 운동과 디자인의 새로운 지형'이라는 제목으로 한국디자인학회의 지원을 받아 출간하기로 계획했다. 그러나 그 이후 얼어붙은 출판 여건으로 단행본 출간 준비는 속도를 내지 못하고 한 해가 지났다. 하지만 그 기간에도 저자들은 정기적인 모임을 갖고 서로의 원고를 점검하고 대화를 나눴고, 이 과정에서 처음에는 연구지원사업의 학회 측 기획자였던 연명흠도 저자로 참여하게 되었다. 또한 발간을 준비하면서 우리의 관심 주제가 산업보다 교육과 관련이 깊다는 것을 깨달았다. 출판 가능성을 모색하던 중 2019년 8월 한국문화예술교육진흥원의 문화예술교육 총서 출판지원 사업을 알게 되어 신청했고, 선정되어 출판하게 되었다. 지면을 빌려, 이 책을 선정해 준 한국문화예술교육진흥원에 감사드린다.

이 책의 일차적인 독자층은 디자인 전공 분야의 학생 및 교수자, 직장인들이 될 것이지만, 메이커 문화가 일부 전문인의 전유물이 아니듯이 이 책이 메이커 운동 및 디자인, 교육에 관심을 갖는 일반인에게도 읽을 만한 책이 되기를 기대한다. 메이커 문화가 국내에 도입된 지 적지 않은 시간이 흘렀음에도, 메이커 관련 서적은 외국 서적의 번역서나 코딩 교재 등의 실용서 또는 문화 비평서 한두 권에 한정되어 있다. 이 책이 메이커 문화 관련 산업과 정책을 되돌아보는 계기가 되고, 메이커 교육이 담고 있는 취지를 넓히는 데 작은 기여가 되기를 바란다.

2019년 12월

저자를 대표하여 연명흠

CHAPTER 1

제작 문화와 메이커 교육

| 김상규 |

○●●
메이커 교육의 다각화

디지털 제조digital fabrication가 보편화되기 시작한 오늘날 각 분야에서 변화가 일고 있다. 산업뿐 아니라 교육에서 특히 이러한 변화를 확인할 수 있다. 대학의 그래픽, 공예, 공업디자인 등 디자인 관련 전공에서는 디지털 제조를 일찌감치 교육 내용에 포함시켰고 피지컬 컴퓨팅, 인터랙션 디자인, 디지털 디자인 등 다양한 과목명으로 메이커 교육을 시행해 왔다.

메이커 교육은 대학을 넘어서 메이커스페이스에서도 꾸준히 이어져 왔다. 제작 장비를 갖추고 창조적인 작업을 행하는 열린 공간인 메이커스페이스에는 디자이너, 엔지니어, 아티스트 등 다양한 전문가가 교육 프로그램에 관여하고 있다. 미술관, 과학관 등 다양한 기관에서도 메이커 교육을 적용한 프로그램이 진행되고 있다. 이는 메이커 교육이 3D 프린터나 아두이노Arduino를 활용한 팅커링tinkering에서 출발해 창의적인 문화예술교육으로 확대되었다고 볼 수 있다.

실제로 2018년에 열린 '문화예술교육 국제심포지엄'에서는 '4차 산업혁명, 문화예술교육의 재발견'이 주제로 선정되었고 메이커 교육과 관련된 내용이 발표되었다. 한국문화예술교육진흥원이 펴낸 『2018 4차 산업혁명 관련 기술 융합 문화예술교육 주제 추진사업 모음집』을 보면, 발제자들은 예술과 테크놀로지의 융합을 지향하는 문화예술교육의 미래에 초점을 맞추고 있다. 그러나 이 자료에서 소개하는 사례들을 보면 미디어 아티스트, UX 디자이너들이 문화예술교육가라는 이름으로 활동하고 있음을 알 수 있다. 이들은 메이커 교육의 주요 구성원들이고, 교육 내용도 대학 교육과 메이커스페이스의 교육이 추진해 온 틀을 중요한 토대로 삼고 있다.

이렇듯 메이커 교육은 점차 확산되고 다각화되어 왔으나 지난 몇 년간 유지된 메이커 교육의 전형적인 틀이 여전히 유효한지에 대해서는 논의할 필요가 있다. 문화예술교육에서 메이커 교육을 넘어서는 새로운 기술과 예술의 융합 모델에 대한 논의[1]가 있고, 메이커 운동에 관한 논의 안에서도 디지털에 치중하는 현상에 대해 문제가 제기[2]된 바 있다. 이것은 4차 산업혁명 등 정부 정책과 산업계의 대응이 메이커 운동, 메이커 교육을 취업과 창업 같은 도구적 가치를 중심으로 편향된 것과도 연결된다. 게다가 최근에 메이커 운동의 동력이 되었던 메이커 잡지 발행과 메이커 페어 운영이 미국에서 종료되면서 메이커 교육의 향방에도 영향이 있을 것으로 보인다.

근본적으로 메이커 교육은 4차 산업혁명이나 메이커페어에서 출발한 것이 아니라 훨씬 더 오래된 전통과 연결되어 있다. 이른바 '제작 문화 making culture'라는 측면에서 메이커 교육의 의미와 가치를 돌아보고 현재

1 한국교원대학교에서 수행한 '4차 산업혁명 시대에 따른 문화예술교육 신규 사업 모델 개발 연구'의 보고서에는 "STEAM 교육 또는 메이커 교육이 아니라, 예술적 상상력과 창의력 또는 과학적 성찰 능력을 함양할 수 있는 방향으로 나아가야 한다"라는 내용이 포함되어 있다. 이것은 메이커 교육을 최근에 새롭게 제시된 교육 도구로 보는 시각에서 비롯되었으며 조사 내용에서도 3D 프린터를 이용한 만들기와 같은 교육에서 비판적 사고, 디지털 리터러시, 상상력과 창의성 등의 역량이 강화되어야 한다고 하며 이를 "문화예술교육 4.0"으로 표현하고 있다(한국문화예술교육진흥원, 2019: 51~55 참조).

2 이광석은 『데이터 사회 미학』(2017)과 『사물에 수작 부리기: 손과 기술의 감각, 제작 문화를 말하다』(2018)에서 메이커 운동이 디지털 기반의 제작에 치중해 전통적인 수작업 기반의 제작 기술을 소외시키고 있음을 지적한 바 있다.

상황, 향후의 전망을 생각해 보는 것이 옳을 것이다. 따라서 이 글에서는 현재 산업적 측면에서 기업과 정부가 바라보는 '제작', '메이커'의 개념이 산업사회의 변화와 어떻게 맞물려 있는지 살펴보고, 제작 문화의 전통이 현재까지 이어진 흐름을 추적하면서 메이커 교육이 제작 문화의 변화와 연결되어 있음을 살펴보고자 한다.

산업사회의 변화: 창작과 생산의 분리 그리고 재통합

오늘날 메이커 교육에서 말하는 '메이커'는 만드는 사람을 뜻하지만, 만든다는 개념, 즉 제작은 산업사회의 태동에서 대단히 중요한 의미가 있었다. 그 이전의 전통 공예를 기반으로 한 산업과는 확연히 달라졌기 때문이다.

건축사가인 에이드리언 포티 Adrian Forty는 "도자기 생산은 한때 공예 산업으로 도공이 전체 제작 과정을 맡았으나 이런 방식은 18세기 이전에 스태퍼드셔에서 사라졌다"라고 단언했다. 그리고 도자기 생산이 각기 다른 직공에 의해 수행되는 각 과정으로 분화되자 모든 직공들이 준수해야 할 지시를 준비하는 단계가 필요했는데, 말하자면 그것이 디자인 단계였다. 도자 산업에서 디자인 작업 designing은 모델 제작 작업 modelling이었고 이를 맡은 사람을 '모델러'라고 불렀다. 초기에는 미술가를 불러 이 일을 맡겼고 도공과 장인은 생산 단계를 맡았다(Forty, 1986: 34~36).

포티는 디자인이 공장 내 노동 분화의 결과물이라는 점을 입증하기 위해 이러한 과정을 기술했다. 여기서 눈여겨볼 부분은 자본의 논리에 따라 '분화 division'가 이루어졌다는 점이다. 미술사학자 하워드 리사티 Howard

Risatti도 이러한 분화 과정에 주목했다. 그는 창작과 생산이 분리되기 이전에는 디자인, 공예라고 할 부분이 모두 제작making에 융합되어 있었다고 설명한다(리사티, 2011: 254). 또한 디자인을 대량생산에 국한해 설명하면서 창작과 제작을 함께 수행한다는 점이 공예의 변별적 특징이자 가치라고 주장한다.

하지만 오늘날 메이커 운동이나 메이커 교육에서 말하는 디지털 제조의 경우, 엔지니어와 디자이너, 작가가 모두 자신의 아이디어를 실물로 만들어내고 있으므로 창작과 제작을 함께 수행하고 있다. 그것이 대량생산을 위한 프로토타입인 경우도 있으나 최종 제품을 제작하기도 한다. 따라서 창작과 제작이 통합되는 현상을 발견할 수 있다. 이때 창작과 제작의 주체를 전통적인 의미의 장인이라고 부르기는 어렵겠지만 '메이커'라고 통칭할 수는 있을 것이다.

메이커 운동은 창작과 생산의 재통합이라는 큰 역할을 했다. 이 재통합은 산업 생산을 중심으로 하는 제작 활동과는 다른 가능성을 보여준다. 즉 20세기 초의 대량생산 논리에 따른 제작이라는 인식과 다른 새로운 철학적 논의가 가능한 것이다.

제조업 부활에 대한 기대

창작과 생산의 재통합이 가져온 가능성은 제작 문화의 전통에 기반한다. 그리고 그 전통은 메이커 운동에 이어서 고스란히 메이커 교육에 반영된다. 그런데도 '메이커'가 디지털 제조 기술의 등장과 함께 나타난 것으로 이해되면서 낙관적 인식과 맞물리게 되었다. 물론 이러한 인식은

20세기 산업 생산 논리에서 크게 벗어나지 못하는 한계가 있고 이것은 고스란히 디지털 산업 논리로 다뤄졌다. 제작 문화의 전통에 대해서는 이후에 다루기로 하고 여기서는 현재의 몇 가지 쟁점을 먼저 다뤄보고자 한다.

먼저 제조업 부활에 대한 기대를 언급할 수 있다. 메이커의 등장은 제조업이 되살아날 것이라는 낙관적인 기대를 불러일으키고 있다. 예컨대 창작과 생산이 통합되는 현상은 산업계도 주시하고 있다. 1인 제조 기업의 가능성 때문이다. 그래서 제조 혁신이 강조되고 제조업이 부활할 것이라는 낙관으로 이어진다.

이를 뒷받침할 근거로 제너럴일렉트릭GE이 금융 사업에서 손을 뗀다는 소식을 들 수 있을 것이다. 2019년 이 기업은 GE캐피탈의 최대 75퍼센트를 정리하고 제조업에 집중할 계획을 발표했다. 이제 회사의 중심축이 다시 본연의 주력 산업으로 돌아오게 된 것이다. 물론 이전의 제조 업종이 아닌 사물인터넷IoT, 헬스케어 분야다.

제조업이 다시 각광받게 된 것은 2008년 9월 글로벌 금융위기를 겪으면서다. 미국 오바마 정부는 2009년부터 해외 공장을 미국 내로 이전하는 것을 지원하고 일자리를 창출할 때 장려금을 보조하는 등 제조업 부활에 힘을 기울였다. 기업들이 비물질적인 것에서 다시 물질적인 것으로 관심을 돌리고 있고 3D 프린팅 기술이 놀랍게 발전하고 있다는 몇 가지 징후로 인해 언론에서는 제조업이 혁신적인 도약을 할 것 같은 분위기를 전하고 있다.

또한 도시재생사업과 함께 '도심 제조업Urban Manufacturing'이 주목받고 있다. 이를 주제로 유럽연합 프로젝트가 진행되고 있는데, 이것은 쇠퇴하던 도심의 작은 공장들을 다시 활성화하는 것을 목표로 추진되고 있다.[3] 일자리, 지역공동체와 연결 지점이 있기 때문이다.

이런 상황이 얼핏 제작 문화와 연결된 것 같지만 사실 제작 문화와는 별개의 이야기다. 제작 문화는 제조업과 다르기 때문이다. 또 금융경제의 위축이 곧 실물경제의 회복을 뜻하지도 않는다. 최근에 중국의 금융 산업 침체가 제조업에도 부정적인 영향을 미치고 있다는 사실을 보아도 알 수 있다.

새로운 기술이 변화를 불러오지만 그것이 모두 산업에 긍정적인 영향을 미치는 것은 아니다. 제작 문화도 디지털 제조 이전부터 오랜 역사를 간직하고 있어 오픈소스, 3D 프린팅을 비롯한 최근의 개념은 제작 문화의 또 다른 통로—물론 혁신적인 통로일 것이다—를 제공해 주는 것일 뿐이다. 비슷한 예로, 개인 출판이 가능해졌을 때 독립 출판 등 제작 문화에 큰 변화를 가져왔지만 이것이 출판 산업의 발전을 가져왔다고 말하기는 어렵다.

장밋빛 미래

또 다른 낙관적인 기대를 제작 문화 내에서도 찾을 수 있다. 테크숍 TechShop의 공동 설립자 마크 해치 Mark Hatch는 그의 저서 『메이커 운동 선언 The Maker Movement Manifesto』에서 사람들이 이케아 IKEA에서 가구를 살 일이 점점 줄어들어 10년 뒤에는 이케아가 공룡 화석 같은 존재가 될 것

3 http://citiesofmaking.com/ 참조.

이라고 했다. 결론부터 말하면, 그런 일은 당분간 일어나지 않을 것 같다. 왜 그런지 하나씩 살펴보자.

메이커 운동은 자신에게 필요한 것을 직접 만들고 그 지식을 공유해 발전시키는 것을 의미한다. 예컨대 CNC Computerized Numerical Control(컴퓨터 수치 제어) 선반을 활용해 얼마든지 원하는 모양의 가구를 만들 수 있다. 또 제작 실력이 부족하면 솜씨 있는 가구 제작자의 도움을 받을 수도 있다. 메이커스페이스의 메이커 교육은 바로 이러한 상호부조의 논리에서 이뤄진 것이라고 할 수 있다. 마크 해치의 주장은 그런 일이 실제로 일어나고 있기 때문에 메이커 운동이 활발해진다면 대량생산과 소비 시스템을 극복하고 지식 독점이 없는 이상적인 미래가 펼쳐지리라 낙관한 것이다.

이상적인 미래를 기대하는 것 자체가 문제될 리는 없다. 다만 지나친 의미 부여는 다시 생각해 봐야 한다. 제작은 소비와 연결되어 있고 소비는 거대 자본의 힘에서 자유롭지 않다. 특히 이케아는 단순한 가구회사가 아니고 제조회사로 보기도 어렵다. 거대 자본을 영리하게 운영하는 유통회사에 더 가깝다.

사회운동으로 시작되었더라도 매력적으로 보이고 주목받게 되면 본연의 태도를 지켜나가기가 힘들다. 예컨대 글로벌 기업의 사회적 책임 CSR 활동으로 포섭되기 좋은 대상이 된다. 메이커 운동도 예외가 아니다. 몇 년 전부터 메이커페어 Maker Faire와 테크숍이 미국 국방성 산하 고등연구계획국 DARPA의 기금을 지원받았다. 발명가이자 해커로 활동하고 있는 미치 앨트먼 Mitch Altman 같은 이들은 DARPA 기금의 지원에 대해 반대를 표명했다(Altman, 2012).

메이커 운동이 새로운 기술의 지원을 받고 제작자들의 지지를 받는다고 해도 압도적인 자본의 논리를 직시할 필요가 있다. 대안적인 실험과 실천이 왜곡되지 않고 저변을 확대하도록 지켜나가는 것은 쉬운 일이 아닐 것이다. 이러한 갈등은 최근 메이커페어가 종료된 사태의 시발점으로 볼 수도 있다.

사업과 예술의 유혹

이런저런 낙관적인 기대가 모이다 보면 이해관계가 맞아떨어지는 쪽으로 쏠리는 경향을 보인다. 예컨대 디지털 제조를 기반으로 한 메이커 교육은 스타트업에서 1인 기업에 이르기까지 '창업'에 집중되어 있다. 취업이 어려운 현실에서 매력적인 대안처럼 떠오른 것이다. 정부로서는 실업률을 낮출 수 있는 방안이니 당연히 환영할 법하다. 하지만 현실적으로는 대기업 중심의 산업구조가 개편되지 않는 한 창업을 독려한다는 것은 무책임한 정책이다. 중소기업들이 어려움을 겪는 것은 창의성이나 기술혁신의 문제 때문이 아니다. 자본력 있는 몇몇 거대 기업이 시장을 독식하고 작은 기업들은 경쟁력을 갖지 못해 결국 큰 기업의 납품업체로 운영되는 건강하지 못한 산업생태계 문제가 더 큰 요인이다.

한편 낙관적인 기대는 사업과 전혀 다른 방향으로 쏠리기도 한다. 새로운 제작 기술을 활용해 그럴듯한 작품을 만들려는 움직임이 나타나는 것이다. 전문가들만이 다룰 수 있던 프로그램이나 장비가 인터페이스와 사용성이 좋아지고 가격도 낮아지면서 일반인이 쉽게 다룰 수 있게 되었다. 그러면서 사람들의 미학적 성취나 문화 소비의 욕구를 자극했다. 소박한 예술적 열망이 관련 산업의 홍보와 결합되기도 한다. 3D 프린터 회사가 후원하는 전시가 갤러리에서 열리는 것이 단적인 예다.

또한 국내에서 '메이커 운동'이라는 용어가 2015년에 창조경제의 문화적 뿌리로 표상되기 시작했고 2016년 11월에는 한국과학창의재단에서 「메이커 운동 활성화 방안 연구」라는 보고서가 발간되었다. 이러한 움직임은 메이커 운동을 창업과 연결 지었다. 결국 메이커 운동 담론은 한국의 IT 산업 정책과 과학기술 정책에 대해 친화성을 갖게 된 것이다(이광석 외, 2018: 79~80).

정부, 기업, 개인의 이해관계가 빚어낸 이러한 양상은 과도기적인 현상일 수 있다. 여기에서 아쉬운 점은 공동체를 향한 시선이 없다는 것이다. 성공하고 인정받으려는 욕망이 작용하고 이를 부추기는 것에 쏠려 있다. 원래 제작 문화는 공동체를 지향해 왔다. 지식을 공유하면서 또 다른 지식과 기술을 파생시키기도 한다. 그래서 현재의 지역공동체에 활력을 주기도 하고 새로운 온오프라인 공동체를 형성하기도 한다.

제작 문화의 전통: DIY와 자급자족

앞에서 언급한 과도기적 현상은 제작 문화의 하부에 깔린 전통, 제작 문화의 기원을 잊고 있었기 때문이다. 몇 가지 핵심어로 제작 문화의 전통을 상기해 보자.

우선 DIY와 자급자족을 들 수 있다. 제작 문화의 전통을 다룬 책 『애드호키즘: 임시변통과 즉석 제작의 미학 Adhocism: The Case for Improvisation』(이하 『애드호키즘』)에서 네이선 실버Nathan Silver는 제2차 세계대전 전후로 일어난 직접 만들기, 즉 DIY의 열풍을 구체적으로 다루고 있다. 이 책은 당시 영국에서 DIY는 윌리엄 모리스William Morris가 주도한 미술공예운동의 쇠퇴에 이어진 현상으로 나타났으나 그 결과물은 수공예에 대한 페티시로 가득했다고 평가하고 있다. 그럼에도 실버는 예술의 창의성과는 다른 층위에서 사람들이 직접 무엇인가를 만들어내려는 열망에 주목했다.[4]

오늘날 DIY 개념이 변형되기는 했지만 제작 문화가 DIY의 오래된 전통에 뿌리를 두고 있었다는 사실은 부정하기 힘들 것이다. 한편 DIY는 자급자족과 출발점이 동일하다. 다만 현재는 DIY가 웰빙과 마찬가지로 개인 차원에서 성취감을 얻는 것으로 인식되는 듯하다. 예컨대 장비를 많이 갖춘 사람이 여가를 즐기는 모습으로 미디어에 종종 소개되곤 한다(오토데스크AutoDesk 사의 CEO이자 메이커 세계의 제왕이라고 불리는 칼 배스Carl Bass도 그렇게 소개되는데 그는 공장 수준의 고가 장비를 보유하고 있다).

새로운 자급자족의 특징은 생활 방식에 있다고 한다. 농업의 경우 화학비료를 사용하지 않고 가공 음식을 멀리하는 생활 방식을 언급할 수 있다. 그리고 '사회성 회복'을 지향한다. '사회성 회복'이란 내가 먹는 음식 재료를 어떤 농부가 어떻게 농사지은 것인지를 안다는 뜻이다. 그래서 21세기의 자급자족이 갖는 의미는 "식품산업의 글로벌 유통망으로부터 벗어나 안전하고 건강한 식생활을 하자!"라는 슬로건에서 알 수 있다(봄머트, 2015: 65~66).

자급자족의 개념 모델은 영국의 도시계획학자 에버니저 하워드Ebenezer Howard로 거슬러 올라간다. 그가 제시한 유명한 '전원도시' 이론에는 도시 안에 농장이 있다. 이것을 21세기 디지털 제조 버전으로 확장한다면 아

4 『애드호키즘』의 「옮긴이 후기」에서 김정혜는 2013년에 ≪파이낸셜 타임스(Financial Times)≫가 이 책의 증보판을 소개하면서 DIY나 맞춤형 디자인이 부각되는 이 시대에 필요한 개념을 앞서 예시한 것으로 평가했음을 언급한 바 있다.

마도 도시 안에 농장과 작업장이 운영되는 방식일 것이다. 물론 하워드의 전원도시는 제대로 실현되지 못했고, 어쩌면 제작 문화가 결합된 도시 모델도 유토피아로만 존재할 수 있을 것이다.

하지만 상황은 변하고 있다. 도시의 확장 속도가 몹시 빨라서 2007년에 이미 전 세계 인구의 절반 이상이 도시에 거주하고 2050년이면 세계 인구의 70퍼센트 이상이 도시에 살게 된다. 그러니까 도시 농업은 피할 수 없는 일이 되었다. 농촌에서 수확되는 농산물만으로는 도시 거주자들을 먹여 살릴 수 없게 되었기 때문이다.

제품 생산의 경우도 이와 비슷한 전망을 할 수 있을 것 같다. 자원이 고갈되고 저렴한 공장지대를 확보하기가 어렵게 되면 '세계의 공장'에서 값싼 물건을 대량으로 생산하는 모델이 더 이상 유지되기 어려울지 모른다.

실제로 전 지구적인 생산-소비 체계와 달리 지역 규모의 도시 내 생산을 시도하는 사례를 찾을 수 있다. 비영리단체 샌프란시스코메이드 SFMade는 도시에서 이루어지는 제품 생산을 지원하는 사례다. 이들은 도시 내 제작 역량이 지역 경제를 활성화하고 고용 창출로 이어지는 지속가능한 모델을 제시하고 있다. 초저가의 오픈소스 3D 프린터를 개발하도록 돕는 렙랩 RepRap 프로젝트도 있다. 물론 이 기업들이 이상적인 모델은 아니지만 도시 내 생산의 주목할 만한 사례라고 할 수 있다.

손의 힘, 노동, 장인정신

스마트 기술, 디지털 문화가 주를 이루는 오늘날에도 손의 가치는 줄어들지 않는 것 같다. '손의 힘' 또한 제작 문화의 전통을 말하는 키워드로서 오히려 디지털에 치우친 현상의 반대급부로 손의 가치를 높이 사기도 한다. 그래서 손으로 무엇인가를 만드는 것에 대한 환상이 있다. 만들기란 예전이나 지금이나 매력적이고 또 손의 자극이 유익한 것도 사실이다.

사회학자 리처드 세넷Richard Sennet은 『장인The Craftsman』이라는 책에서 손의 촉감을 연구한 사람들이 내놓은 결론을 소개한 바 있다. 그들은 어느 물건의 특정 부분을 손가락 끝으로 더듬으면 뇌가 생각을 시작하도록 자극받는다는 사실을 밝혀냈다. 말하자면 '국부적 촉감localized touch'이라고 부르는 이 터치는 사물에 대해 질감을 아는 것 이상의 지각 작용을 일으킨다는 것이다.

이 손을 사용하는 것은 '웰빙' 차원에서 개인의 건강이나 창작을 생각하는 것을 넘어서는 의미가 있다. 바로 노동이다. 되풀이되는 일을 하는 것이다. 이것은 장인에게도 해당된다. 세넷은 이를 '장인노동'이라고 표현하면서 윌리엄 모리스에게 훌륭한 장인노동은 사회주의를 뜻한다고 설명한다. 그만큼 노동은 임금노동 이상의 숭고한 의미를 부여했다고 할 수 있다.

디지털 제조를 사업도 아니고 창작도 아닌 노동으로 본다는 것이 아직 섣부른 견해일지도 모르겠다. 하지만 새로운 테크놀로지의 거품을 걷어내고 본다면 제작은 일이고, 곧 노동임이 틀림없다. 다만 여기에는 서로 다른 두 가지 태도가 있다.

세넷은 그리스 신화에 등장하는 헤파이스토스와 판도라를 통해 이런 두 가지 태도를 이야기한다. 둘 다 물건을 만들어내는 존재인데 헤파이스토스는 일상생활에 쓸모 있는 물건을 만든다. 반면에 판도라는 아름다운 물건을 꺼내 준다. 물건을 만드는 것에는 이 양가성이 있는데 사람들은 헤파이스토스보다 판도라에 더 끌리는 것 같다.

아름답게 만드는 것은 제작자의 당연한 욕심이다. 지금 만드는 물건이 해야 할 일보다도 제작자 본인의 역량을 보여주겠다는 쪽으로 더 쏠린다. 하지만 이것은 완벽함에 대한 강박이기도 하다. 세넷은 "장인으로서 실패하는 이유는 능력 부족보다는 강박관념을 잘 다스리지 못하는 데서 연유할 때가 많다"라고 하면서 훌륭한 장인은 멈춰야 할 때가 언제인지 안다고 한다(세넷, 2010: 29).

상품이든 창작품이든 높은 완성도가 요구된다. 계획된 모양이 나오지 않는 것은 물론이고 조금이라도 표면에 흠이 있다면 상품으로 판매되지 못하고 '불량품'이 된다. 또 창작품은 창작자의 눈높이에 들지 않으면 폐기된다. 하지만 제작 문화에서는 완성도가 꼭 높아야 하는 것은 아니다. 적정한 수준에서 쓰임새를 충족시키면 된다. 특별한 도구와 기술이 요구되는 것도 아니다.

자신에게 필요한 것을 만들 때는 '품질관리법'을 따를 필요가 없다. 또 표면에 흠이 있다고 해서 큰 문제가 되지도 않는다. 명품을 만드는 뛰어난 제작자와 창작자는 물론이고 소중한 존재이지만 모두가 그럴 필요는 없을 것이다. 적정기술appropriate technology과 마찬가지로 적정한 수준의 물건을 만들어 사용하는 것이 생태적일 것이다.

이러한 논리는 전통적인 공예의 장인정신에 위배될 수도 있다. 하워드 리사티는 기량workmanship과 장인정신craftsmanship을 구분한다. 기량이 손기술이라면 장인정신은 손기술에 창조적 상상력이 포함된 창조 행위라는 것이다. 그리고 디자인과 공예의 차이를 수공성에 두고 있다. 따라서 장인정신은 "손을 통해 추상적 개념과 추상적 형태가 형상화되는 과정, 즉 손기술을 사용해 직접 재료를 다루는 과정에서 발생한다"라고 설명한다(리사티, 2011: 272).

21세기의 디지털 제조를 염두에 둔다면 이러한 장인정신의 설명은 새롭게 해석되어야 할 것 같다. 컴퓨터 운영체제인 리눅스LINUX의 개발자들을 비롯한 오픈소스의 프로그래머들은 마이크로소프트Microsoft와 같은 거대 기업에 대항해 자신들이 가진 기술의 영역에서 장인정신을 발휘하고 있다. 인디 게임 개발자, 독립 출판물 디자이너 등 오늘날의 장인정신을 말할 수 있는 사례는 제법 많다. 또한 헤파이스토스의 태도로 필요에 따른 물건을 필요에 따른 수준으로 만드는 것, 그래서 더 많은 사람들이 직접 만들도록 돕는 것도 장인정신에 포함될 수 있다.

○●●

애드호키즘과 하위문화

제작 문화에서 애드호키즘의 역사를 빼놓을 수 없다. 찰스 젠크스 Charles Jencks와 네이선 실버가 공동으로 저술한 『애드호키즘』은 이 사실을 충실히 다루고 있다. 두 저자에 따르면, 애드호키즘은 즉시 입수할 수 있는 다양한 자원을 그러모아 특정한 필요를 충족하려는 노력으로 부분적 해법들을 병치해 특정 문제를 해결한다(젠크스·실버, 2016: 189).

애드호키즘에서는 '만들기'가 핵심이지만 복합적 결합과 조합의 의미가 담겨 있기 때문에 새로운 물건을 만드는 것만을 뜻하지 않는다. 오히려 이미 있는 것들 중에서 선택하거나 심지어 쇼핑하는 것도 포함한다. 젠크스와 실버가 『애드호키즘』을 쓸 당시에도 많은 물건들이 생산되고 있었고, 그것은 브리콜라주bricolage로 표현할 만한 작업이 가능한 토대가 되었다. 애드호키즘의 맥락에서 브리콜라주는 아시아 국가들이 세계의 공장으로 기능하면서 브랜딩에 의해 전 지구적 취향이 편향되는 상황에 대립하는 의미로 부각되고 있다.

그런 의미에서 '만들기'의 개념은 '주어지는 것'의 반대라고 할 수 있다. 전 지구적 생산-소비 시스템에서 '주어지는 것'은 실제로는 선택지가 거의 없어서 창조성과 감각적인 것을 박탈당하기 때문이다. 그래서 젠크스와 실버는 한결같이 '창조적인 다원주의'라는 표현을 쓰면서 소비자가 자신만의 혼성물을 창조하고, 무미건조하고 동질화된 글로벌리즘이 되는 것을 개인화할 것이라는 기대를 밝히고 있다. 그래서 애드호키즘은 한 시대의 문화적 경향을 대변하는 개념이라기보다 결정론적 이데올로기의 억압적 요소를 넘어설 전략이자 방법으로 읽는 것이 옳을 것이다.

그럼에도 '구축하는 인간'과 그들을 방해하는 시스템의 대립 구도가 유지되어 왔다는 점을 간과할 수 없다. 즉 모더니즘 비판의 연장선상에서 전문성과 관료주의를 억압적 요소로 간주한 탓에 '구축하는 인간'은 상대적으로 순수한 집단으로 인식되는 한계가 있다. 제작 문화의 경우 지난 세기에 DIY, 만들기의 전통과 연계되어 있었지만 오늘날 제작 문화의 현실은 젠크스와 실버가 기대한 만큼 억압적 요소를 넘어서지 못하는 상태다.

만들기의 주체가 자신의 환경을 구축해 나가는 것은 과거에 노동, 자급자족과 같은 목적을 두고 있었으나 현재는 3D 프린터를 비롯한 디지털 제작 도구를 활용한 개인의 제작 문화로 변형되는 현상이 일어나고 있다. 여기에 스타트업과 같은 시장 논리가 개입되어 노동이나 자급자족을 심미화로 왜곡하는데, 즉 필요한 것을 만드는 일보다 개인 창작 활동에 초점을 맞추고 있다. 결국 생산-소비 시스템에 맞서던 태도가 오히려 그 시스템을 더 강화하는 데 기여하는 것이다.

애드호키즘과 연결되는 것은 하위문화다. 그러니까 산업사회에서 주류 담론이 표준화된 상품의 완성도를 지향했다면 하위문화는 그 표준을 깨는 것이다. 찰스 젠크스는 "우리는 시장의 스테레오타입화를 대신하는 보다 창의적인 다원주의가 나타나기를 원했다"(젠크스·실버, 2016: 10)라고 설명한다. 그는 소비자들이 자신만의 혼성물을 창조하고, 또한 점차 확산되는 세계적 생산을 통해 '브리콜라주'를 즐기기를 지향한 것이다. 이것은 차이를 없애고 균질화된 글로벌리즘이 되는 것을 다시금 개인화한다는 전복적인 의미도 있다. 젠크스는 이를 '글로브컬트globcult'라고 이름 붙였다.

도구적 관점에서 공유지 개념으로

제작 문화 관점에서 오늘날 메이커 교육의 문제를 제대로 이해하기 위해서는 도구적 관점에서 벗어나야 한다. 메이커 교육은 새로운 기술을 활용해 또 다른 산업적 효용을 창출하는 데 분명히 강점이 있다. 대학이든 메이커스페이스든 또 다른 기관에서든 메이커 교육은 디지털 제조 패러다임에 적절한 교육 모델인 것도 사실이다. 하지만 메이커 교육의 기반이 되는 제작 문화를 인식하지 않은 채 메이커 교육을 다루는 것은 한계가 있다. 효용을 강조하면 정부 과제가 발주되고 투자가 일어날 수 있겠지만, 이러한 접근은 제작 문화의 다양한 생태계를 교란시킬 가능성이 높다. 로테크low-tech와 하이테크, 취미부터 사업까지 다양하게 존재하는 것이 바람직한데 자본의 논리는 효용이 높은 쪽으로 쏠리게 한다.

즉 정부와 대기업의 지원금 수혜에 기대어 몇 개의 상징적인 성공 비즈니스 모델을 만드는 것보다 저변을 확대할 지역의 인프라를 구축하는 것이 우선이다. 산업적 효용은 그다음에 자연스레 도출될 수 있다.

기술을 도구적으로 보는 것을 피해야 할뿐더러 사물과 자원에 대해서도 도구적 관점을 벗어날 필요가 있다. 세계에서 가장 싸게 재료를 구할 수 있는 곳에서 가장 저렴한 노동력으로 생산한 물건을 저가로 파는 것은 이러한 도구적 관점을 따른 결과다. 점토나 유리와 같은 물질과 대화를 나눈다거나 이것을 하나의 놀이로 본다는 것은 도구적 관점에서는 용인되기 어려울 것이다. 하지만 이는 장인들이 재료를 대하는 태도였다.

또한 낙관적 기대에서 언급했듯이 사회적 가치의 편향적 해석도 경계할 필요가 있다. 물론 비전을 세우는 것은 중요하지만 도전적인 일임을 인지해야 한다. 예컨대 소비 사회를 극복하는 것은 글로벌 생산-소비의 구조를 약화시키는 것이다. 저임금 노동력을 기반으로 하는 '세계의 공장'이라는 개념에서 벗어나는 것이다. 지역에 필요한 것을 가능한 한 그 지역에서 해결할 수 있는 커뮤니티를 상상하는 것이다. 그래야 지역에 다양한 직업이 존재할 수 있고 실제 사용자를 염두에 두고 기획하고 제작하며 그것을 다시 교육할 수 있다.

전 세계를 대상으로 불특정 다수가 구매하기를 기대하면서 생산하는 것은 제작 문화의 지향점과 거리가 멀다. 전 지구적 생산구조는 시장 경쟁력 때문에 가격과 효율을 따지게 되고 생산 공정과 물류를 고려해 설계할 수밖에 없다. 그 덕분에 저렴한 물건을 편히 구입할 수 있는 것이 사실이다.

이러한 구조를 공유지common 개념으로 비판하고 새로운 가능성을 상상해 보자. 공유지는 지배적인 자본주의 시스템을 넘어서는 현실적이고 새로운 사회적 전망의 패러다임을 말한다. 우선 일반적으로 공유지는 각 이해 당사자가 동등한 이해관계를 갖는 공유 자원을 가리킨다. 공유지의 영역에는 공기, 물, 바다, 야생동물 같은 자연의 선물과 공유 '자산assets'

또는 인터넷, 방송, 언어, 문화유산, 태곳적부터 축적되어 온 공공의 지식 같은 창조적 작업들이 포함될 수 있다.

우리는 위키스피드 Wikispeed와 같이 공유지의 영역에서 자유 소프트웨어, 오픈 디자인, 오픈 하드웨어 등을 활용한 P2P Peer to Peer 생산을 목격하고 있다. 이처럼 개방적이고 공유지를 지향하는 P2P 생산은 모든 인류에게 열려 있는 지식 공유지를 발생시킨다. 네트워크로 연결된 컴퓨터가 정보 생산 및 커뮤니케이션 수단을 민주화한 것처럼, 3D 프린팅과 CNC 공작 기계 같은 데스크톱 제조업의 부상은 제작 수단을 민주화하고 있다(바우웬스·코스타키스, 2018: 40). 그러나 스타트업 기업과 거대 다국적기업들 또한 P2P 생산을 발생시킨 공유지를 이용하고 자본화하고자 시도한다(바우웬스·코스타키스, 2018: 258).

공유지는 아무런 통제 없이 제멋대로 내버려 둔 공간이 아니라 공동체의 생산적 노력으로 만들어낸 산물이 공동체의 통제로 유지되도록 보장하는 합법적 체제다. 즉 일반 공중 라이선스 GPL와 크리에이티브 커먼스 라이선스 CCL, 전통적 지식 데이터베이스, 생물 다양성 보호를 위한 특별법 등은 모두 공유지를 보호하기 위한 혁신적인 법적 전략이다. 그러므로 우리는 공유지가 공동으로 소유하는 자원의 내용물을 담는 용기를 퍼블릭 도메인 public domain이라고 생각할 수 있다(바우웬스·코스타키스, 2018: 82~83).

수십 년간 견고하게 갖춰온 이 체계를 완전히 벗어나기는 어렵겠지만 공유화 commoning와 같은 대안적인 생산-소비 체계가 소규모라도 형성되는 것은 가치가 있다. 여러 복잡한 이해관계 속에서 메이커 교육에 거는 기대가 있다면 아마 그런 대안적 가치를 지니고 있기 때문일 것이다.

이런 가치를 모른다면 메이커 교육은 서두에 언급한 것처럼 일시적인 교육의 유형이자 방법으로만 여겨질 뿐이다. 그 때문에 문화예술교육에서도 메이커 교육이 기술과 예술의 융합적인 모델의 주요 콘텐츠가 되었을 것이다. 즉 메이커 교육은 미술교육 중 상투적인 '만들기' 수업 이상의 가치가 있다. 따라서 메이커 교육을 비평적 사고와 창의적 역량을 담는 영역으로 확장시키는 것이 마땅하다.

실제로 메이커 교육의 기반이 되는 제작 문화는 21세기의 현상이 아니라 적어도 20세기를 관통하면서 하위문화에서 대항적이고 저항적인 실천으로 존재해 온 유산이기 때문이다. 이것을 몇 개의 디지털 장비와 기술로 포장한 교육으로 치환할 수는 없다.

참고문헌

리사티, 하워드(Howard Risatti). 2011. 허보윤 옮김. 『공예란 무엇인가』. 미진사.

메이슨, 폴(Paul Mason). 2017. 안진이 옮김. 『포스트 자본주의 새로운 시작』. 더퀘스트.

바우웬스, 미셸(Michel Bauwens)·바실리스 코스타키스(Vasillis Kostakis). 2018. 윤자형·황규환 옮김. 『네트워크 사회와 협력 경제를 위한 미래 시나리오』. 갈무리.

봄머트, 빌프리트(Wilfried Bommert). 2015. 김희상 옮김. 『빵과 벽돌』. 알마.

세넷, 리처드(Richard Sennet). 2010. 김홍식 옮김. 『장인: 현대문명이 잃어버린 생각하는 손』. 21세기북스.

에저턴, 데이비드(David Edgerton). 2015. 정동욱·박민아 옮김. 『낡고 오래된 것들의 세계사』. 휴머니스트.

이광석 외. 2018. 『사물에 수작 부리기』. 안그라픽스.

젠크스, 찰스(Charles Jencks)·네이선 실버(Nathan Silver). 2016. 김정혜·이재희 옮김. 『애드호키즘: 임시변통과 즉석 제작의 미학』. 현실문화.

최영숙 외. 2014. 『공공도큐멘트 3: 다들 만들고 계십니까?』. 미디어버스.

한국문화예술교육진흥원. 2019. 『2018 4차 산업혁명 관련 기술 융합 문화예술교육 주제 추진사업 모음집: 낯선 길, 함께 걷는 걸음』.

Altman, Mitch. 2012. "Do Funding Sources Matter? Why I Chose to Stop Helping at Maker Faire After They Received Military Funding(For a Good Cause)." *Critical Making*(July). http://conceptlab.com/criticalmaking/.

Forty, Adrian. 1986. *Objects of Desire: Design and Society since 1750*. Thames and Hudson.

CHAPTER 2

디자이너는 왜 메이커가 되려 하는가

| 김지원 |

낡은 것들의 귀환

질적 소비를 중시하는 지금, 우리 사회에서 나타나고 있는 만들기 지향의 문화는 낡고 무용하다고 여겨온 것들을 다시 쓸모 있게 만들려는 욕망에서 출발한다. 미래의 새로운 소비자로서 도시를 떠나 생태적 환경의 복구를 희망하며 지역에서 활동하는 로컬리스트들이 주목받고 있다. 또 가치 있는 삶을 찾아 자급자족의 삶을 꾸려가는 개인을 그린 다큐멘터리 영화들이 스펙터클한 영화 사이에서 인기를 얻기도 한다.

1800년대 미국 사회의 전통적이고 자족적인 삶을 따랐던 타샤 튜더Tasha Tudor(1915~2008)의 일상을 그린 다큐멘터리 영화 〈타샤 튜더〉와 자연과 공존하는 이상 건축의 꿈을 자신의 집터에서 실행하는 90세 건축가 할아버지의 이야기를 담은 〈인생 후르츠〉, 그리고 도시의 삶을 청산하고 고향으로 돌아와 농부의 삶에 적응해 가는 청년의 시골살이를 그린 〈리틀 포레스트〉 등은 관객에게 세상의 빠른 속도에 휩쓸리지 않고 모두 '차근차근' '천천히' 노력하다 보면 자기다운 삶을 개척할 수 있다는 메시지를 남긴다. 영화 속 등장인물들은 일상의 작은 실천으로 불균형의 사회를 복구할 수 있고 기술과 사회의 압도적인 힘으로부터 개인의 독립적인 가치도 지켜낼 수 있다고 믿는다.

독일의 사회학자 게오르크 짐멜Georg Simmel은 1903년에 출간한 에세이 『대도시와 정신적 삶The Metropolis and Mental Life』에서 이와 같은 현상들에 대해 스스로를 보호하려는 도시인의 전형적인 방어기제가 작동하는 것으로 보았다. 그는 도시인들이 "외부의 환경적 흐름이나 개인의 가치와는 모순된 상황을 맞닥뜨리면 자신의 삶을 지키기 위한 방어 메커니즘을 만들어낸다"(짐멜, 2005: 35)라고 말한다. 이런 상황에서 사람들은 일상적인 삶의 양태에서 벗어나 자신이 처한 현재의 상황을 돌아보고, 자신의 본래 상태로 복원하려 한다는 것이다. 귀소본능과도 같은 방어적 행동들에 대해 짐멜은 "사회 속에서 소모되어 가는 개인의 반항이자 스스로를 치유하는 과정"(짐멜, 2005)이라고 설명한다. 그 과정에서 사람들은 소외되었거나 주변화되었지만, 소멸되지 않고 꾸준히 지속되어 온 것들에 눈길을 주고 마음을 놓기도 한다.

경제적 효율성을 추구하는 현대 사회에서 손맛이 배었거나 낡은 그리고 무용하기까지 한 것들이 현대인의 삶에 깊은 위안으로 다가온다. 무엇과도 대체될 수 없는, 고유성을 지닌 것에서만 진정한 가치를 발견할 수 있다고 믿는 것이다. 마치 세상에 하나뿐인 유일한 존재인 자신과 동일시라도 하듯이 말이다. 늘 곁에 있었지만 관심의 대상에서 벗어나 소외되어 온 것들에 사람들은 감정을 이입한다. '오래된', '전통의', '최초의', '마지막', '장인', '수제', 'since', 'limited' 등의 수식어를 붙인 서비스 상품과 브랜드들이 부쩍 눈에 띄는 것도 이러한 소비심리가 반영된 마케팅 전략이기도 하다. 하나밖에 없는, 질적 유일성을 담보하는 대체 불가능성은 사라질 위기에 직면한 사물의 생을 소생시키고 아끼고 보살펴야 할 것만 같은 의무감마저 들게 한다.

산업기의 대표적인 생활용품이었던 전구도 그렇게 되살아난 사물 중 하나다. 1962년에 설립된 일광전구는 우리나라의 '마지막 전구 회사'다. 이 회사가 "We make light"라는 슬로건으로 디자인계에 혜성처럼 등장한 후 일광전구의 디자인 혁신 사례는 여러 곳에서 회자되었다. 정부가 일반 가정의 조명용 백열전구의 생산을 중단시키고 LED Light Emitting Diode (발광다이오드) 산업을 권장하기 시작하면서 불을 붙인 백열전구의 반란은 도시인의 감성을 사로잡기에 충분히 뜨거웠다.

열효율이 높은 LED에 비해 백열전구는 전력 소모량이 높다. 이 때문에 백열전구 시장이 사양길에 접어들자 일광전구가 의지한 것은 인공적인 빛의 기능이 아닌 자연적인 발생 현상이었다. 일광전구가 생산하는 '클래식 전구'나 '파티라이트' 등은 산업을 유지하고 지속시키는 기능적 빛을 넘어서서 감성을 되살리고 삶의 균형을 회복시키고자 하는 '감성의 빛'이자 '자연의 빛'인 셈이다. 산업과 함께 빛을 내던 백열전구가 이제는 산업의 뒤안길에서 지친 일상을 다독이는 잔잔한 빛으로 진화한다.

일광전구처럼 산업 시대를 움직였던, 대한민국의 생활 명품이라 할 만한 공산품과 식품, 생활용품들이 요즘의 라이프스타일과 어울리도록 치장을 하고 다시 모습을 드러내고 있다. 1963년에 처음으로 생산된 모나미153 볼펜은 한국에서 '최초로' 만든 볼펜이라는 역사적 타이틀을 내세우며 리브랜딩에 성공했다. 한국의 목욕문화를 상징하는 원색적인 '이태리타월'은 1960~1970년대 한국의 섬유산업을 새롭게 조망하기도 했다. 빨갛고 노란 이태리타월은 디자인스튜디오 밀리미터밀리그람MMMG이 운영하는 디앤디파트먼트D&Department 매장에서 하얀색 바탕에 검정색 띠 두 개를 두른 도회적 이미지로 변신해 인기 상품에 오르기도 했다.

식품도 예외는 아니다. 미국에 코카콜라가 있다면, 한국에는 바나나맛 우유가 있다. 1974년에 출시된 이 우유는 로고나 디자인은 조금씩 달라졌지만 용기의 형태는 물론이고 맛도 여전히 그대로다. 오랫동안 사랑을 받아온 맛의 힘은 바나나맛 우유 플래그십 스토어인 '옐로우 카페'에서 엄청나게 큰 사이즈의 조형물과 노란색 인테리어 소품들, 그리고 아기자기한 기념품들과 함께 상품을 넘어선 문화상품으로 소개된다. 그뿐이 아니다. 최근에는 경상북도 영주의 대장장이가 손으로 만든 농기구 '호미'

가 아마존에서 화제를 모으며 단절될 위기에 처한 지역 장인의 손기술이 지닌 가치를 알리는 계기가 되었다. 그때는 유용했지만 지금은 그때만큼 쓸모가 덜하다고 여겼던 오래된 사물들이 '물건의 모습'으로 다가와 소비자와 소통하고 있는 것이다.

세월에 따라 변해가는 물건이나 오래도록 다듬고 고쳐 쓰며 대대손손 물려주는 물건들, 장인의 손으로 만든 공예품 등에 사람들은 점점 더 큰 가치를 매긴다. 물론 그저 오래된 것에서 느껴지는, 근원을 알 수 없는 익숙함이나 그 물건들이 주는 정서적 안정감이 표면적인 이유일 수 있다. 그도 아니라면, 단순히 개인적 취향으로 보일 수도 있다. 하지만 요즘 사람들이 사물을 물건으로 인식하는 데는, 겉으로는 잘 드러나지 않지만 조금 진중한 이유가 숨어 있는 듯 보인다.

생산의 품격

장 보드리야르 Jean Baudrillard는 "물건들은 기능이나 기호에서 벗어나 사용자와 의사소통을 하며 의미로 작용하는 교환의 양태로서 가치를 지니고 있다"(보드리야르, 1993: 211)라고 말한다. 사물을 경제 논리로만 재단하려는 습성에서 벗어나 삶과 문화를 반영하는 것으로 인식한다. 사람들은 물건들과 상호작용을 하며 개인과 사회와의 관계를 인식하고, 그 속에서 발생하는 각종 문제에 대해 끊임없이 질문하고 해결책을 찾으면서 개인이 지향하는 삶의 가치를 반영한다. 이를테면 일회용 제품의 소비를 줄이고 친환경적으로 만들어졌거나 재활용한 물건을 취하려는 행위를 통해 환경을 개선하려는 노력이나 우리 고유의 전통 유산을 오늘의 일상

안에서 되살리려는 노력들, 그리고 어떤 경로로 만들었는지 알 수 없는 글로벌 기업들의 획일적인 물건보다는 조금 투박하더라도 투명한 경로로 정성스럽게 만든 지역의 물건들을 찾는 등의 가치 소비가 이러한 의지를 반영한다. 가치 소비란 개인이 판단하기에 가치 있다고 생각하는 소비재를 주체적으로 선택하고 소비하는 경향을 일컫는다.

가치 소비 행위는 브랜드의 선호도나 가격 등을 기준으로 상품을 선택하는 기존의 소비 행태와 달리, 개인 삶의 핵심 가치가 무엇이냐에 따라서 소비를 결정하는 경향이다. 따라서 브랜드의 글로벌 인지도나 가격이 절대적인 기준은 아니다. 2017년 9월 미국의 글로벌 리서치 그룹인 제이더블유티 인텔리전스JWT Intelligence가 변화하는 소비 취향에 대해 미국의 글로벌 브랜드들을 대상으로 조사한 결과(JWT Intelligence, 2017)는 참고할 만하다. 조사 결과 중 놀라운 것은 전체 응답자 중 10퍼센트만이 다국적기업의 글로벌 브랜드를 선호했다는 것이다. 반면에 43퍼센트의 응답자가 현지 브랜드를 선호한다고 밝혔다. 이 조사를 시행한 제이더블유티 인텔리전스 그룹은 이와 같은 결과를 통해 이제 고객들의 취향은 세계적인 브랜드의 명성보다는 기업의 사회적 책임과 환경의 지속 가능성까지 고려한 진정성 있는 브랜드나 제품으로 향하고 있다고 말한다. 이와 같은 소비 행태의 변화는 디자인 활동은 물론이고 국가나 도시의 사회경제 시스템에도 적잖은 영향을 미친다.

영국의 그레이트브리튼 캠페인GREAT Britain campaign을 통해 소개된 몇몇 사례는 흥미롭다. 이 캠페인은 오늘날 영국의 경제를 성장시키고 지속해 온 생산의 가치를 되살려 경제 재도약의 발판으로 삼자는 취지에서 시작된 전략이다. 캠페인에서 소개하는 영국 고유 브랜드 제품의 생산 과정이나 자국 내 디자이너들의 활동을 보면, 급변하는 디지털 산업 환

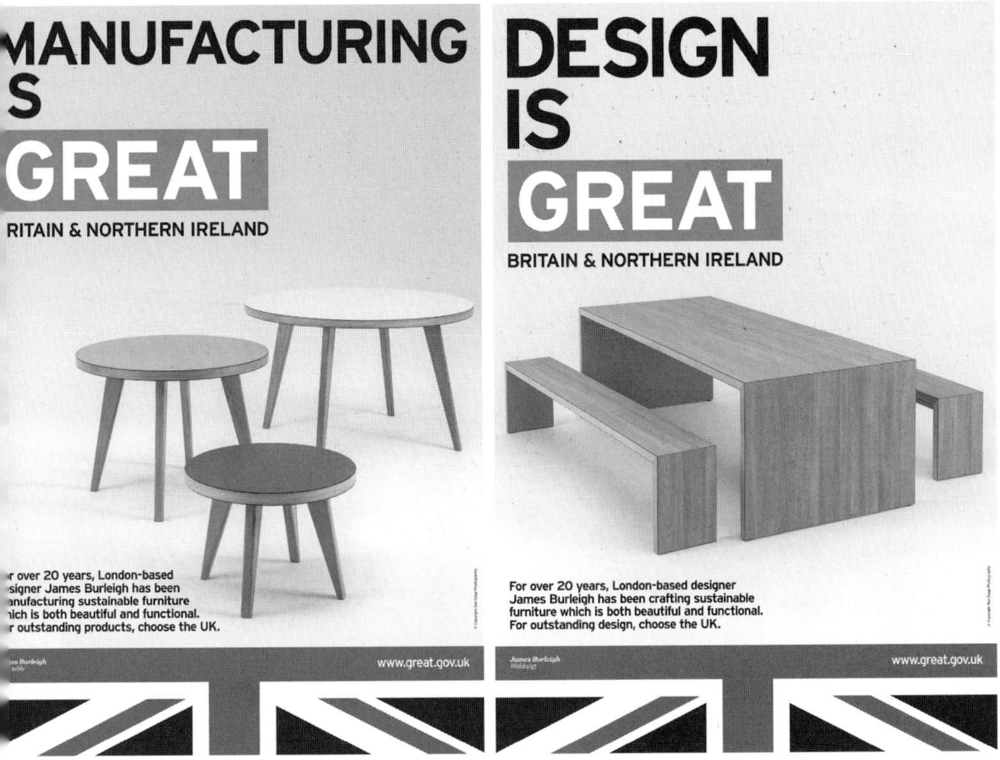

그림 2-1

영국의 '그레이트브리튼 캠페인(GREAT Britain campaign)' 홍보 포스터
"Manufacturing is GREAT(제조업은 위대하다)", "DESIGN is GREAT(디자인은 위대하다)"

사진 제공: www.great.gov.uk, Ⓒ Ben Sage Photography

경 속에서도 그들만의 주체적인 생산 방식과 전략을 구사하며 경쟁력을 키워간 흔적들이 보인다.

1971년에 설립된 영국의 글로벌 브랜드 멀버리Mulberry는 자사의 브랜드 경쟁력을 영국 전통의 가죽 공예 역사에서 찾고, 이를 꾸준히 지속해 온 장인 기업으로 소개된다. 600명이 넘는 장인들이 탈산업화 과정에서도 수공업을 유지하며 잉글랜드 지방의 서머싯에 위치한 자체 공장 두 곳에서 생산한 고품질의 가죽 제품은 전 세계 유통망을 통해 이 브랜드의 디자인 경쟁력이 장인정신에 있음을 알려왔다.

지역성이 강조되는 디자인 창업가에 대한 소개도 있다. “Manufacturing is GREAT(제조업은 위대하다)”, “DESIGN is GREAT(디자인은 위대하다)”라는 슬로건과 함께 소개되는 캠페인 포스터 속의 가구는 20년 동안 런던에서 활동하고 있는 가구 디자이너 제임스 벌리James Burleigh가 디자인한 것이다. 그는 영국의 제조 경쟁력을 성장시킨 창작자로 소개된다. 가구 생산을 위한 자본과 설비의 상당 부분이 이미 해외로 이전된 세계적 추세 속에서도 제임스의 가구는 디자인에서부터 생산에 이르는 전 과정이 런던 북서부에 위치한 자체 공장에서 엄격한 품질 검수를 받으며 마무리된다.

○●●

만드는 과정에서 발견되는 가치들

산업 시대에 활발하게 생산되던 물건들의 회귀와 그 물건들의 생산 과정에서 발견되는 가치들, 그리고 그런 손맛 나는 물건들을 향한 애착 현상은 물건들의 과잉시대를 살아가는 우리에게 만든다는 것의 가치는 무엇인지 생각해 보게 한다. 에르메스와 로에베, 루이비통 등의 해외 명품 브랜드는 물론이고 라이카, 렉서스, 삼성, 아모레퍼시픽 등 산업을 주도해 왔던 선진 기업들은 브랜드의 가치를 장인의 노동과 손기술에서 찾으며 소비자에게 진짜의 품격이라는 매력을 발산한다. 개인과 사회는 어떠한가. 그들은 메이커 문화를 고용 시장의 불안정, 기후변화와 멸종, 환경오염 등과 같이 사회가 당면한 문제들을 극복할 새로운 대안으로 인식하며 세상을 더 나은 환경으로 만들어줄 것이라 믿어 의심치 않는다. 그러나 이러한 긍정적 전망만으로 메이커 문화가 활기를 띠는 것은 아니다. 메이커 문화는 그 특성상 만들려는 의지를 가진 개인의 적극적인 참여와 실천이 필수 조건이기 때문이다. 개인의 능동적인 태도가 없이는 메이커 문화의 질적 향상이나 양적 성장을 기대하기 어렵다.

문화 연구자 존 피스크John Fiske는 문화상품의 소비자는 수용자인 동시에 새로운 의미와 즐거움을 만들어내는 생산의 주체라고 가정한다. 그는 소비자에 의해 재생산된 텍스트를 활성화된 텍스트activated texts라고 한다. 이 텍스트는 수용자의 적극적인 개입을 유도하지 않는 전통적 방식인 닫힌 구조의 독자적 텍스트readerly text와 달리, 수용자가 저자의 입장이 되어 텍스트를 재구성하는 식의 적극성을 보이는 작가적 텍스트writerly text로 볼 수 있다. 그것이 가능한 이유는 작가적 텍스트가 "열린 텍스트로서 다의성polysemy을 갖고 있기 때문"(정재철, 2014)이다. 즉 텍스트이자 문화상품인 물건은 한 가지 의미만 있는 완결체가 아니라 그것이 교환되는 과정에서 다양한 의미와 재미를 생산하는 문화다.

장인정신은 노동을 통해 문화를 만들어내려는 인간의 내재적 욕망이라 할 수 있다. 영국의 문화사회학자 리처드 세넷Richard Sennett이 저서 『장인The Craftsman』에서 말하는 장인정신은 단순히 좋은 품질만을 뜻하지 않는다. 세넷은 장인정신에 대해 인간이 스스로를 위해서 무언가를 잘해내려는 욕망의 발현이자, 반복과 끊임없는 실험을 통해 자기 건설을 이루고자 하는 존재의 한 방법이라고 설명한다. 바꿔 말하면, 장인정신은 창조성의 발현을 통해 의미와 재미를 생산하고자 하는 원동력 내지는 동기라 할 수 있다. 그리고 그런 문화적 텍스트를 생산하기 위해 장인정신을 발휘하는 데 수공예 또는 기계 생산 등의 생산 방식은 중요하지 않다. 오히려 그 방식이 무엇이건 간에 만들어내는 과정에서 스스로 느끼는 즐거움과 몰입이 결국 긍정적인 변화를 가져오고 사회를 변화시키는 힘이 된다고 한다.

디자인 비평가이자 큐레이터인 저스틴 맥거크Justin McGuirk도 세넷에 동의하는 입장을 취한다. 그는 "수공예품과 산업 생산품 사이의 경계는 이제 무의미하다"(McGuirk, 2011)라고 덧붙인다. 각기 다른 제작 과정을 통해 탄생한 똑같은 두 개의 물건이 있다고 가정하자. 외관상으로는 특별히 다른 점도 새로운 점도 없다. 그저 물건을 통해서 교환되는 가치만이 다를 뿐이다. 그러니 어떤 도구를 사용했는지는 그리 중요한 문제가 아니다. 만들기에서 그보다 중요한 것은 무언가를 창조하고 완성해 가는 과정에서 새롭게 발견하는 의미들이다.

능동적 수용자들

메이커 문화의 환경 조성에 앞장서는 것은 메이커라 불리는 능동적 생산자들이다. 이들이 출현하게 된 데는 여러 사회현상이 존재하겠지만 그 중에서도 결정적인 이유는 경제적 불황에서 찾을 수 있다는 것이 일반적인 견해다. 극심한 경기침체와 취업난, 고용의 불안정 등은 사람들로 하여금 어쩔 수 없이 자신의 두 손으로 일거리를 만들어가는 환경으로 내몰았다. '생활기술과 놀이멋짓연구소'의 소장 김성원은 『사물의 수작부리기』에서 이와 같은 환경적 요인을 IMF 경제위기 당시의 창작자 환경과 비교하며 전개하기도 했다. 공교롭게도 그 당시에 출현한 싸이월드와 홍대 프리마켓은 요즘의 SNS 환경처럼 창작자들이 직접 수익을 창출할 수 있는 새로운 출구였던 것으로 기억된다. 20여 년이 지난 지금은 그때

보다 훨씬 노련해졌고 다양해진 목적과 욕망이 함께한다. 그만큼 표현할 수 있는 출구도 많아졌다. 소소하더라도 개인의 힘으로 실현 가능한 방안과 맞닿아 있는가 하면, 혼자가 어렵다면 작은 공동체를 구성해 사회 곳곳에서 일어나는 문제에 대해 다양한 아이디어를 공유하고 해결책을 모색하기도 한다.

생산자들의 능동성은 다양한 유통 플랫폼과의 상호작용 덕택이기도 하다. 온라인과 오프라인의 상호연결성이 강화되면서 다변화된 유통 구조와 소비 방식은 다품종소량생산 환경을 기본으로 개인맞춤형, 주문제작형, 분산제조 방식 등의 세분화를 이끌었다. 그러다 보니 자연스럽게 더욱 다양한 유통 플랫폼에서 수익을 창출할 수 있는 기회도 많아졌다. 그중에서도 특히 크라우드펀딩은 마음속에만 품었던 아이디어를 현실에서 가능하게 하는 새로운 유통 플랫폼으로 각광받았다. 크라우드펀딩은 물건을 만들기 위한 생산 비용을 필요로 하는 생산자가 온라인 플랫폼을 통해 자금을 모으고, 일정 금액이 도달하면 후원자나 기부자에게 상품으로 보상하는 방식이다. 이 같은 방식의 장점은 생산 수량만큼 주문자를 모을 수 있고, 사전에 온라인을 통해 예산도 확보할 수 있다는 것이다. 또한 후원자를 모으는 과정에서 상품의 제작 배경이나 과정 등에 대해 상세한 정보를 제공하기 때문에 소비자들 또한 완제품을 구입하던 환경에서는 알 수 없었던 만들기의 과정을 경험할 수 있고, 물건을 기다릴 때의 설렘과 재미에도 한껏 취해볼 수 있다.

생산자와 소비자의 상호작용이 잘 이루어지는 유통시스템이 활성화되면 더 많은 창작자들이 시장 진출의 기회를 얻을 수 있다. 엣시Etsy나 아이디어스idus 같은 국내외 온라인 플랫폼 역시 전통적인 유통 방식을 해체한다. 수공예품과 수제 먹거리 등을 유통하는 이 플랫폼들은 머천다이

저의 선택을 받아야만 판매할 수 있었던 기존의 유통 방식에서 벗어나 중개자의 도움 없이 아이디어와 기술만 있다면 생산자가 직접 도전해 볼 수 있는 환경을 제공한다. 소자본으로도 진입할 수 있는 온라인 유통 플랫폼은 이러한 이점 때문에 숙련되지 않은 신진 창작자들과 실험성을 강조하는 예술가들, 출산과 육아로 경력이 단절된 여성, 퇴직 이후를 대비하는 중장년층들도 능동적으로 참여할 수 있는 분위기를 조성하고 있다. 이러한 유통 혁신은 그간 창조산업의 주변부로 밀려났던 제작 문화가 다시 주목받는 주요 계기를 만들었다. 더 나아가 메이커 문화가 활성화되고 있는 공동의 장은 급변하는 사회현상들에 대응하는 데 버거운 대학 교육의 시스템적 한계와 빠르게 변모하는 소비시장의 틈새에서 자립에 필요한 재교육의 장으로 그 가능성이 확장되고 있다.

무엇보다도 시장에서의 자생적 학습이 가능한 것은 능동적 소비자로 간주할 수 있는 1인 미디어가 역할을 톡톡히 하고 있기 때문이다. 수요가 있는 곳에 공급이 있듯이, 시장경제에서 생산자들의 능동적 태도는 소비자의 요구에 대한 응답이기도 하다. 손바닥도 부딪쳐야 소리가 나는 이치라고 할까. 디지털 미디어 환경 안에서 활성화되고 있는 1인 미디어의 영향력은 실로 대단하다. 일정 주문량에 도달하면 생산하는 방식의 펀딩형 플랫폼에서부터 생산자가 온라인상으로 업로드한 제품 제작 가이드를 다운로드하여 소비자가 현지에서 제작하는 분산 제조 방식에 이르기까지, 소비자의 능동적 참여 없이는 생산 자체가 불가능한 제작 방식과 유통 플랫폼들이 지속적으로 확산되고 있다. 생산자와 소비자가 서로의 필요 사항을 능동적으로 수용할 의사가 있었기에 가능해진 일이다.

○●●

만들며 배우고, 배우며 만들다

메이커들이 지속적으로 활동하면서 실질적인 지식과 기술을 배울 수 있는 곳으로 마켓만 한 곳도 없다. 열리기만 하면 엄청난 인원이 모여든다는 '마켓움'이나 '띵굴시장', '보부상마켓' 등의 이름난 마켓들은 주로 상품을 직접 디자인하고 제작하는 공예가나 디자이너들의 참여는 물론 전문적으로 기술을 배우지 않았다 해도 기획력과 손재주만 있다면 누구나 참여할 수 있는 열린 장터다. 마켓 중에는 지역 기반의 창작자 여럿이 모여 소규모의 장터를 운영하며 지역을 활성화하거나 개인 기업 또는 기관이 창작자를 후원할 목적으로 운영하는 경우도 있다. 종로구 연건동을 거점으로 활동하는 디자인 그룹 티더블유엘Things We Love: TWL이 봄과 가을에 정기적으로 개최하는 '춘우장'과 '만추장', 인테리어타일 전문 업체 윤현상재가 2016년부터 꾸준히 진행해 온 마켓 '보물창고', 일상과 예술이 만나는 시장이자 야외 축제로 세종문화회관의 뒤뜰에서 열리는 '세종예술시장 소소' 등이 좋은 예다. 마켓에서는 창작자들이 시민들과 직접 교감하며 아이디어도 얻고, 배경과 기술이 서로 다른 창작자들이 만든 물건들을 직접 보고 배울 수 있는 기회도 얻기에 메이커들에게는 새로운 도전과 기회의 장으로 여겨진다.

미국의 교육심리학자 제롬 브루너Jerome Bruner는 지식은 발견과 관찰의 과정을 통해 새로운 경험의 영역을 열어주고 다른 사고로 이어주며 의미를 생산한다고 말한다. 그는 "경험의 연속성으로 경험의 질을 높일 수 있고, 나아가 지식의 발견보다는 발명으로, 그리고 의미를 만드는 행위로 확장·발전"된다고 말한다(김세준, 2005). 마켓은 만들기의 즐거움을 나누기 위해 함께 모인 창작자들이 지식을 발견하는 장소이자, 그 지식의 확장을 통해 새로운 기회를 만들어가는 장소다. 창작자들은 만들기라는 매개 활동을 통해 기회를 창출한다. 만들기는 세상을 관찰하고 탐구하는 과정에서 '의미 있는 반응'을 불러일으키고, 창작자들은 그 반응들을 타인과 공유하며 사회적으로 확장해 나간다.

'새로운 공예성을 찾아가는 공동의 장Making is Thinking is Making: New Korean Craft'이라는 주제로 지난 2016년 개최한 밀라노 트리엔날레 국제전람회 한국관 전시도 만들기 행위의 사회적 확장성에 대한 담론을 제시한 바 있다. 이 전람회에서는 '21세기, 디자인을 잇는 디자인21st, Design after Design'이라는 주제 아래 지속 가능성을 담보하기 위해 새롭게 취해야 할 디자인의 역할 중 한 가지로서 디자인과 장인정신의 관계를 주된 담론의 대상으로 삼았다. 이에 따라서 디자인이 공예를 바라보는 시각 역시 확장되었는데, 공예의 사회문화적 가치가 디자인의 연속성을 보충하는 매개체가 될 수 있다는 가능성을 일깨웠다. 만들기Making와 생각하기Thinking가 끊임없이 반복되는 한국관의 전시 제목은 전시 감독이 밝혔듯이 장인정신을 통해서 발현되는 "만들기라는 행위가 개인에서 사회로 확장되고, 또다시 개인의 일상 삶에 영향을 미치는 순환의 구조"임을 의미한다. 즉 공예는 생산 양식인 동시에 삶의 방식이기에 "자연적·인간적·지속적 가치"가 있다고 보는 것이다. 일상의 필요에 의해 생겨난 공예는 일상 속에서 사용하는 즐거움으로 이어지고, 이런 즐거움은 다시 만드는 즐거움으로 이어져 자연스럽게 삶 속에 스며드는 생활 문화가 된다. 그리고 이러한 생활 문화는 생산되는 과정에서 연구와 교육, 제조, 유통 그리고 서비스에 이르는 문화 생산의 가치사슬 전반에 영향을 미치며 산업의 문화화에도 기여한다.

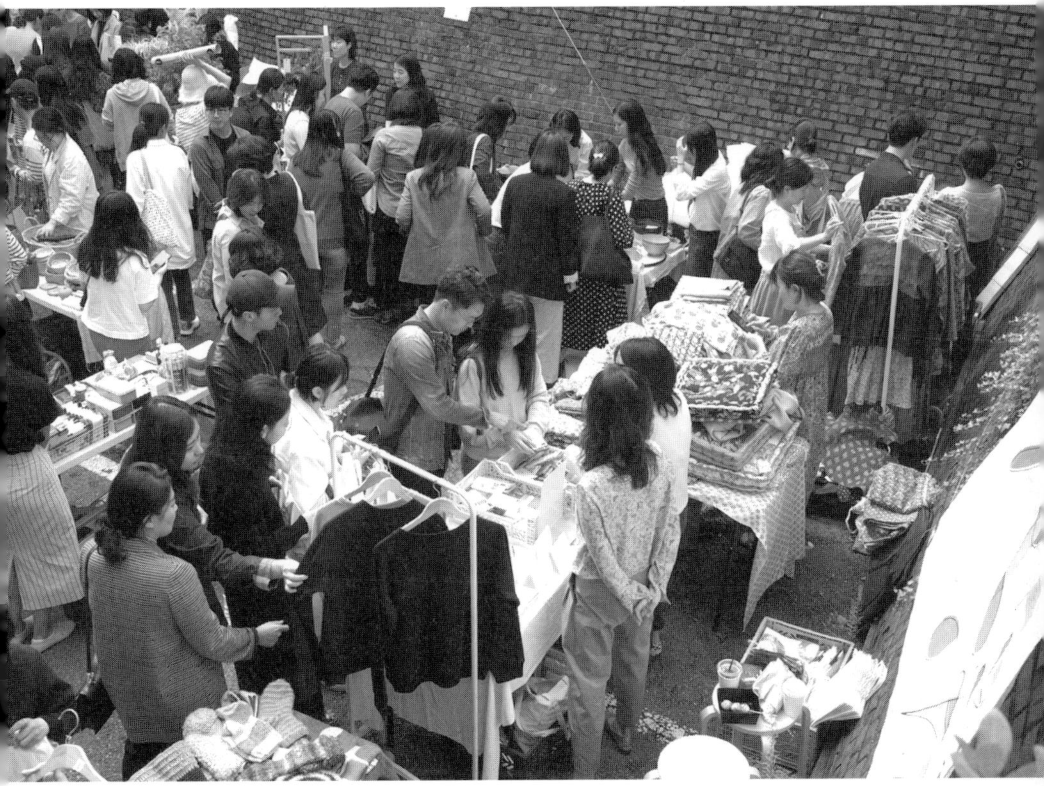

그림 2-2
마켓은 메이커들이 지식과 경험을 나누는 장소다.

마중물로서 디자이너-메이커 인큐베이션 프로그램

공예는 인류가 오랜 시간 축적해 온 기술이자 문화다. 산업 시대에 소멸되었거나 소외된 공예에 다시 관심이 쏠리는 것은 공예가 미래에까지 지속 가능한 삶의 방식이자 생산의 원천이라고 새롭게 인식했기 때문이다. 공예는 창작자가 직접 만든 물건을 판매해 수익을 얻으며 지속적으로 생산 활동을 해나갈 수 있는 기술 자원이자, 공동체 안에서 지식과 경험을 공유하며 생활 문화를 활성화하는 문화 자원으로 환영받는다.

메이커 문화의 활성화와 더불어 다시 주목받고 있는 공예 문화 안에서 디자이너-메이커designer-maker들의 활동도 눈에 띄게 증가했다. 디자이너-메이커는 자신이 기획한 제품을 직접 디자인하고 제작하여 판매하는 공예인이나 디자이너를 말한다. 이들은 디자인 사고를 통해서 일상 삶을 개선하는 디자이너designer나 만들기를 통해 삶의 질 향상을 추구하는 공예인craftsman의 주변 그 어디쯤에서 창업가 정신을 발휘하여 문화를 생산하는 창작자들이다. 디자이너-메이커들은 디자인적 사고를 바탕으로 상품을 기획하더라도 만들어가는 과정에서는 공예적 태도 안에서 상품의 가치를 재해석한다. 때로는 서로 다른 영역을 넘나들며 다양한 창작자들과 협력해 자신이 처한 환경을 보완하고 새로운 의미를 생산하기도 한다.

디자이너-메이커들의 활동이 비교적 융합적이다 보니, 산업 현장에서 일어날 수 있는 문제들의 해결 능력을 키우는 것에 초점이 맞춰진 디자인 교육이나 작가를 양성하는 실기 위주의 공예 교육과 같은 대학의 제도 교육으로는 다양한 요구를 수용하기에 한계가 있는 것도 사실이다. 최근에는 직업교육원이나 평생교육원 또는 국가나 단체에서 시행하는 인력 양성 프로그램들이 디자이너-메이커로서의 역량을 키우려는 창작자들에게 재교육의 기회를 제공하고 있다. 공예와 디자인 대학이 통폐합되거나 축소되는 등 많은 대학이 구조조정의 위협을 받고 있는 상황에서 수요자의 요구에 맞춘 재교육 프로그램의 제공은 사회적 요구와 교육 환경 간의 격차를 최소화할 수 있는 대안이 되고 있다. 그중에서도 스타트업 인큐베이션 프로그램은 디자이너-메이커들이 전문적인 비즈니스 컨설팅을 통해서 창업가의 꿈을 실현할 수 있는 마중물의 역할을 한다.

영국 런던에 거점을 둔 비영리 단체 콕핏 아트Cockpit Arts는 영국 유일의 공예인 스타트업 인큐베이터다. 1986년에 설립되어 이미 30년을 넘긴 이 단체는 런던 중심의 홀번Holborn 센터와 남동쪽 지역의 데트퍼드Deptford 센터를 통해 140명 이상의 디자이너-메이커를 지원하고 있다. 입주자들의 대부분이 성공적으로 사업을 시작할 수 있도록 활성화된 공간으로 꾸며졌다. 이곳은 각 디자이너-메이커가 자신에게 알맞은 사업을 수행할 수 있도록 일대일 맞춤형 비즈니스 교육을 시행하고 있다. 센터는 홍보와 판매의 기회를 열어주는 비즈니스의 장으로 활용된다. 여름과 크리스마스 시즌에 각각 개최되는 오픈 스튜디오에서는 개인 컬렉터뿐만 아니라 박물관의 큐레이터와 백화점의 머천다이저 등을 상대로 디자이너-메이커들의 제품을 선정할 수 있는 기회를 주며, 스튜디오 방문 프로그램을 통해 다양한 판매 채널을 확보할 수 있는 기회도 마련된다.

한국공예디자인문화진흥원이 시행하는 '공예 디자인 상품 개발 사업'도 대표적인 디자이너-메이커 발굴 및 육성 프로그램이다. "공예 디자인 스타 상품"이라는 공모명으로 2013년부터 시작된 이 상품 개발 프로젝트는 초기에는 디자이너가 장인과 협업 상품을 개발하는 시범 사업으로 시작하여 현재는 디자이너-메이커들이 상품 개발 역량 강화를 통해 유통시장에 안정적으로 진출할 수 있도록 지원하는 사업으로 정착했다. 이 프로젝트의 참여자들은 전공이나 경력이 매우 다양하다. 대학에서 디자인과 공예 관련 정규 과정을 졸업한 경우도 있지만 공방에서 오랫동안 기술을 습득한 공예인도 있다. 공예와 디자인 분야와는 전혀 관련이 없는

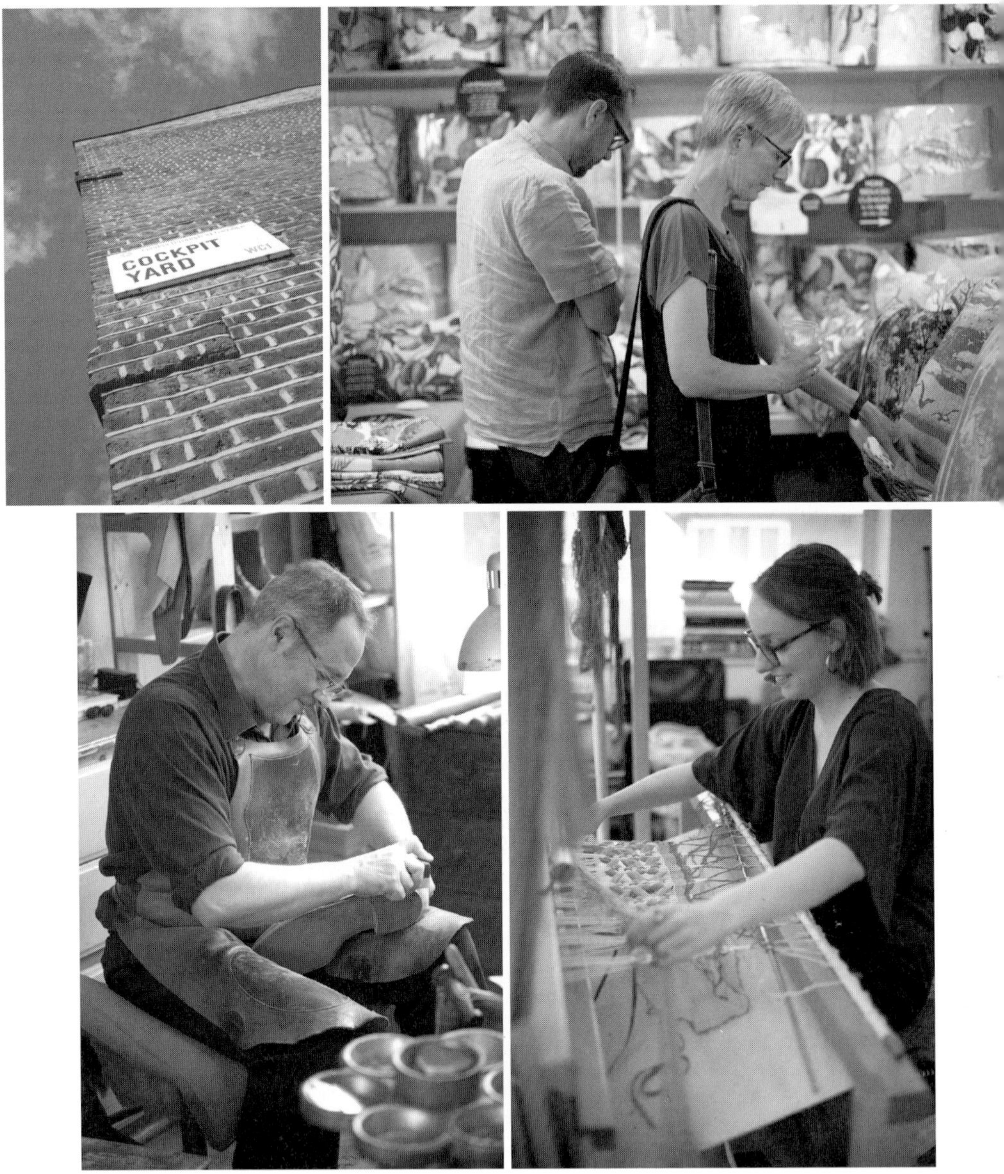

그림 2-3
콕핏 아트(Cockpit Arts)의 창작자들

사진 제공: Cockpit Arts, www.cockpitarts.com, © Jamie Trounce

참여자들도 있다. 회화와 조각 등의 순수미술을 전공했거나 문화예술 분야의 전공자는 아니지만 기술 교육이나 대안 교육을 통해 메이커로 성장한 경우다.

이 프로젝트의 가장 큰 특징은 '멘토링 시스템Mentoring System'을 통해 워크숍 형식으로 진행된다는 점이다. 멘토링은 "지식과 경험이 풍부한 사람이 스승의 역할자로 그 대상자의 실력과 잠재력을 향상시키는 것"(전영옥, 2018: 344)을 말한다. 조언을 받는 멘티Mentee들에게는 상품의 개발 계획에 따른 진단과 분석이 이루어진다. 진단이 완료된 이후에는 디자인과 개발, 기술 및 제작, 생산과 유통, 브랜딩의 상품화 단계별로 전문적인 조언자의 역할을 하는 멘토Mentor들과 그룹 또는 개별 멘토링을 통해 상품화를 진행한다. 멘토는 상품 개발의 역량뿐만 아니라 멘티가 처한 환경을 진단하고 상담과 심리적 지원을 통해 창업가로서 사회에 진출하는 데 자신감을 갖게 해주는 역할을 한다. 멘토링 시스템의 가장 큰 장점은 멘토링이 완료된 이후에도 멘토와 멘티 간의 지속적인 관계가 형성된다는 점이다. 실제로 멘티의 사후 관리와 추가적인 멘토링이 자연스럽게 이루어지는 경우가 많고, 유통에 전문적인 도움을 주는 멘토들의 경우에는 국내외 시장 판로도 열어주기 때문에 지원이 끝난 이후에도 참여자들의 사업 지속성이 상당히 높은 편이다. 그간 90명이 넘는 디자이너-메이커가 이 사업을 통해 배출되었고, 이 중 80% 이상이 동일 제품으로 시장에서 여전히 활발하게 활동하고 있다.

자기 주도적 환경을 만들다

최근 몇 년 사이 '공예 디자인 스타 상품 공모'를 통해 배출된 디자이너-메이커들의 활동들을 살펴보면 이미 형성된 시장이나 체계에 자신을 맞추기보다는 개인이 주도하는 환경으로 만들어가려는 의지가 많이 보인다. 산업 시대의 표준화된 삶의 방식에 제동을 걸고 이를 재해석하는 경우도 있고, 사물의 쓰임과 의미를 재구성해 새로운 사용 방법도 제안한다. 또 고루하게만 여겨왔던 전통이나 지역의 문화에 대중적인 요구를 반영해 현대적으로 재해석한 사례도 있다.

2017년 참여 작가 이준희가 황동 소재로 제작한 테이프 디스펜서 〈2T〉는 특히 인상적이다. 그는 '다양해진 소비자의 취향을 어떻게 하면 충족시킬 수 있을까?'라는 문제의식에서 테이프 디스펜서를 만들었다고 한다. 똑같은 테이프 디스펜서라 해도 사용하는 사람마다 목적은 다르리라는 것이 그의 생각이었다. 황동 테이프 디스펜서 〈2T〉는 일반형을 포함해 연필통에 꽂을 수 있는 막대형과 중량감을 높이고 양쪽에서 사용할 수 있는 탁상용 등으로 다양하게 제작되었다. 과연 그의 생각대로 이 상품이 다양해진 소비자의 취향을 충족시켜 줄 수 있을까?

테이프 디스펜서의 역사는 1932년으로 거슬러 올라간다. 3M의 영업관리자인 존 보든John Borden은 18개월이라는 긴 실험 기간을 통해 테이프를 몇 초 만에 다치지 않고 안전하게 자를 수 있는 테이프 디스펜서를 고안했다. 1939년에 달팽이 형태를 도입한 이래로 보든의 '스카치테이프 디스펜서'는 여전히 표준으로 남아 있다.

테이프 디스펜서는 가정과 일터에서 빼놓을 수 없는 필수 사무용품이

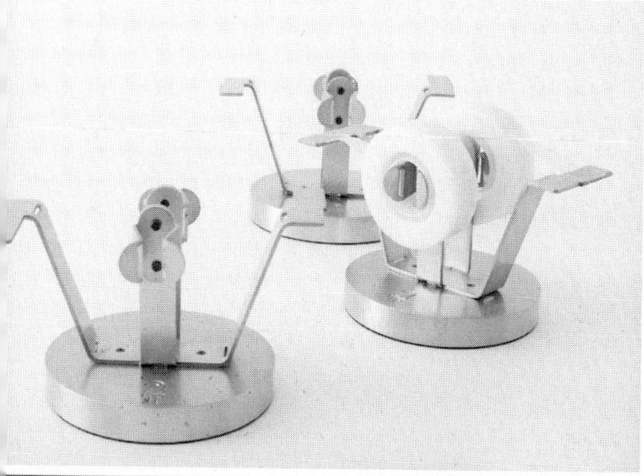

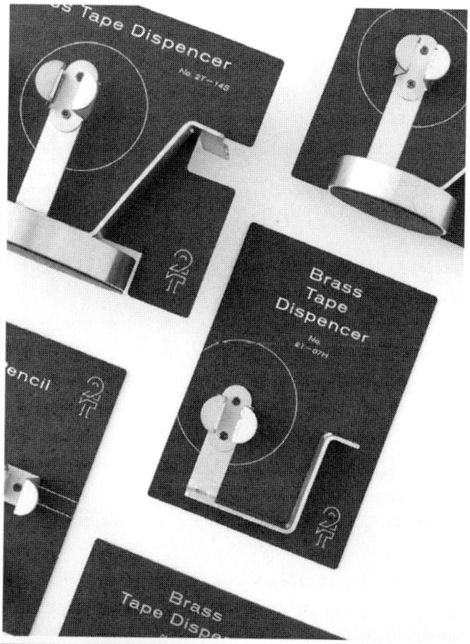

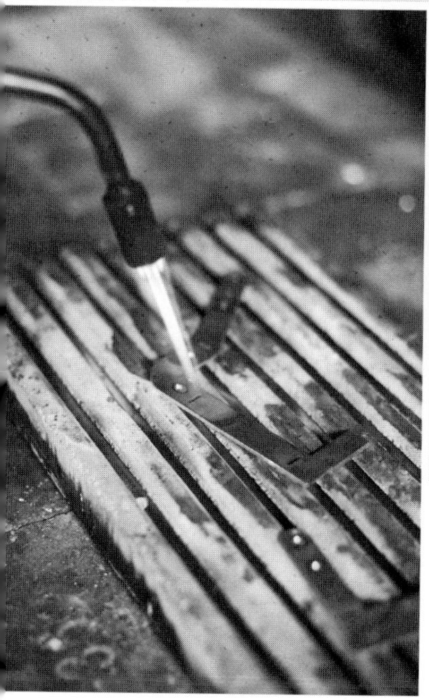

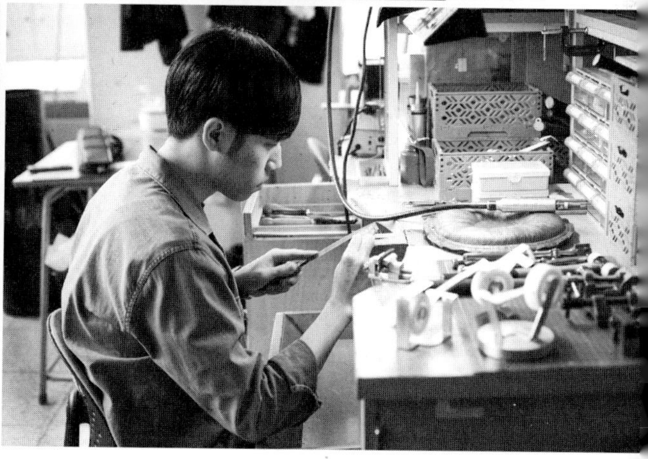

그림 2-4
이준희의 황동 테이프 디스펜서 〈2T〉와 제작 모습
사진 제공: KCDF, © 516 Studio

기에 많은 수요가 따른다. 하지만 디자인적 다양성은 매우 떨어진다. 스카치테이프 디스펜서처럼 기능적으로 매우 완벽하고 군더더기 없이 디자인된 사물이 한 세기 가까이 지속되고 있기 때문이다.

이준희가 개발한 황동 소재의 테이프 디스펜서 〈2T〉는 완벽에 가까운 디자인 세계를 향한 도전이나 다름없었다. 디자인 사고 체계 안에서 볼 때, 신제품의 장기적인 성공은 기존 방법보다 더 나은 방법을 찾는 데 달려 있다. 훌륭한 디자이너는 최초의 아이디어를 견지하되, 그것이 가진 한계를 좀 더 나은 방향으로 변형시킬 수 있어야 한다. 그런데 이준희의 〈2T〉는 가격이 기존의 플라스틱 테이프 디스펜서 가격보다 족히 10배는 넘는 데다 황동으로 만들어 관리가 쉽지 않고 무게감도 꽤 있었다. 아무리 공예의 가치를 내세운다고 한들 기능적 한계와 가격 저항을 극복할 수 있겠냐는 의문이 제기될 수밖에 없는 상황이었다. 그러나 그런 우려와 예상은 빗나갔다.

창작자의 개성과 손맛이 돋보이는 〈2T〉는 정성스럽지만 과하지 않은 포장까지 더해져, 오로지 투명 플라스틱 디스펜서만을 경험하고 그 세계에 익숙해진 이들에게 적잖은 자극을 주었다. 〈2T〉는 시장에 이미 자리 잡은 플라스틱 소재의 저렴한 테이프 디스펜서에 맞대응하기는 어렵겠지만, 표준화되고 무심해진 물건들을 향한 감각을 일깨우고 우리 곁에서 오래도록 함께해 온 물건의 가치를 되돌아보게 했다. 디자인과 금속공예를 전공한 이준희는 상품을 개발하는 과정에서 디자이너가 아닌 공예가의 장점을 최대한 활용하는 것이 큰 경쟁력이라는 것을 깨달았다고 한다. 디자이너의 사고 안에서는 쉽사리 도전할 수 없었지만 공예적 태도 안에서는 사물의 쓰임에 대해 더 많이 고민해 볼 수 있었기에 〈2T〉는 세상에 나올 수 있었다.

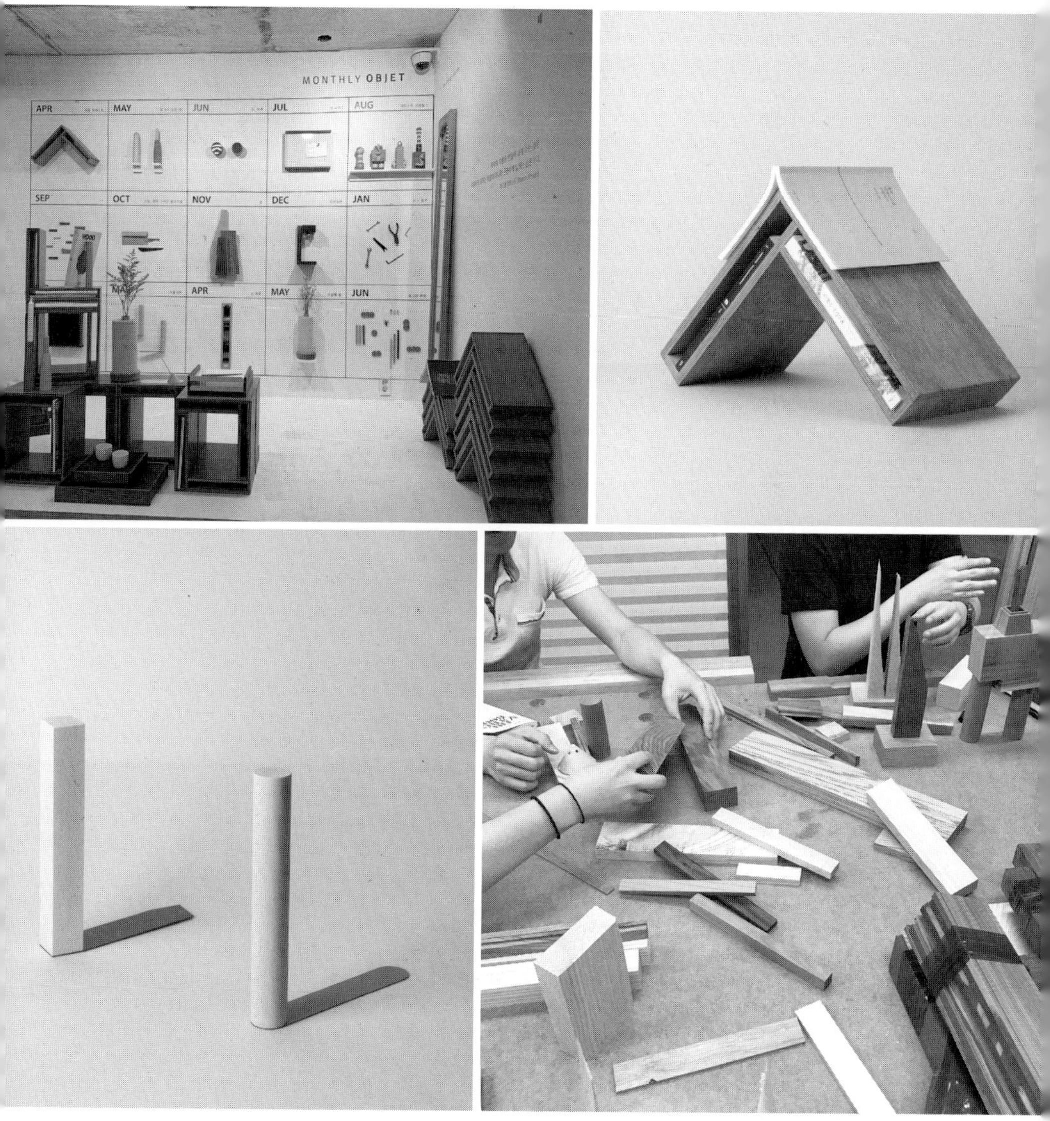

그림 2-5
오브젝트에서 열린 월간 오브제의 전시 ≪동그란 취향≫(왼쪽 위),
〈리틀 북레스트〉(오른쪽 위)와 〈사물이면〉(왼쪽 아래), 작업 사진(오른쪽 아래)
사진 제공: 월간 오브제

이예지, 임형묵 듀오의 프로젝트 그룹 월간 오브제Monthly Objet는 슬라이드 필름을 한 장씩 환등기에 끼워 넣어 이야기를 이어가듯 한 달에 한 가지씩 소소한 물건들을 선보인다. 언어는 같지만 그 언어를 사용하는 사람들이 만들어가는 이야기는 다르다는 생각에서 시작한 월간 오브제 속에는 소비자와 소통하고 싶은 언어가 숨겨져 있다. 그들은 소비자가 물건을 사용하면서 그들이 숨겨놓은 물건 속의 언어로 다채로운 이야기들을 만들어갈 것을 기대한다.

월간 오브제는 사물을 정해진 기능만을 제공하는 완결체로 보는 것이 아니라 물건을 사용하는 즐거움을 통해 다양한 이야기를 생산하는 과정의 산물로 본다. 여러 개를 겹겹이 쌓아 사용할 수도 있고, 사용자가 원하는 형태로 조합해 사용할 수 있는 책꽂이 〈리틀 북레스트〉는 사용자가 조합하는 방식에 따라서 형태와 기능이 달라진다. 오후의 햇살과 늘어진 그림자에서 영감을 얻어 만든 북엔드 〈사물이면〉은 이름처럼 책꽂이라는 사물의 이면을 환기시키고 그 사물로부터 사용자 스스로 의미를 생산하도록 유도한다. 제품을 개발하는 태도는 그들이 추구하는 삶의 방식과도 맞닿아 있다. 이예지와 임형묵은 각각 텍스타일과 목칠공예를 전공한 후 서울시 남부기술교육원에서 가구디자인을 배우고 디자이너-메이커라는 직업인으로 살고 있다. 그들은 디자이너-메이커이자 1인 창작자로 자립을 꿈꾸는 이들에게 말한다. '손이 할 수 있는 영역을 늘 간직하고, 신기술을 두려워하지 말라'고. 그리고 '자신으로부터 나온 것을 만들어가라'고 말이다.

월간 오브제가 사물 이면의 즐거움을 찾듯이 고바야시 야스히코小林泰彦는 사물 이면의 '진정한 가치'를 찾아 여행한다. 그의 책 『헤비듀티』는 여행하면서 진정한 가치가 있다고 여겨온 물건들을 소개한다. 헤비듀티heavy-duty는 패션 전문용어로 '심한 노동에도 견딜 수 있는', '아주 튼튼한'

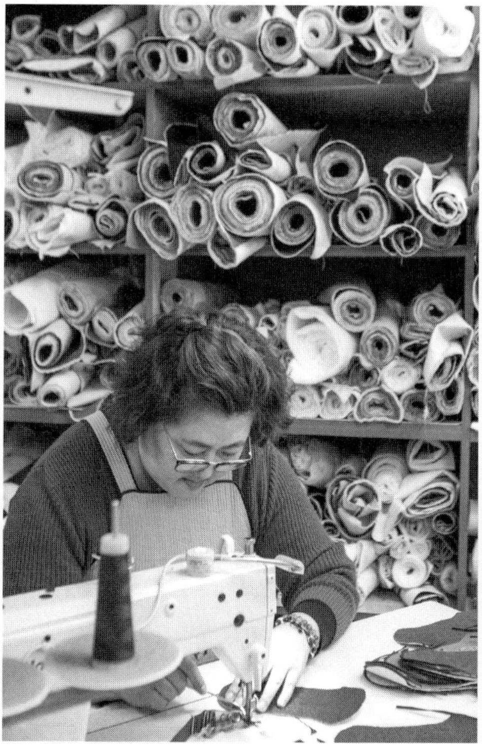

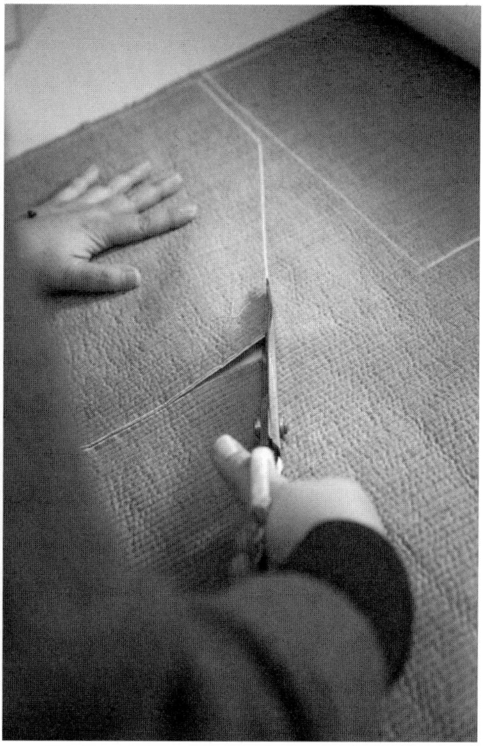

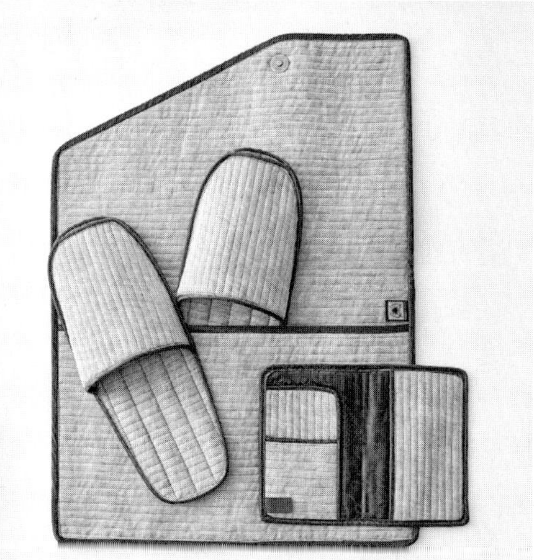

그림 2-6
누비혼 정숙희 대표의 작업 모습과
누비혼의 파우치 및 여행용 제품들
사진 제공: 정숙희(위), KCDF(아래)
ⓒ 516 Studio

이라는 뜻을 지니며 기능적이고 실용적인 의류를 지칭하기도 한다. "전통을 보존하고 유지하는 일 그 자체"를 헤비듀티라고 말하는 저자에게 전통은 사회적 혼란과 변혁기에도 변함없이 삶을 지탱해 온 공동의 가치이자 귀중한 자산이다. 이것은 과거로 무작정 회귀하려는 태도와는 차이가 있다. 오히려 시공간을 초월한 본래의 모습, 즉 그 제품이 반드시 필요할 수밖에 없었던 절대적 가치에 관심을 두는 것이다. 또한 현재까지도 오래도록 이어지는 그 필요의 내구력과 적응력의 비결을 찾아가는 것이다. 하지만 아무리 전통의 가치를 오늘에 알리고 계승하는 것이 의미 있다고 해도 일상에서 쓰임을 상실한 전통을 되살리기란 그리 쉬운 일이 아니다. 그만큼 전통을 이어가는 사람들도 점차 줄고 있다. 디자이너-메이커들 중에는 소수지만 야스히코처럼 사라져 버릴지 모를 좋은 것들의 가치를 찾아 널리 알리는 데 힘을 쓰는 이들이 있다. 통영에서 누비 공예 브랜드 누비혼을 운영하는 정숙희가 그중 한 사람이다.

경상남도 통영은 임진왜란 때 삼도 수군 통제영이 있던 곳으로 각종 군수품을 자체적으로 조달하기 위해 만들어진 12공방 체계를 갖춘 전략의 요충지였다. 통영에는 갓, 자개, 장석, 소반 등을 포함한 12공방이 있는데 그중 누비는 전투복의 원단으로 사용되었다. 두 겹의 천 속에 솜을 넣은 후 바늘로 한 땀씩 꿰매어 조직을 단단하게 만드는 누비는 날카로운 화살도 막을 수 있을 정도로 튼튼했다고 한다. '공예 디자인 스타 상품' 공모에 참여하여 멘토링 과정을 통해 기능성과 유용성을 보강한 정숙희의 누비 노트북 파우치는 가벼우면서도 질겨 휴대에 신중해야 하는 전자기기의 보관용으로도 탁월해 전통의 기술과 현대적 사용이 조화를 이룬 제품이다. 여러 색의 원단을 누벼 만든 여권 지갑과 슬리퍼, 휴대용 파우치와 함께 구성하여 프랑스 에르메스와 현대자동차 등의 기업 선물용으로도 관심을 받았다.

어린 나이에 결혼을 하고 막내가 어린이집에 다닐 즈음 사회생활을 다시 시작했다는 정숙희가 고향인 통영으로 내려간 이유는 '평생 할 수 있는 일'을 해야겠다고 마음먹었기 때문이라고 한다. 2007년 친정어머니가 운영하던 통영 특산품 판매장을 도운 것을 계기로 통영 누비의 매력에 빠졌다는 그녀는 먹거리처럼 상하지도 않고 녹슬거나 깨지지도 않는 누비에 빠져 사업 의지를 불태웠던 지난날을 회상한다. 지금은 해외 수출의 판로도 생겼고 다양한 기업들과 협업이나 전시의 기회도 꾸준히 늘고 있어 그간의 노력이 조금씩 결실을 맺고 있다. 그때의 어린 딸은 이제 장성해 이따금 엄마의 무뎌진 손에 보탬이 되기도 한다. 정숙희는 디자이너-메이커로 살아가기를 희망하는 이들에게 말한다. "모든 일들은 마음먹기입니다. 고집이 있다면 10년은 해보시길 권합니다"라고 말이다.

○●●

거대한 것을 빚어낼 작은 것의 힘

디자인 문화 안에서 만들기는 국가와 산업 주도의 생산 환경에서 벗어나 개인의 기술과 창조력을 동원해 현 사회가 당면한 크고 작은 문제들을 해결할 수 있다는 긍정적인 전망에서 출발한다. 만들기라는 창의적 활동 과정에서 생산된 의미들이 디자인 혁신의 확산 기제로 작용한다고 보는 것이다. 독일 출신의 공예가 에른스트 갬펄Ernst Gamperl이 버려진 나무로 새로운 가치를 창출한 〈생명의 나무 2Tree of Life 2〉는 그동안 사물을 유용성의 잣대로 평가하던 디자인 문화에 작은 파장을 일으켰다. 로에베 재단이 수여하는 로에베 공예상Loewe Craft Prize을 수상한 그의 작품의 재

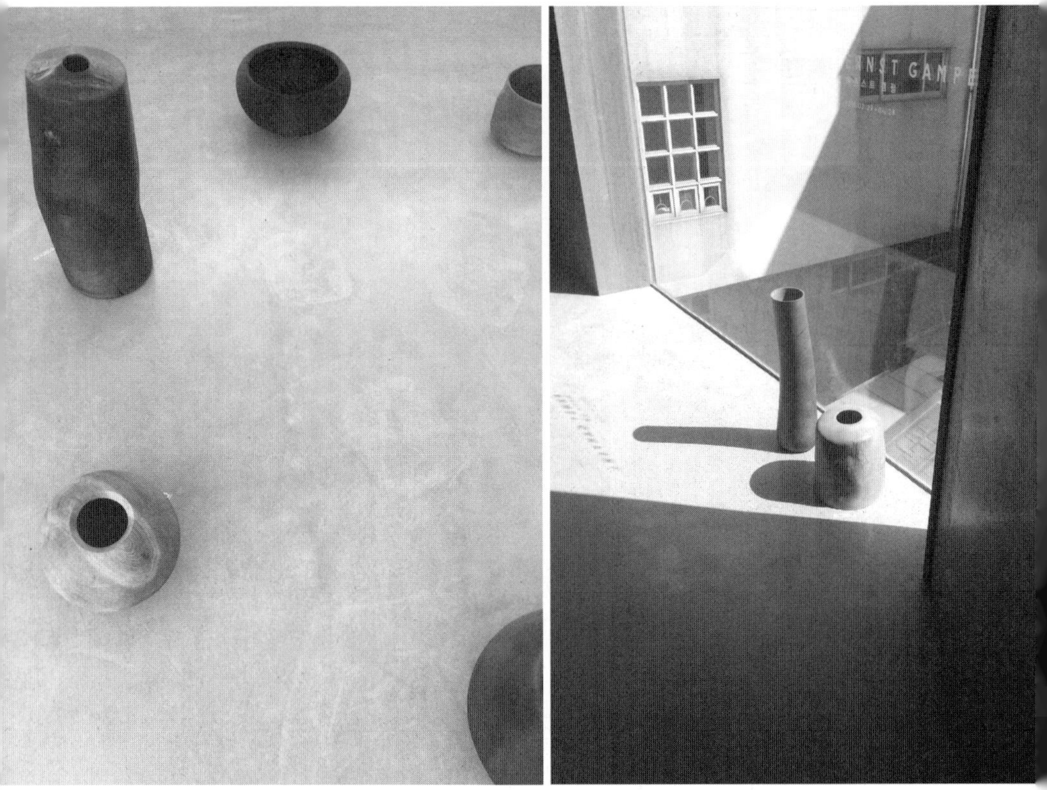

그림 2-7
에른스트 갬펄이 죽은 참나무를 이용해 만든 공예품

료는 폭풍에 뿌리가 뽑힌 300년이나 된 거대한 참나무다. 이 나무는 폭풍에 쓰러진 후 쓸모를 잃었지만 한 명의 공예가에 의해 이전에는 상상하지 못했던 다양한 종류의 그릇과 오브제로 생산되어 쓸모를 창출할 수 있었다. 그의 작품은 '생명'과 '재활용'의 의미를 공예를 통해 일깨웠다는 평가를 받았는데 더욱 관심이 가는 것은 제작 과정이다. 사용된 나무는 300년이나 되었기 때문에 가치가 높지만 공장제 기계 생산 체계 안에서는 작업하기 힘들 정도로 거대했기 때문에 버려질 수밖에 없었다. 쓸모

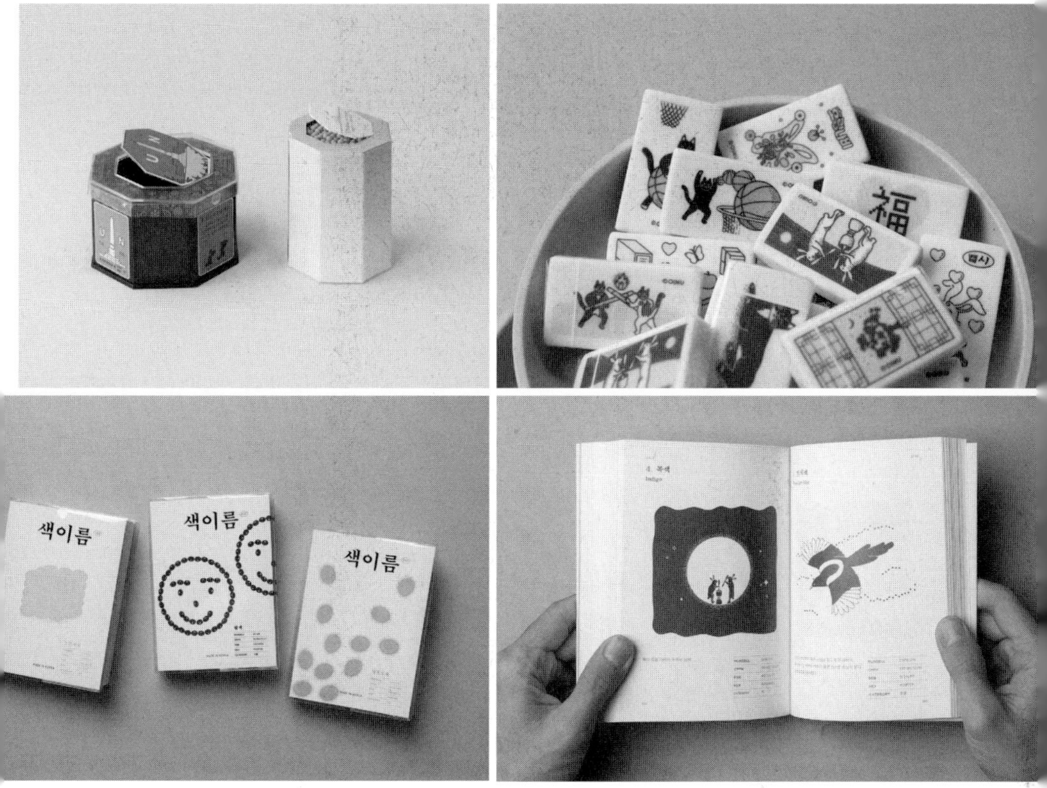

그림 2-8
오이뮤와 UN상사가 협업한 팔각 성냥(왼쪽 위), 지우개 프로젝트(오른쪽 위), 색이름 프로젝트(아래)

사진 제공: 오이뮤

를 되찾은 것은 창작자 한 사람의 손에 의해서였다. 갬펄의 작품은 고도의 손기술로 완성한 오브제로서의 가치를 넘어서 산업 시대가 낳은 기술의 한계를 오히려 손기술로 보완하고 죽은 나무에 생명을 부여하여 새로운 가치를 생산했다는 가능성을 보여준다.

사물의 유용성은 기능에만 머물지 않는다. 감성적이라거나, 정보가 풍부하다거나, 제작의 과정이 의미가 있다거나 무엇이 됐든 물건을 사용하는 동안 사유와 행위를 도출하도록 한 가지 조건은 충족시켜야 한다. 어떤 물건은 만드는 과정 안에 시대의 문화와 역사를 품고 있어 결과물보다 더 유용하고 가치 있는 경우도 있다. 2015년 디자이너 신소현과 기획자 전민성이 설립한 듀오 디자인 그룹 오이뮤OIMU는 'One day I Met You'의 줄임말로 "과거 시점에 만났던 물건과 경험을 소중히 여기고자 하는 의미가 담긴" 이름이다. 빠르게 변하는 시대와 함께 사라져 가는 문화들이 아쉬워 이름 짓게 되었다는 이들의 활동이 세상에 알려진 것은 세상에서 사라져가는 가치들 덕택이었다. 오이뮤는 사서함과 삐삐, 손바닥보다도 큰 검은색의 휴대폰을 사용하고 IMF와 디지털 시대라는 변화의 세기를 겪으며 성장한 세대라고 자신들을 설명한다. 과거의 문화와 물건 속에 담긴 가치를 재발견하고, 그 수명을 현재에까지 이어가기 위해서 브랜드 활동을 시작했다는 이들이 야심차게 계획한 첫 번째 프로젝트는 성냥이었다. 산업의 재편 과정에서 이미 사양길에 들어선 2차 산업을 다시 회복시키겠다는 의지로 이 프로젝트를 시작했을 때 많은 사람들이 의구심을 가졌다고 한다. 요즘 세상에 누가 성냥을 쓰냐면서 말이다.

모두가 외면했던 성냥은 SNS를 통해 사람들과 꾸준히 소통하면서 수요가 늘었고 오이뮤라는 브랜드도 알렸다. 국내 유일의 성냥 회사인 UN상사와 협업한 팔각 성냥은 희소가치도 있지만 성냥이라는 사물로 떠올리게 되는 동화 속 이야기와 갖가지 추억들이 보태어져 다양한 콘텐츠를 담은 패키지를 생산하며 꾸준히 사랑받고 있다. 오이뮤는 성냥 프로젝트 이후에도 약 70년간 국산 지우개를 생산해 왔고 '점보' 지우개로 우리에게 더 잘 알려진 화랑고무와의 협업으로 지우개 프로젝트를 진행했다. 최근에는 텀블벅을 통해 우리말로 정의한 색이름 프로젝트를 진행하고 있다.

오이뮤가 낡은 시대를 활용했다면, 독일의 국제문화교류기관 IFA

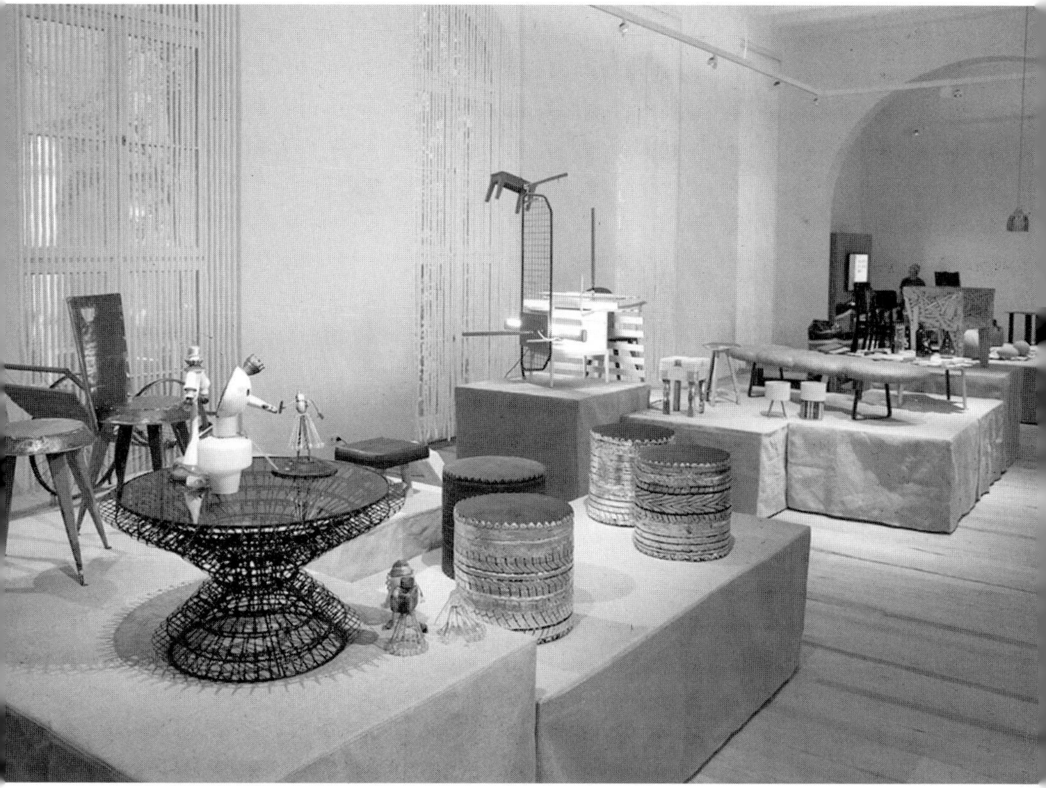

그림 2-9
독일 IFA가 추진하는 업사이클 프로젝트 ≪퓨어 골드≫ 전시
사진 제공: IFA

Institut für Auslandsbeziehungen가 지난 10년 동안 추진해 온 ≪퓨어 골드: 업사이클! 업그레이드! Pure Gold: Upcycled! Upgraded! ≫는 낡은 소재를 활용한 프로젝트다. 지속 가능한 환경을 만들기 위해 53명의 디자이너가 개발한 76개의 업사이클 디자인 사례를 전 세계를 돌면서 전시하고 워크숍을 진행한다. 소규모 공방이나 개인 작가, 디자이너가 중심이 된 이 프로젝트의 전시품들은 장비나 설비에 들어가는 비용을 낮추어 만들 수 있는 매력적인 디자인 사물이라는 것이 특징이다. 대부분 손기술이나 가장 단순

한 도구를 사용해 만들어졌고, 소재 역시 우리 주변에 버려진 자원 혹은 흔히 찾을 수 있는 아주 저렴한 재료들이다.

이 전시를 기획한 폴커 알부스Volker Albus 교수는 자원의 낭비를 줄이기 위해 생산과 소비를 감축하자거나 자원을 재활용하기 위해 전체 시스템을 바꾸자는 식의, 당장에 시행하기 어려운 근본적 대안을 제시하는 것이 프로젝트의 목적은 아니라고 말한다. 오히려 우리 주변에 버려지는 많은 것들과 사용해 온 물건들이 속한 문화와 환경을 들여다보고, 문제점을 찾고, 그것을 해결하는 과정에서 무한한 가치를 재발견해 이를 생활 속에서 적극적으로 활용하자는 데 목적이 있다.

≪퓨어 골드≫ 전시에 참여한 주얼리 아티스트인 야니나 스튀블러Janina Stübler는 물질 자체보다는 물질과의 관계 속에서 생성된 기억, 그로부터 얻는 즐거운 경험에 관심을 기울였다. 그래서 선택한 것이 놀이를 위한 사물이다. 암스테르담의 어느 거리에서 우연히 얻었다는 폐기 직전의 낡은 축구공은 재사용과 놀이 두 가지 목적을 모두 만족시킬 사물이었다. 오각형과 육각형 32개가 모여 구를 이루는 축구공은 생이 유지되는 동안 수많은 사람들을 한데 어울리게 했다. 축구공으로서의 생은 더 이상 이어갈 수 없지만 원래 모양대로 분리하여 펼친 평면의 축구공 매트는 어린이들이 뛰어 놀기에 더없이 훌륭한 기능을 충실히 수행할 수 있다. 아마도 미래의 축구 선수를 꿈꾸는 어린이에게 이보다 더 좋은 매트는 없을 것이다.

뮌헨에서 활동하는 직조 공예가이자 텍스타일 아티스트인 발트라우트 뮌츠후버Waltraud Münzhuber도 이 프로젝트의 참여 작가다. 그는 사용 가치가 떨어진 플라스틱 가방이나 영화 필름, 카세트테이프 등의 소재로 바구니를 짜 리사이클 디자인상을 수상하기도 했다. 출품한 바구니에 붙인

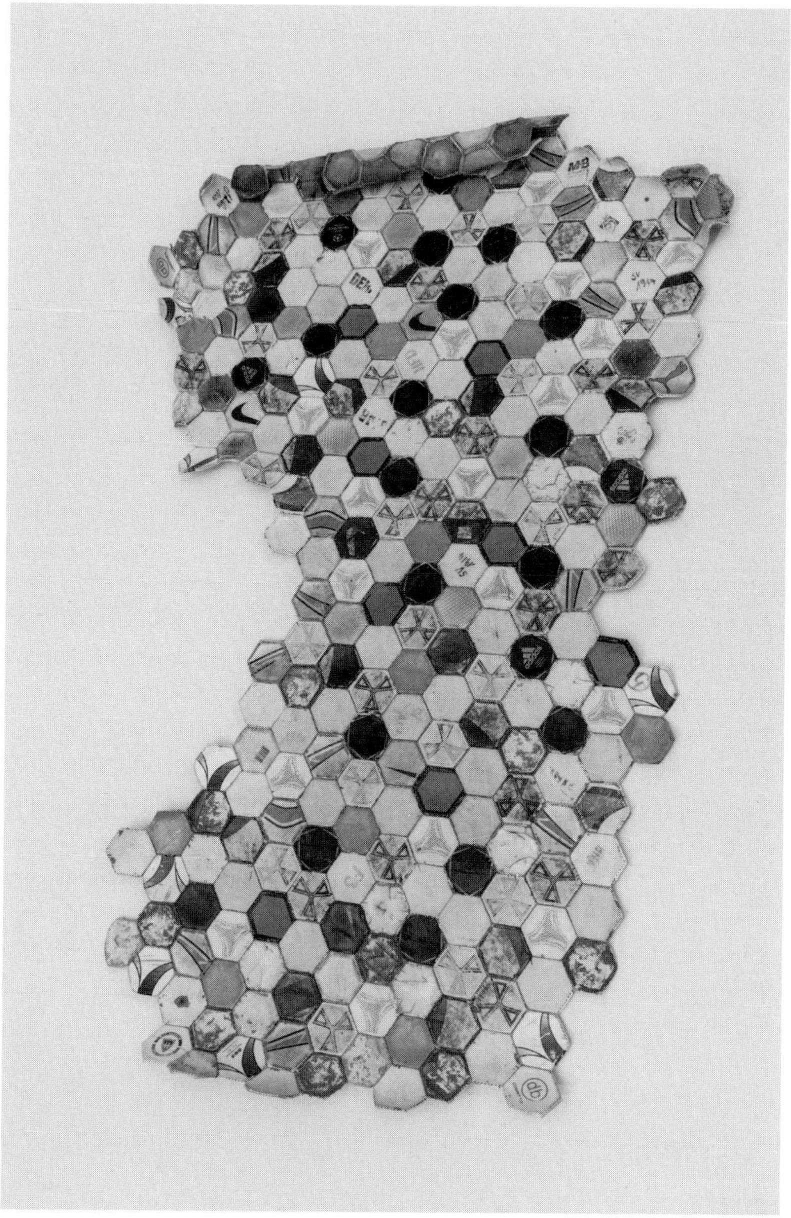

그림 2-10
야니나 스튀블러의 〈축구공 카펫〉
사진 제공: Janina Stübler, © Frank Kleinbach

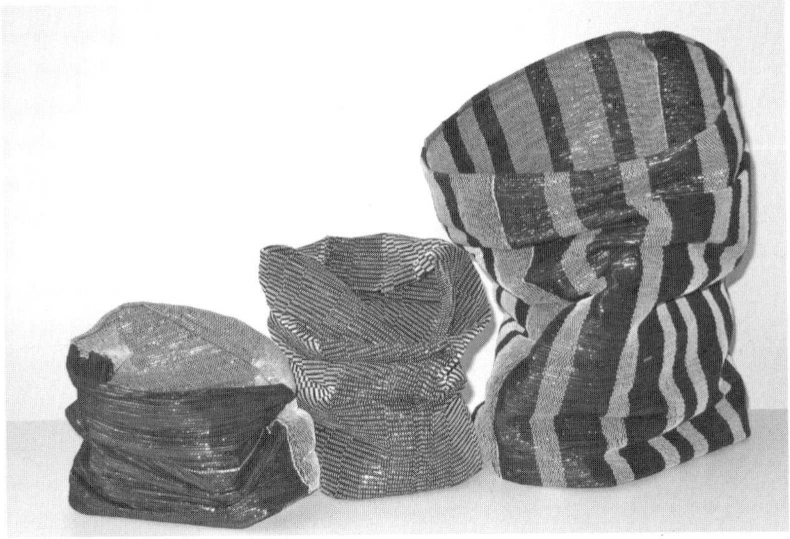

그림 2-11
발트라우트 뮌츠후버의 핸드 위빙 작품 〈벅스 버니 쇼〉, 〈베니스에서의 죽음〉, 〈포레스트 검프〉
사진 제공: www.wally-huber-kunststoff.de, © Waltraud Münzhuber

이름은 〈벅스 버니 쇼〉, 〈베니스에서의 죽음〉, 〈포레스트 검프〉로 바구니의 소재가 된 영화 필름의 제목이다. 1996년부터 이 작업을 해온 작가는 낡은 물건에서 새롭게 탄생하는 삶에 기쁨을 느낀다고 말한다.

만들기 지향의 디자인이 일상을 위해 무엇을 할 수 있을까?

디자인은 미래의 산업을 잇는 성장 동력으로 각광받는다. 산업 시대의 디자인은 보편적인 삶의 질을 향상시킬 수 있다는 믿음 아래 최적화된 대량생산품을 만들기 위한 매력적인 수단을 제공해 왔다. 이는 디지털 산업 시대에도 여전히 유효하다. 과거처럼 디자이너가 제조 생산자들과 함께

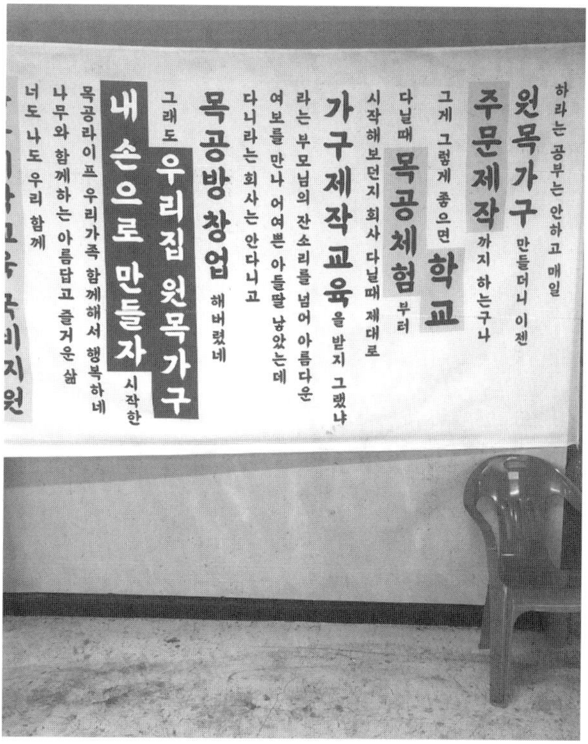

그림 2-12
2019 청주공예비엔날레에 참가한 고용노동부 사회적기업 디랜드 협동조합의 광고 현수막은 메이커 문화의 대중화 현상의 한 단면을 보여준다.

일할 수 있는 기회는 상대적으로 줄었지만 지식과 정보 중심의 새로운 경제 체제 안에서 사용자의 감각과 경험을 강화하는 데 일조하고 있다. 한편으로는 기술과 정보가 주도해 온 산업이 사회의 불균형을 초래하고 경제 위기와 저성장의 원인을 제공했다는 우려의 목소리도 높다. 혁신이라는 미명 아래 오랫동안 축적되어 온 가치들은 저평가되고, 결국 그로 인해 발생한 제조업의 쇠퇴는 경제 불균형을 야기하고 있기 때문이다.

디자이너와 메이커 사이에 하이픈을 긋고 새로운 영역을 구축하고 있는 디자이너-메이커들의 출현은 불안한 시대를 살아가는 디자이너가 스스로 돌려놓으려는 일상성의 발현이자, 더 나은 상황을 만들고자 하는 개선 의지가 만들어낸 대안으로 이해될 수 있다. 디자이너이면서 제작자인 디자이너-메이커들은 국가와 산업 주도의 디자인 환경에서 벗어나 주체적 사고와 태도로 독자적인 영역을 구축하고 있다. 소비자와 직접 교류하고 소통할 수 있는 열린 공간을 마련하여 지식과 문화를 공유하기도 하고, 유통 행위를 통해 생계를 꾸려가기도 한다. 커다란 변화를 꿈꾸기보다는 개인이 실천할 수 있는 작은 것들을 만들어 사람들의 인식을 전환하는 계기를 만들기도 한다. 이들은 지속적으로 디자인과 공예를 비롯한 예술 전 분야 간의 유대 관계를 형성하며 메이커 문화를 확장하고 있다.

반면에 시장에서 디자이너-메이커가 자립할 수 있는 기반 교육은 부족한 실정이다. 현장에서의 경험이 부족할 수밖에 없는 대학의 교육 환경은 점점 개별화되고 역동적으로 변화하는 소비시장의 수요에 대응하지 못하고 있다. 공예와 디자인학과의 통폐합과 구조조정 또한 이러한 한계를 극복하지 못하는 주요 요인으로 작용한다. 직업교육원이나 평생교육원, 국가와 단체에서 시행하는 인력 양성 프로그램 등의 현장참여형 교육은 이와 같은 환경을 개선하고 창작자들이 지속적으로 활동할 수 있는 무대를 제공하기 위한 고민의 흔적들이다. 한편 이런 지원 제도가 시장의 수요에 대응하는 것에 급급해 '창업'에만 집중될 수 있다는 우려도 있다.

미래의 자원으로서 공예의 중요성을 강조한 인도 국립디자인연구소의 전임 소장인 아쇼케 차테르지Ashoke Chatterjee가 아프리카 가나의 공예 워크숍에서 강연한 내용 중 '개발'에 대한 시각은 시사하는 바가 크다. 그는 개발을 양적 성장을 나타내는 통계, 즉 경제적 가치를 나타내는 지표로 받아들여서는 안 된다고 말한다. 우리가 경제적인 성공을 위해 무언가를

'개발'한다고 할 때 가장 먼저 고려해야 할 것은 사람이기 때문이다. 그는 인류가 오랜 시간 축적해 온 삶의 방식이자 문화 자원인 공예의 가치를 양적 기준으로만 가늠할 수 없다고 주장한다.

만들기는 인간이 살아가는 데 문제를 해결하고, 아이디어를 표현하고, 세상을 형성하는 가장 강력한 힘이다. 생존을 위한 수단으로 활용되고, 자신의 생각을 표현하고 환경을 변화시키는 방법으로도 활용된다. 그리고 단순히 만드는 것 자체를 즐기기 위한 여가의 수단이기도 하다. 이처럼 인간의 가장 기본적인 욕구인 만들기를 기술로만 인식하여 창작자들을 상품을 개발하고 유통하는 개발자나 제작자로만 육성한다면 또다시 산업적 효용에 그칠 수밖에 없다. 실제로 산업적 효용 가치가 그다지 높지도 않은데 말이다.

만들기를 통해 다양한 의미와 가치들을 생산하는 인프라가 구성될 수 있는 환경을 조성할 필요가 있다. 다양한 프로그램을 기획하고 서비스를 운영하는 촉진자로서 메이커의 역할도 있을 것이다. 그리고 새로운 행동을 이끌어내는 문화매개자로서 디자이너-메이커의 활동 또한 계속해서 기대해 볼 만하다. "도달할 수 있는 작은 유토피아attainable micro-utopia" (Wood, 2007)를 실현시키기 위해 끊임없이 도전하고 실천하는 디자이너-메이커의 행보가 더욱더 기대되는 것은 그 때문이다.

참고문헌

고바야시 야스히코(小林奉彦), 2018. 황라연 옮김. 『헤비 듀티』. 워크룸프레스.

김세준. 2005. "A Conceptual Framework of Educational Exhibitions in Art Museums." ≪미술교육연구논총≫, 제18권 제1호, 25~47쪽.

김홍수. 2005. "영국의 브랜드는 전통과 역사다." ≪조선일보≫, 2005. 8.14. http://news.chosun.com/site/data/html_dir/2010/08/14/2010081400137.html.

보드리야르, 장(Jean Baudrillard). 2014. 이규현 옮김. 『기호의 정치경제학 비판』. 문학과지성사.

세넷, 리처드(Richard Sennet). 2010. 김홍식 옮김. 『장인: 현대문명이 잃어버린 생각하는 손』. 21세기북스.

이광석 외. 2018. 『사물에 수작 부리기』. 안그라픽스.

전영옥. 2018. 「창업 멘토링이 1인 디자인 창업가의 비즈니스 역량 강화에 미치는 영향 분석」. *Journal of Digital Convergence*, Vol.16, No.2, 343~349쪽.

정재철. 2014. 『문화연구의 핵심 개념』. 커뮤니케이션북스.

짐멜, 게오르크(Georg Simmel). 2005. 김덕영 외 옮김. 『짐멜의 모더니티 읽기』. 새물결.

타카라, 존(John Thackara). 2017. 황성원 옮김. 『새로운 미래, 어떻게 번성할 것인가』. 안그라픽스.

퓌드 루크, 알라스테어(Alastair Fuad-Luke). 2010. 조원호 옮김. 『디자인 액티비즘』. 미술문화.

한국공예디자인문화진흥원. 2016. "Making is thinking is making." 한국공예디자인문화진흥원.

______. 2017. 「공예문화산업진흥기본계획」. 문화체육관광부.

Albus, Volker and Adelia Borges et al. 2018. *Pure Gold: Upcycled! Upgraded!* Spector Books.

Bigge, M. L. and S. Samuel. 1999. *Learning Theories for Teachers*. MA: Addison Wesley Longman, Inc.

Chapman, J. 2005. *Emotionally Durable Design*. Stylus Pub Llc.

JWT Intelligence. 2017. "Brand America." JWT Intelligence. https://www.jwtintelligence.com/2017/09/brand-american/.

McGuirk, Justin. 2011. "The Art of Craft: The Rise of the Designer-Maker." *The Guardian*, 2011.8.1. https://www.theguardian.com/artanddesign/2011/aug/01/rise-designer-maker-craftsman-andmade.

Wood, J. 2016. *Design for Micro-Utopias (Design for Social Responsibility)*. Routledge.

http://www.great.gov.uk.

https://www.jamesburleigh.co.uk.

https://www.mulberry.com.

CHAPTER 3

지속 가능한 '만들기' 방법들

| 이지원 |

○●●
제작 문화를 보는 방식들

최근 여러 분야에서 '만들기'에 대한 관심이 증가하고 있다. 이 '만들기'는 메이커, 메이커 운동, 메이커 문화, 제작 문화 등으로 불리며 여러 분야에서 논의되고 있음을 쉽게 발견할 수 있다. 한국과학창의재단이 2016년에 실시한 '메이커 활동에 대한 실태조사'[1]에 따르면 메이커 운동에 대한 국민의 체감도가 19.3퍼센트였던 전년과 대비해 66.9퍼센트로 증가했다. 이 조사에서는 '메이커 운동'의 주역인 메이커를 "자신만의 만들기 기술, 디자인을 이용하여 만들기를 시작한 사람" 또는 "자신만의 만들기 기술, 디자인을 이용하여 지속적으로 만들기를 하는 사람"으로 지칭한다.

메이커라는 개념이 대중에게 알려진 것은 2010년 중반으로 볼 수 있다. 2010년 초 메이커 개념이 국내에 소개되기 시작하면서 중앙 정부기관을 중심으로 메이커 운동 확산 정책을 펼쳤던 것이 대중이 메이커 운동을 인지하는 데 영향을 끼쳤을 것이다. 미래창조과학부는 메이커를 "창업 메이커", "산업 메이커"라고 부르며 4차 산업혁명의 붐에 디지털 제조 기술을 활용하는 산업계의 혁신 역량을 제도적으로 활성화하기 위해 메이커스페이스 확산, 스타트업 지원 정책 등을 펼쳐오고 있다.[2] 국내에

1 이 조사는 메이커 운동을 전 국민을 대상으로 확산하기 위한 정책 수립에 필요한 기초 자료 수집을 목적으로 한다. 전국 거주 성인과 청소년 800명을 대상으로 2016년 10월 12일부터 10월 16일까지 실시했다.

2 윤일영이 쓴 『미래를 위한 움직임, 메이커 무브먼트』(2018)에 따르면 국내 메이커 운동 및 메이커스페이스의 활성화가 제조 기반 창업을 활성화하는 플랫폼으로서의 역할뿐만 아니라 메이커 양성 플랫폼으로서의 확산이 가능하다고 전망한다.

서 발생한 메이커 운동의 흐름을 경제성장이 아닌 일상적인 측면에서 분석한 최광수는 국내 메이커 운동을 한국적 맥락에서 본다면 '소확행小確幸'으로서의 메이커 문화로 보았다. 소확행이란 "일상에서 느낄 수 있는 작지만 확실한 행복"을 뜻하는 신조어다. 소확행을 위해 만들기를 하는 사람들에게 메이커라는 개념은 자신의 정체성에 대한 표현이기도 하며, 이를 통해 잘 모르는 타인과 연결되어 있음을 느끼기도 한다. 경제성장이나 사회운동과는 별개로 일상생활에서의 만들기를 탐색하는 메이커로서 만들기 행위 그 자체를 목적이자 즐거움을 얻는 수단으로 보는 것이다(최광수, 2019).

경제·환경·지역 문제에 관심을 가지고 비판적 제작 활동을 하는 문화예술계의 제작자들도 메이커 문화의 한 축을 담당한다고 볼 수 있다. 기존의 제작 문화, 디자인, 뉴미디어 아트 등의 영역에서 수용되어 확산된 담론에 대한 논의는 주로 해당 장르의 전문 미디어나 독립 출판 등을 통해 이루어져 왔다(최혁규, 2017). 이처럼 제작 문화는 "특정 기술을 이용하여 무엇인가를 만드는 것"이라는 대중적인 인식을 토대로 "디지털 제조 기술을 활용하는 혁신 역량"이라는 산업계의 전략으로 논의되기도 하고, 이와는 다른 결로 제작 문화를 소확행으로 즐기는 태도로 보거나 창작자들의 자율적인 제작 활동 등으로 보기도 한다. 오늘날 제작 문화를 이루는 흐름은 앞서 언급한 것 외에도 여러 갈래에서 논의되고 있다.

디자이너의 '만들기' 방법들

앞서 살펴본 것과 같이 제작 문화에 대한 인식과 가능성은 방대한 부분에서 작동하고 있으며 디자인 분야 또한 이 흐름 속에서 새로운 방식의 제작 활동을 이어가고 있다. 이 글에서는 각기 다양한 방법으로 만들기 기술을 펼치고 있는 디자인 분야의 제작자들을 만나보고자 한다. 오늘날 디지털 제조 환경에서 새로운 관계 형태로 나타난 소셜 코딩 플랫폼, 메이커스페이스와 메이커 교육 프로그램을 활용하여 제작 문화의 저변을 확장하고 있는 디자인계 제작자들과의 인터뷰를 통해 지속 가능한 '만들기' 방법들을 살펴볼 것이다. 이들이 제작 활동에서 사용하는 도구는 오픈소스 프로그래밍, 디지털 제작 도구, 아날로그 제작 도구, 직접 개발한 메이커 교육 키트 등 다양하다. 이들의 만들기 기술은 상품을 만들기 위한 것에 그치지 않고 우리의 일상과 밀접한 곳에서 새로운 관계를 만들어가기 위해 발휘되고 있다.

오픈소스: 집단지성의 힘

과거에도 맞춤형 제품과 소비자가 직접 만드는 DIY Do It Yourself 개념은 존재해 왔지만 '메이커'라는 단어를 새삼스럽게 만들어낸 이유는 웹이라는 지식 공유 인프라를 배경으로 탄생한 개방, 공유, 협업의 정신이 DIY 문화와 만났기 때문이다(백동명, 2018: 98~106). 제작 문화는 수공예, 엔지니어링, 제조업 등 매우 다양한 분야에서 나타나고 있는데, 비교적 최근에 보편화된 디지털 제조 측면에서 가장 기본적인 자원은 바로 코딩 소스일 것이다. 웹을 통해 확장되는 코딩 소스는 리눅스 LINUX 나 아두이노 Arduino 등 오픈소스 소프트웨어나 오픈소스 하드웨어에 활용해 프로그램과 시스템을 개발할 수 있다. 또한 3D 프린터, 레이저 커팅 등 물리적인

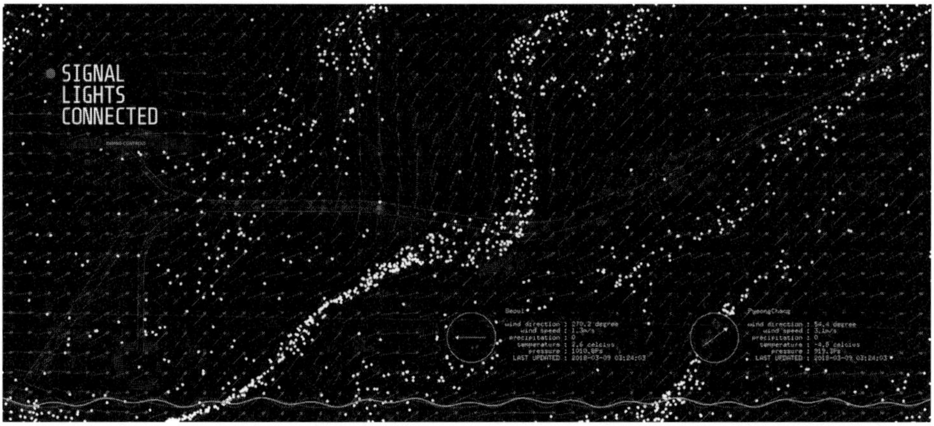

그림 3-1
이동훈이 참여한 공공미술 프로젝트 〈흩어지는 빛, 미끄러지는 소리〉, 2017년
자료: https://scatteringlightsglidingsounds.github.io

가공을 위한 오픈소스도 이미 일반인이 쉽게 접근할 수 있게 되었다. 그리하여 오픈소스를 사용하는 것에서 나아가 많은 사람들이 개발·편집·수정에 참여해 제작물의 완성도를 높이고 자유로이 공유할 수 있는 소셜 코딩 플랫폼은 이제 주변에서 쉽게 발견할 수 있다.

이동훈 디자이너는 자신을 사운드·비주얼·피지컬 컴퓨팅을 작업하는 디자이너와 개발자 사이에 위치한 사람이라고 소개한다. 컴퓨터 공학과 미디어디자인을 전공한 그는 2008년부터 웹, 그래픽, 영상 등의 매체를 통해 미디어 아트 분야에서 활동을 이어오고 있다. 이동훈의 작업 중 다수는 오픈프레임웍스OpenFrameWorks를[3] 활용해 구현된다. 그중 공공미술

3 오픈프레임웍스는 C++를 기반으로 한 오픈소스 라이브러리다. 누구나 사용이 가능하고 커뮤니티를 통해 작업을 공유할 수 있다. 인터랙티브, 사운드, 그래픽 작품을 만드는 데 용이한 오픈프레임웍스는 매우 높은 호환성을 지닌 컴퓨터 언어다. 오픈프레임웍스를 개발한 재커리 리버먼(Zachary Lieberman)은 창의적인 코딩을 돕고 다양

프로젝트 ≪SIGNAL LIGHTS, CONNECTED≫에서 선보인 〈흩어지는 빛, 미끄러지는 소리〉는 온도, 풍향, 풍속, 습도 등 서울과 평창의 날씨 정보를 빛과 소리의 신호로 치환해 서울로7017의 조명과 사운드로 나타낸 것이다.[4] 오픈프레임웍스로 구현된 또 다른 작품인 인터랙티브 웹 〈극적으로 바림을 방문하는 법〉은 CCTV를 해킹하여 사람, 동물, 움직이는 물체, 공기, 빛 등 화면 안에 발생하는 움직임이나 변화를 포착해 소리로 변형시킨 사운드 프로젝트다.[5]

이동훈은 국내에 메이커 운동이 알려지기 전부터 오픈프레임웍스 커뮤니티, 깃허브GitHub[6] 등 소셜 코딩 플랫폼을 통해 프로그래밍 언어를 공유하고, 다른 이들의 프로젝트에 참여하는 등 활발하게 국내외 개발자들과 교류해 왔다. 이러한 커뮤니티에서는 프로젝트 구성원들이 만들고 연구한 내용을 공유해 발전된 결과물을 생산하고 또 확대 재생산하는 것이 작업의 일반적인 과정이었고, 이 과정에서 더 나은 지식과 기술이 창

한 사람들이 최대한 많은 플랫폼에서 작동할 수 있게 하기 위해 무료로 공개했다고 한다. "e장인: 코딩하는 예술가, 재커리 리버먼," 블로터닷넷 기사(www.bloter.net/archives/186039) 참조.

4 2018년 평창 동계 올림픽을 계기로 평창 문화올림픽의 일환으로 진행된 공공미술 프로젝트다. 이 작업에는 이동훈, 김다움, 핫산 후자이리(Hasan Hujairi)가 참여했다.

5 2016년 광주 바림의 ≪Digital practice: 기술을 다루는 기술≫ 전시에서 선보인 작품이다. 기획에 강민형·이동훈, 구현에 이동훈, 소리 디자인에 최하람이 참여했다.

6 깃허브는 컴퓨터 프로그램 소스를 공유하고 협업하여 개발할 수 있는 버전 관리 시스템인 깃(Git)에 프로젝트 관리 지원 기능을 확장하여 제공하는 웹 호스팅 서비스다. 개발자들의 강력한 커뮤니티인 이 서비스는 소셜 코딩이라는 개념을 만들었다. 오픈소스 프로젝트는 모든 사람이 쉽게 소스코드를 소유하고 변경하고 공유할 수 있다. 깃허브 조사에 따르면 2018년 6월 기준으로 2800만 명의 사용자가 있으며 5700만 개의 코드 저장소가 있다. IT용어사전 참조(한국정보통신기술협회).

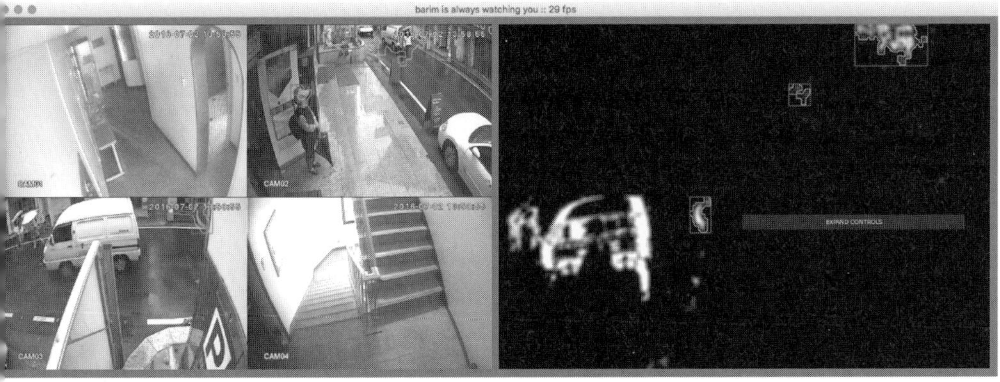

그림 3-2
인터랙티브 웹 〈극적으로 바림을 방문하는 법〉, 2016년
자료: https://icq4ever.net

출되기 때문에 결국 커뮤니티가 지속될 수 있는 것이라고 말한다.

> 해킹하고 새로 만들고 또 그걸 공유 사이트에 올려서 사람들과 이야기하고 …… 이런 것들이 저에게는 일이자 생활이죠. 메이커 운동이라는 건 스스로 발생한 거라 볼 수 있어요. 우리나라에서는 4차 산업혁명, 성장 동력 사업 등으로 이슈가 됐던 것 같은데, 경제와 사회를 위한 '메이커'라고 정의해 버리면 사람들이 와서 뭔가를 하긴 하죠. 하지만 여기서 비판적인 태도를 가질 필요가 있다고 생각해요. 메이커가 되는 것이 곧 창업의 길이라는 논리가 지속 가능한 방법일까 하는 의문은 있어요.
>
> _ 이동훈 디자이너

ICT Information and Communications Technology (정보통신기술) 기반의 디지털 제조 기술이 개인이 획득할 수 있는 기술로 인식되면서 메이커는 4차 산업혁명의 혁신 계층으로 지목되었다. 2012년 버락 오바마 Barack Obama 전

미국 대통령은 "오늘의 DIY가 내일의 메이드 인 아메리카가 된다"라고 공언했다. 취미로 인식되어 온 메이커 운동이 산업으로 확장될 잠재력이 있다는 의미인 것이다. 이후 국내에서도 한국형 메이커 운동을 확산시키기 위한 구체적인 진흥 계획을 실행했고 메이커가 창조경제를 이끌 주역으로 호명되기 시작했다. 이동훈은 오늘날 제작 문화에서 창업이나 사회문제의 해결 같은 이슈가 제도적으로 생산되고 있다는 점을 지적했다. 한편 지식과 기술이 창업과 산업에서 활용될 때는 자본과 시장에 포섭될 가능성을 배제할 수 없으므로 메이커 운동으로서 지속할 수 있는가에 대해서는 의문을 내비쳤다.

오픈프레임웍스의 운영 철학은 협업적이어야 하고 확장 가능해야 한다는 것이다. 또 가장 중요한 것은 'Do It with Others DIWO', 즉 남들과 함께하는 것이다. 오픈프레임웍스의 개발자들은 '직접 만들기DIY' 문화를 지지하지만 '함께 만들기'에 대해서는 열광한다고 설명한다. 이들은 워크숍이나, 개발자 컨퍼런스, 해커톤Hackathon,[7] 온라인 모임, 포럼 등에서 해킹하고, 만들고, 탐구하고, 창조하는 일을 통해 DIWO 철학을 실현하고 있다. 어떤 이들은 경제적인 목적으로 메이커 운동에 동참하기도 하지만, 즐거움이라는 씨앗에서 성장한 제작 문화는 더 많은 이들과 함께 열매를 나눌 수 있다. 미디어디자이너 이동훈이 만들기 활동을 지속하는 이유도 그 안에 즐거움이 있고, 그것이 개인뿐만 아니라 공동체에

7 '해킹(Hacking)'과 '마라톤(Marathon)'의 합성어로 마라톤처럼 정해진 시간과 장소에서 소프트웨어 개발 분야의 프로그래머나 관련된 그래픽디자이너, 사용자 인터페이스 설계자, 프로젝트 매니저 등이 집중적으로 작업을 하는 소프트웨어 관련 행사를 말한다.

도 큰 수확을 주기 때문이다.

작은 제조업: 스스로 만드는 것의 가치

3D 프린터, 레이저 커팅기, CNC 등 디지털 제조 기계가 상용화되면서 막대한 자본과 대형 설비 없이는 만들 수 없었던 물건이나 부품을 소량으로 제작하는 일이 가능해졌다. 기존의 수공예적 제조 작업을 디지털 제조 기술과 결합해 생산 효율성이 높아졌고 플라스틱, 금속, 목재 등 다룰 수 있는 재료 또한 무수히 많아졌다. 기존에 수작업으로 했던 물리적인 일들이 디지털 기술 덕분에 생산성이 높아진 것은 물론 이제는 그리 멀지 않은 곳에서 메이커스페이스를 찾을 수 있으니 직접 만드는 것에 대한 진입 장벽이 낮아진 것이다. 목공, 납땜, 몰딩, 드릴링 등 물건을 만드는 데 필요한 기술에 대한 정보는 다양한 공유 플랫폼에서 찾아볼 수 있고, 이를 이용해 실제로 구현하는 사람들도 많다.

문화예술계에서도 디지털 제조 기술을 통해 설계뿐만 아니라 직접 제작까지 하는 이들이 늘어났다. 특히 자신의 정체성을 표현해야 하는 예술가, 공예가, 디자이너는 자신의 작업에 적극적으로 디지털 제조 기술을 적용하기도 한다. 소규모 디자인스튜디오에도 디지털 제조 도구의 상용화는 반가운 일일 것이다. '디자인 아로공간'은 황회은 디자이너가 운영하는 1인 스튜디오로 2012년부터 목재와 금속을 주재료로 활용해 가구를 만들고 있다. 이곳에서는 디지털 제작 도구뿐만 아니라 아날로그 제작 도구를 활용하여 개인 및 상업 공간을 위한 가구와 미술관 같은 공공기관을 위한 가구를 디자인하고 직접 제작한다.

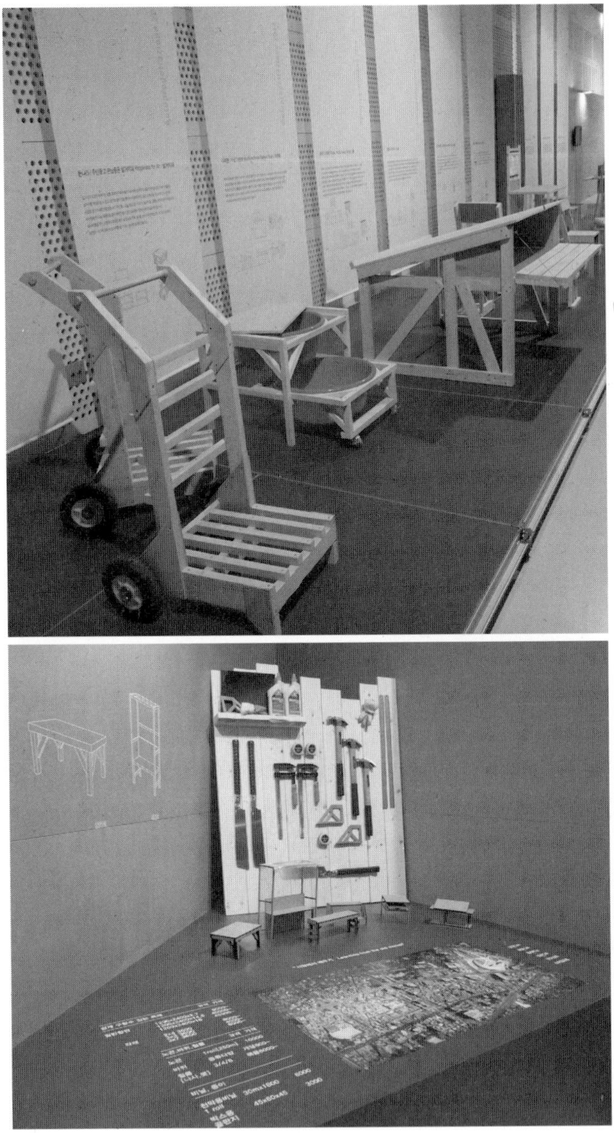

그림 3-3
≪아우토프로제타지오네 2014 프로젝트≫의 전시

사진 제공: 디자인 아로공간

디자인 학부 때 경험했던 일 중 기억에 남는 작업은 ≪아우토프로제타지오네 2014 프로젝트≫[8]입니다. 실제 현장 리서치부터 시작했는데 중부시장 상인들의 작업 환경과 행동을 관찰하고, 시장에서 쓰이고 있는 집기들을 연구하면서 상인들의 이야기를 들었어요. 이러한 과정에서 나온 디자인을 제안하고 워크숍을 통해 직접 제작했습니다. 재단된 나무만 있다면 톱과 망치, 못을 활용하여 만들 수 있도록 디자인했기 때문에 전문 제작자가 아닌 일반인도 직접 만들 수 있어요. 도면은 오픈소스로 배포해서 사용자가 필요한 기능이 있다면 가구에 추가하여 만들 수 있는 가능성이 있을 것이라는 기대를 안고 프로젝트에 참여했었지요. 아쉽게도 전시 이후 상인들을 위해 실제 가구가 시장에 배치되진 않았지만 그때 가구를 드리고 왔다면 현재 어떻게 사용하시고 계실까 하는 상상을 가끔 하곤 합니다.

_ 황회은 디자이너

아우토프로제타지오네란 '자급자족 디자인'이라는 뜻으로 이탈리아 디자이너 엔조 마리Enzo Mari가 1974년에 처음으로 시작한 디자인 프로젝트다. 엔조 마리는 "누구든 살아가는 데 꼭 필요한 가구는 직접 만들어 쓸 수 있어야 한다"라는 철학을 바탕으로 이 프로젝트를 생각해냈고, 의자, 테이블, 책상 등 19가지 기본 가구의 설계 도면을 발표했다. 이는 오픈소스 디자인 개념의 초기 모델이라 할 수 있으며, 도면과 최소한의 재료, 기본적인 공법으로 누구나 자신에게 필요한 가구를 제작할 수 있다. 디자

8 2014년 서울 DDP에서 개최된 ≪엔조 마리 디자인≫ 전시에서 서울과학기술대학교 디자인과 학생들이 엔조 마리의 가구 설계 도면을 응용해 만든 가구를 선보인 프로젝트다.

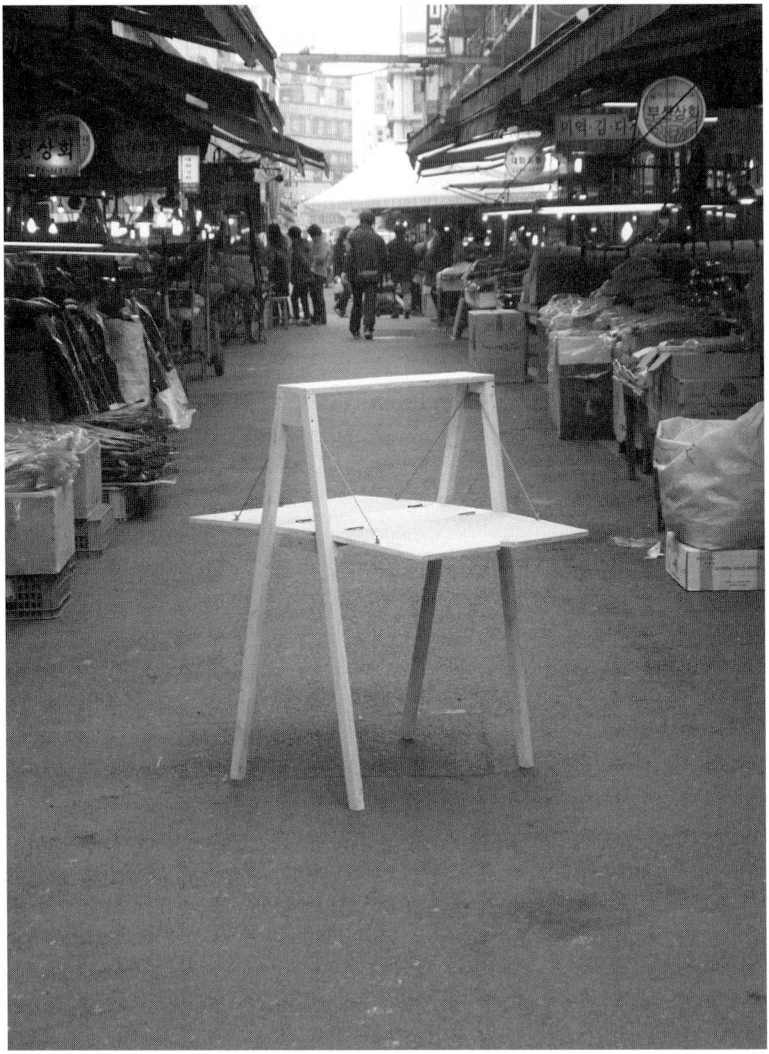

그림 3-4
〈트레퍼조이드〉, 2014년
사진 제공: 디자인 아로공간

인이란 일상적 삶에서 출발해 우리의 삶과 밀접한 관계를 가져야 한다는 메시지를 주는 프로젝트다. 황회은은 ≪아우토프로제타지오네 2014 프로젝트≫에서 시장 상인들을 위한 게시판용 테이블 〈트레퍼조이드 Trapezoid〉를 디자인했다. 제때 식사를 챙기지 못하는 시장 환경을 생각해 만든 이 가구는 식사 시 테이블 판을 접어 개인 공간으로 쓰고, 평소에는 판 뒤에 메모 등을 붙여 홍보물을 부착하는 게시판으로 사용할 수 있다. 제작 도면은 오픈소스로 배포했다. 이후 황회은은 ≪아우토프로제타지오네 2014 프로젝트≫에서 발표된 〈렉탱글 의자rectangle stool〉[9]의 도면을 활용해 의자 만들기 워크숍을 진행하기도 했다. 참여자들과 함께 의자의 기본 구조에 대해 익히고 공구 사용법을 학습한 후, 오픈소스 도면을 활용해 직접 제작해 보는 워크숍이었다. 무엇인가를 직접 만드는 과정을 통해 제작 방법뿐만 아니라 직접 만드는 것에 대한 의미, 협력하고 공유하는 것에 대한 즐거움을 알아가는 시간이었다고 한다.

디자인 아로공간은 목공 작업이 많기 때문에 다수의 작업에서 CNC를 활용한다. 일례로 '체결 45'라고 이름 붙인 티테이블은 CNC로 가공한 나무판과 목봉, 3D 프린팅 부품을 이용해 제작한 것이다. 3D 프린팅 부품을 이용하면 누구나 쉽게 가구를 만들 수 있고 사용자의 목적에 따라 부품을 추가로 연결하여 가구의 규모를 확장하는 것이 가능하다.

9 렉탱글 의자는 돌려서 눕히면 간이 테이블로 쓸 수 있는 스툴이다. ≪아우토프로제타지오네 2014≫에서 최은지가 디자인해 도면을 오픈소스로 공개했다.

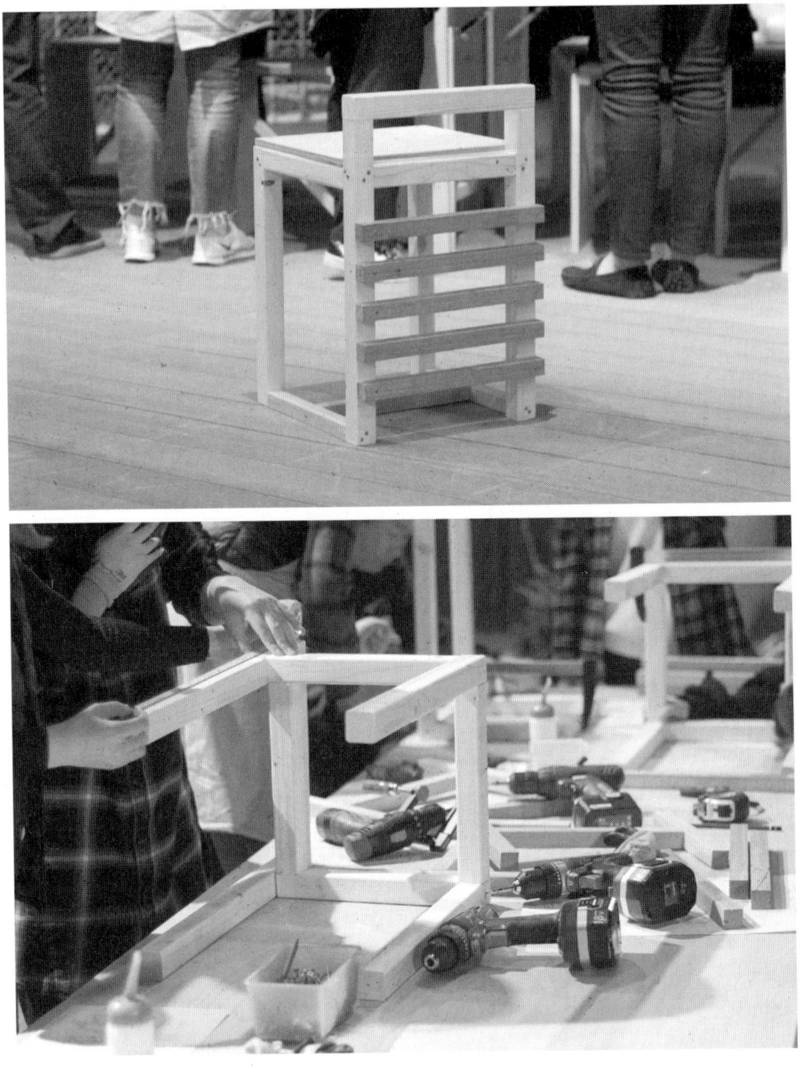

그림 3-5

2018년 ≪미래마을 상상전≫ 연계 프로그램 '스툴 만들기 워크숍'에서 제작한 〈렉탱글 의자〉와 워크숍 참여자들이 의자를 제작하는 모습

사진 제공: 디자인 아로공간, ⓒ 한보람

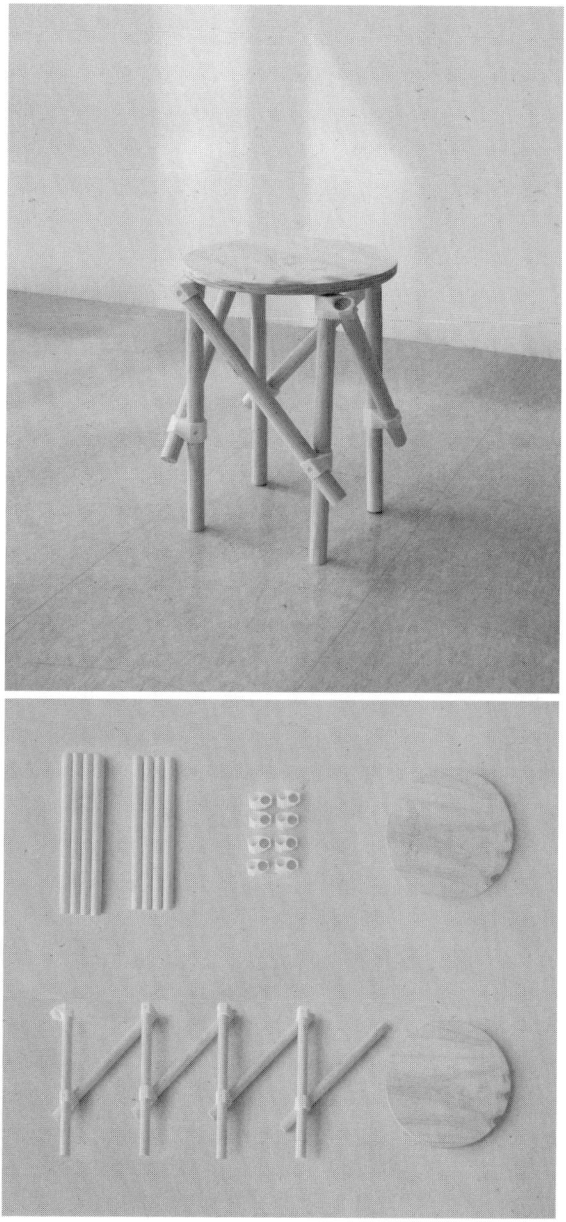

그림 3-6
〈체결 45〉, 2015년
사진 제공: 디자인 아로공간

판교에 있는 ICT 디바이스랩과 용산에 있는 디지털 대장간을 가끔 이용합니다. 주로 3D 프린터와 목공 기계를 이용하고 레이저 커팅, UV 평판출력도 사용해 본 적이 있어요. 장비 교육 이수 후 무료로 사용이 가능하고 장비의 종류에 따라 재료비가 추가로 붙는 시스템이에요. 장비 사용법만 알면 혼자 쉽게 이용할 수 있고 빠른 시일 내에 결과물을 확인할 수 있는데, 가장 큰 장점은 무엇보다 비용적인 측면이죠. 제조업체에 작업을 맡기면 소량의 작업이라도 부담스러운 경우가 많으니까요. 또 프로토타입을 쉽게 만들 수 있기 때문에 실생활에서도 자신이 필요한 것을 직접 만들 수 있다는 것, 소비하지 않고 개성 있는 자신만의 물건을 만들 수 있다는 것이 메이커스페이스의 장점인 것 같아요. 하지만 상품으로 제작하기 위해서는 전문기술자와 제조사를 거치는 것이 꼭 필요하다고 생각합니다.

_ 황회은 디자이너

디자인부터 직접 제작까지 하는 소규모 디자인스튜디오에게 CNC는 작업의 효율성을 높일 수 있는 유용한 도구다. 하지만 제작하는 데 있어서 디지털 제조 도구를 사용하는 것이 만능은 아니다. 작업 과정에서 도구를 현명하게 잘 활용하는 것이 효율성 면에서 중요하지만 제작자 스스로 탐구하고 연구한 것을 바탕으로 실험하는 과정도 반드시 필요하다. 제작 활동으로 무엇을 얻을 수 있을지 고민하고, 만드는 것의 의미와 가치를 인식하는 것이 중요하다는 뜻이다. 디지털 문화연구자 신현우는 우리 사회는 제작 문화로부터 더 나은 삶이나 더 나은 사회에 대해 전망하는 태도가 부재하다고 했다. 메이커스페이스, 팹랩Fab Lab, 지원 플랫폼을 활용해 누구나 자신의 상품을 만들어 팔 수 있는 것처럼 선전하지만, 정작 삶의 질이나 행복 같은 가장 기본적 조건에 대한 기술이나 전망이 없는 것은 문제라고 말한다(이광석 외, 2018).

> 스스로 고민하고 실험한 뒤, 직접 내 손을 거쳐 나온 결과물이 나를 대변할 수 있다고 생각합니다. 이런 제작 과정을 통해 나 자신이 성장한다고 느끼는데, 물론 생계를 위해 직접 제작하는 것도 하나의 이유이겠지만 제작을 위해 스스로 탐구하고 사고하는 과정이 제작물 그 이상의 가치를 가지는 것 같아요. 이러한 과정을 반복하면서 제작물의 완성도도 높아지고 나 자신의 주체성도 올라간다고 생각해요. 무엇보다 이렇게 만드는 것은 재미있습니다.
>
> _ 황회은 디자이너

제작 활동에서 만드는 행위와 과정을 통해 더 나은 가치를 발견하는 것이 필요하다. 황회은은 그 가치가 만들기 과정에서 스스로 사고하고 탐색하면서 얻는 주체성이라 생각한다. 스스로 만드는 것을 통해 작업과 개인의 삶이 나아갈 방향을 고민하는 것, 이것은 상품을 생산하는 것을 넘어 삶을 풍요롭게 하는 가치를 생산해 내는 일일 것이다.

'만들기'로 사회를 향해 발언하는 방법

미국의 메이커스페이스인 '테크숍' 설립자 마크 해치Mark Hatch가 메이커의 기본 정신을 "만들고, 나누고, 배우고, 노는 것"이라 했던 것처럼 제작 문화는 만든 것을 다른 이들과 나누며 지식을 확산하는 공유 문화를 지향한다(해치, 2014). 독립적인 제작자들이 함께 만들고, 나누고, 배우고,

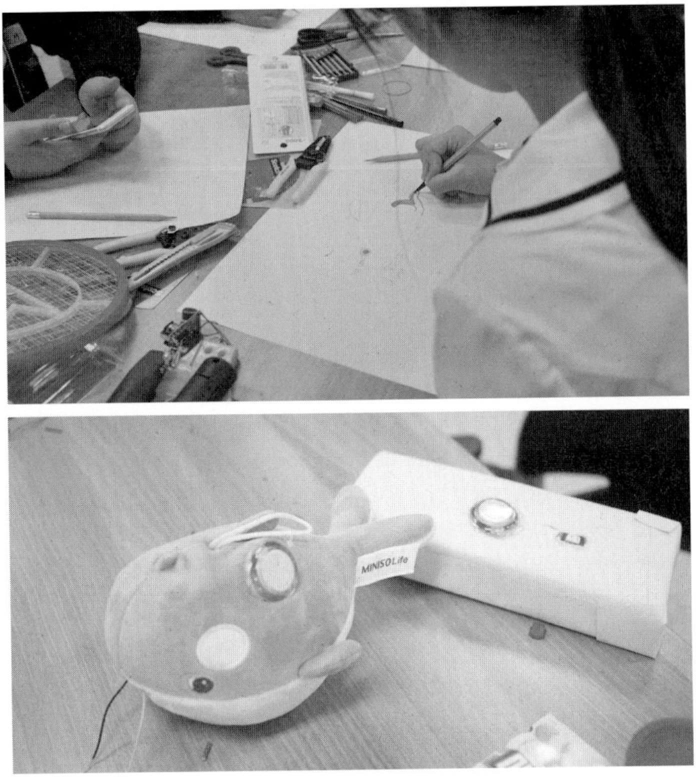

그림 3-7
여성 청소년을 위한 ICT 워크숍 ≪공작소녀≫
사진 제공: 릴리쿰

또 공유할 수 있는 여러 플랫폼 중에서도 제작 활동이 가지는 힘을 믿는 사람들이 모여 제작 도구, 기계를 다루는 경험을 공유하는 곳이 있다. '만들기'를 새로운 삶의 방식으로 취하면서 환경과 일상을 복원하려는 사람들이 모이는 곳, '릴리쿰 Reliquum'은 2011년 사회적 기업 육성 프로그램을 통해 '땡땡이공작'이라는 활동 그룹으로 시작되었다. 2014년부터는 '릴리쿰'이라는 이름의 제작 실험 공간으로 확장하여 '만들기'에 대한 생각과 성찰을 기반으로 한 다양한 만들기 프로그램, 워크숍, 강연, 프로젝트를

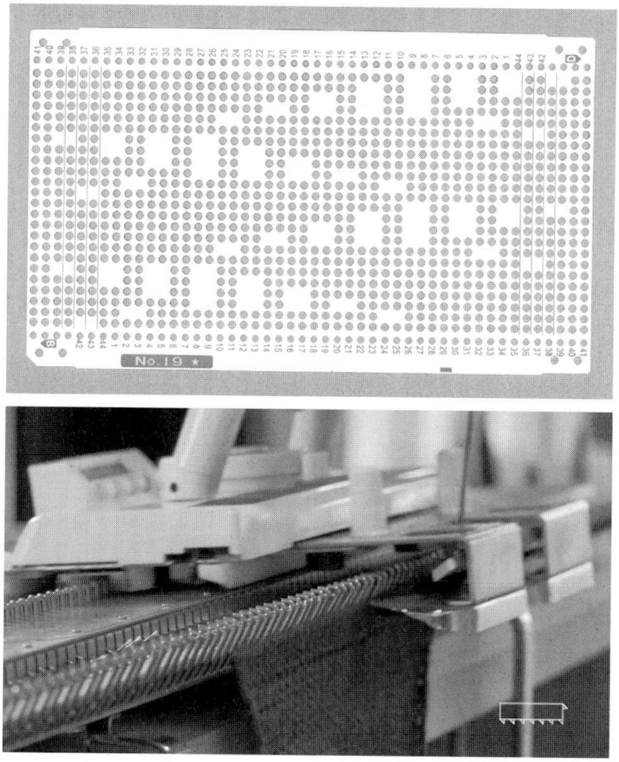

그림 3-8
≪스테가노그래픽 니팅 클럽(암호뜨개단)≫
사진 제공: 릴리쿰

기획·운영해 오고 있다. 2018년에는 '릴리쿰 스테이지'라는 복합 문화예술 공간이자 디지털 제작 도구를 이용할 수 있는 메이커스페이스를 열어 이곳에서 만들기 활동을 이어가고 있다.

릴리쿰의 공동 대표 선윤아는 시각 디자인과 디지털 미디어를 전공하면서 웹과 영상 등 새로운 미디어를 활용한 디자인에 관심이 많았다. 2010년 초반 무렵 미디어디자인 작업을 시작하면서 IoT가 결합된 피지컬 컴퓨팅을 일찍 접했고 같은 시기에 사회적 기업이라는 개념이 대중에게 알려지기 시작했다. 상업적인 디자인보다는 사회적으로 확장할 수 있는 작업을 하기를 원했던 선윤아가 사회적 프로젝트에 대해 고민한 것도 이때부터라고 한다. 현재 릴리쿰에서는 시민사회와 연계하여 만들 수 있는 작업들이 워크숍 형태로 운영되고 있다.

> 'ICT 소녀의 날'을 기념하여 기술과 시민 사회를 연결할 수 있는 교육 프로젝트를 의뢰받아 기획을 하고 있었어요. 워크숍 대상은 중학생 소녀들이었지요. ICT를 주제로 뭘 만들어보면 좋을까 생각하다가 전기충격기를 떠올린 거예요. 고민 끝에 전기파리채를 해킹해서 만들어보자는 아이디어가 떠올랐어요. 여성 청소년의 손으로 만든 전기충격기는 사회에 어떤 발언을 던질 수 있을지 실험해 볼 수 있는 작업이 될 거라는 생각도 들었지요. 실제로 학생들의 참여도나 열정이 높아서 저희도 하면서 되게 신기하기도 하고 재미있었어요. 첫날 전기충격기의 형태를 스케치하는데 한 학생은 고래를 그리는 거예요. 저 학생은 뭘 만들려는 걸까 궁금했는데, 두 번째 시간에 디자인을 구현하면서 책가방에 달고 다니는 말랑말랑한 작은 고래 인형에 전기충격기를 넣는다는 아이디어라는 걸 알게 됐지요.
>
> _ 선윤아 릴리쿰 공동 대표

릴리쿰은 예술과 기술, 놀이를 아우르는 다양한 재료를 활용해 일상적인 언어로 사회적 디자인을 실천해 왔다. ≪공작소녀≫ 워크숍도 이러한 프로젝트의 일환이다. 'ICT 소녀의 날Girls in ICT day'이라는 전 세계 행사에 동참하여 릴리쿰의 기술 분과 '전자요리연구소'가 중학생 소녀들과 함께 전기파리채를 해킹하여 호신용 전기충격기를 제작한 워크숍이었다. 제작 문화에서 해킹은 기계를 분해해 그것의 구조나 작동 원리를 이해하고 새로운 사용법을 발견하는 것이라 할 수 있다. 실제로 '핵hack'은 1950년대부터 MIT에서 통용되던 은어로 "건설적인 목표를 포함하여, 작업 과정 그 자체에서 느낄 수 있는 무목적의 순수한 즐거움과 그 결과물"이라는 의미가 있다. 새로운 것을 만들어내는 과정 이전에 기존에 있던 것의 이면을 들여다보는 행위, 즉 해체하고 재조립하고 변형하는 과정을 통해 새로운 것을 만들어낼 수 있는 행위에 바탕을 두고 있다(송수연, 2018). 릴리쿰의 워크숍은 일상에서 쉽게 구할 수 있는 사물을 해킹하고 그것에 간단한 기술을 더해 우리 주변에서 일어나는 문제를 이야기한다. 일시적으로 사물의 사용법과 용도를 뒤집어 제작자가 사회를 향해 목소리를 내는 데 사용한 것이다.

2019년 8월부터 시작한 ≪스테가노그래픽 니팅 클럽Steganographic Knitting Club≫은 코드와 암호화에 대해 연구하여 이를 뜨개로 변환하는 작업을 실험하는 프로젝트다. 우리말로 '암호뜨개단'이라는 뜻의 이 프로젝트는 니팅 머신을 이용해 암호가 숨겨진 편물을 만들어내는 행위를 기본 작업으로 하며, 구성원들의 생각에 따라 작업의 형태를 확장할 수 있다. '암호뜨개단'은 1700년대 프랑스혁명과 여성의 이야기로부터 영감을 받았다고 한다. '뜨개질 하는 여인'이라는 뜻의 '라트리코테즈La Tricoteuse'는 프랑스 혁명에 앞장섰던 서민층 여성들이 뜨개질감을 들고 집회장에 왔기 때문에 붙은 이름이다. 이 여성들은 30군데 도시에서 독자적으로 정치 클럽을 결성해 정치 활동에 적극적으로 참여했다고 전해진다[(사)한국여성연구소, 2014]. 당시 뜨개질을 하는 여성들이 암호를 뜨개로 옮기며 혁명에 적극적으로 참여했고, 이 여성들의 활동상을 여성의 권리 신장을 주장한 근대 페미니즘 운동의 시초로 보기도 한다. 선윤아는 한국 사회에서 페미니즘을 제대로 학습하려는 다양한 실천에 공감하며 평범한 여성들이 사회를 향해 메시지를 발신하고 소통하는 방법에 대해 관심을 가졌고, '만들기'를 삶의 태도로 성찰하는 실험가로서 제작이라는 행위와 이 관심을 어떻게 연결할 수 있을지 생각했다고 한다.[10] 이에 대한 실천으로 ≪스테가노그래픽 니팅 클럽≫에서 암호와 니팅을 매개로 사회를 향한 개인의 메시지가 발언되는 형식에 대해 함께 고민하며 제작으로 풀어내 보는 중이다.

> 저희는 만든 결과물을 팔기보다는 만드는 과정을 전달합니다. 만드는 과정에서 우리가 배우는 것들, 깨달은 것들, 발견한 것들을 사람들에게 전달하는 역할을 해왔던 것 같아요. 저희가 쓰는 표현 중에 '경험의 오픈소스'라는 것이 있어요. 그것을 '만들기' 하는 사람들과 나누는 거죠. 만들기가 가지고 있는 여러 속성 중에 많은 부분은 경험하고 체화해야 하는 것들이라고 생각해요. 함께 연구하고 만들면 그것들이 내면화되는 과정을 함께 겪게 되죠. 또 그 시간이 공동체에 축적되기도 하고요. 우리의 활동들이 그렇게 읽힐 수 있다면 의미가 있을 것 같아요.
>
> _ 선윤아 릴리쿰 공동 대표

릴리쿰은 실험의 무대에서 연마한 만들기 기술을 일상의 가까운 곳에서 접하는 문제에 유쾌하게 적용한다. 이는 자신을 표현하고자 하는 이상을 적극적으로 실천하고, 제품을 만들어가는 과정을 경험하며, 내 삶을 이루는 물건들을 주도적으로 장악해 자신의 삶에서 주체성을 회복하는 활동이다(릴리쿰, 2016: 101). 만들기 기술로 사회와 소통할 수 있는 목소

10 https://brunch.co.kr/@reliquum/75.

리를 내는 것, 이러한 활동으로 더 많은 사람들이 지금보다 더 나은 삶을 선택할 수 있기를 바라는 릴리쿰은 제작 문화의 퍼실리테이터 facilitator 로서 만들기 실험을 지속하고 있다.

예술, 환경, 사회를 생각하는 메이커 교육

2016년부터 2018년까지 실행한 "메이커 문화 지형 분석을 통한 사회감각의 재구성"이라는 연구에서는 메이커 문화의 담론 분석을 위해 '메이커'를 키워드로 2013년부터 2017년까지의 뉴스 데이터를 수집한 후 이 키워드의 경향이 어떻게 변화했는지 분석했다(박소현 외, 2018). 그 결과 2013년에는 메이커 문화와 관련된 키워드로 '기업', '3D 프린터'가 가장 높은 중앙성을 보였는데, 그로부터 2년 후인 2015년부터 차츰 이러한 경향이 감소하여 2017년에는 '교육'이라는 키워드로 가장 집중되는 것으로 나타났다. 이러한 연구 결과에서는 창조경제의 일환으로 만들어진 창업 지원 사업과 정책 담론이 점차 하락하면서 메이커 문화의 핵심어가 학교와 메이커스페이스에서의 교육으로 확산되고 있는 현상을 보여준다.

프래그 스튜디오 PRAG studio 는 이건희, 조민정, 최현택으로 구성된 디자인 그룹으로 금속공예를 전공한 이 세 디자이너가 함께 스튜디오를 운영하고 있다. 이들은 세운상가에 마련된 메이커스 큐브에 작업실을 두고 전통적 공예 기법의 금속 소품에서부터 피지컬 컴퓨팅 교육 키트 개발까지 다양한 물리적 기술을 활용한 제작 활동을 펼쳐왔다. 2017년에는 '(주)프래그 랩'을 설립해 업사이클링 제작 도구, 전자회로 키트 등을 활용한 메이커 교육 프로그램을 진행하고 있다.

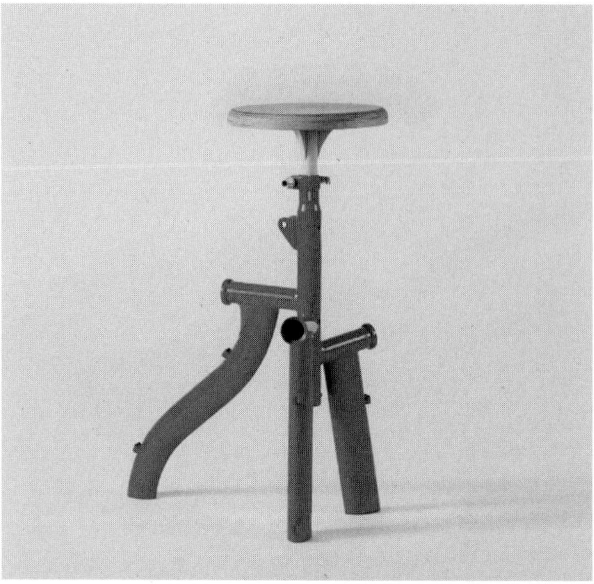

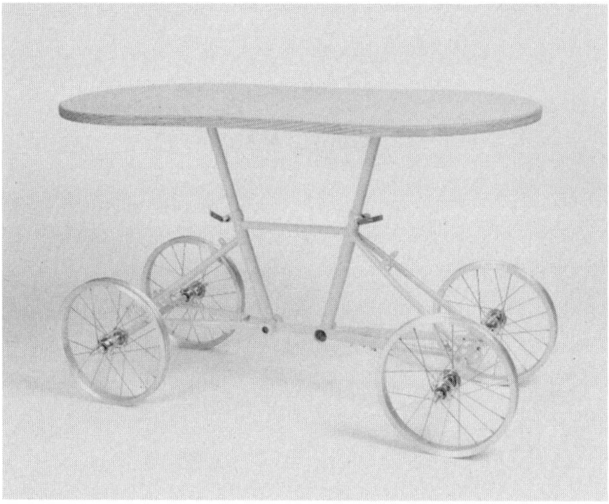

그림 3-9

폐자전거로 만든 업사이클링 스툴과 테이블 〈By-circled furniture series〉, 2015년

사진 제공: 프래그 스튜디오

폐자전거를 업사이클링해 가구를 만든다는 게 국내에서는 당시 대중적이지 않았어요. 원래 자전거가 가지고 있는 조형과 재질이 좋아서 이걸로 뭘 만들어도 예쁠 거라는 상상력으로 만들었습니다. 그런데 어떤 분이 이 작업을 보시고 '작품은 너무 좋은데 이거 당신들이 만들려면 품이 많이 들어갈 것 같다'고 하시더라고요. 그래서 "두바퀴희망자전거"라는 사회적 기업을 소개시켜 주셨어요. 여기에 계시는 분들도 자전거를 활용한 작업을 하고 싶어 하셨는데 디자인이나 기술은 모르지만 작업을 할 수 있는 인력이 많았어요. 그분들은 기술을 모르고, 저희는 재료를 구하기가 너무 힘들었던 거죠. 그래서 저희는 재료를 제공받고 그쪽에 금속 도장 기술이나 용접 기술을 알려 드렸어요. 재단을 하고 재료를 어떻게 배치를 해야 하는지를 알려 드리니 전체적인 작업이 너무 쉬워졌습니다. 지금은 그 시리즈를 그만뒀지만 두바퀴희망자전거에서는 자체 라인이 생겨서 폐자전거를 가지고 가구나 여러 소품을 만들고 계세요. 업사이클링을 통해 사회적으로 기여하겠다는 생각으로 만든 작품은 아니었지만 디자인이 사람들을 모으고 활동을 이끌어낼 수 있다는 걸 알게 됐습니다.

_ 조민정 디자이너

프래그 스튜디오의 〈By-circled furniture〉(2015)는 폐자전거를 활용한 업사이클링 가구다. 당시 우연한 기회로 노숙인 자립을 지원하는 사회적 기업 두바퀴희망자전거[11]와 협업을 하게 되었고, 약 1년가량 함께 작업

11 두바퀴희망자전거는 폐자전거 업사이클링 제품으로 조형물, 가구, 소품, 액세서리 등을 생산하고 판매하는데, 여기서 나오는 수익으로 노숙인들의 자립을 지원한다. 이 일을 하는 근로자의 80퍼센트는 자활 훈련 중인 노숙인들이다. http://2bike. co.kr 참조.

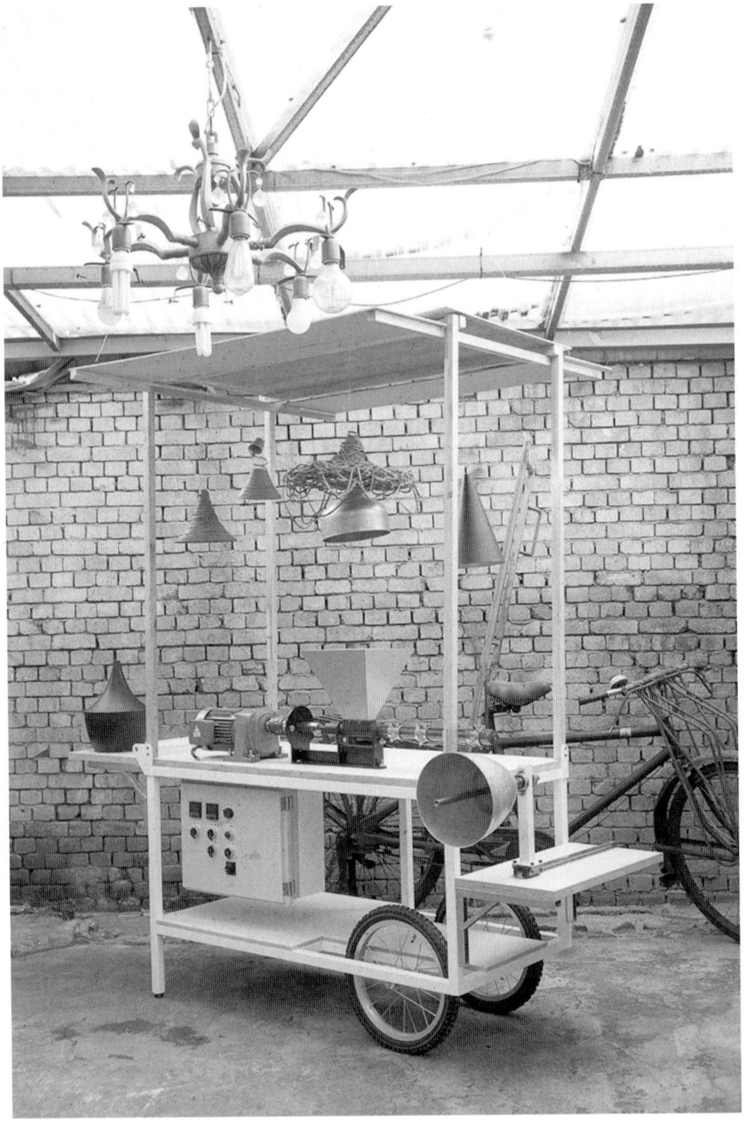

그림 3-10
≪데스크 팩토리≫
사진 제공: 프래그 스튜디오

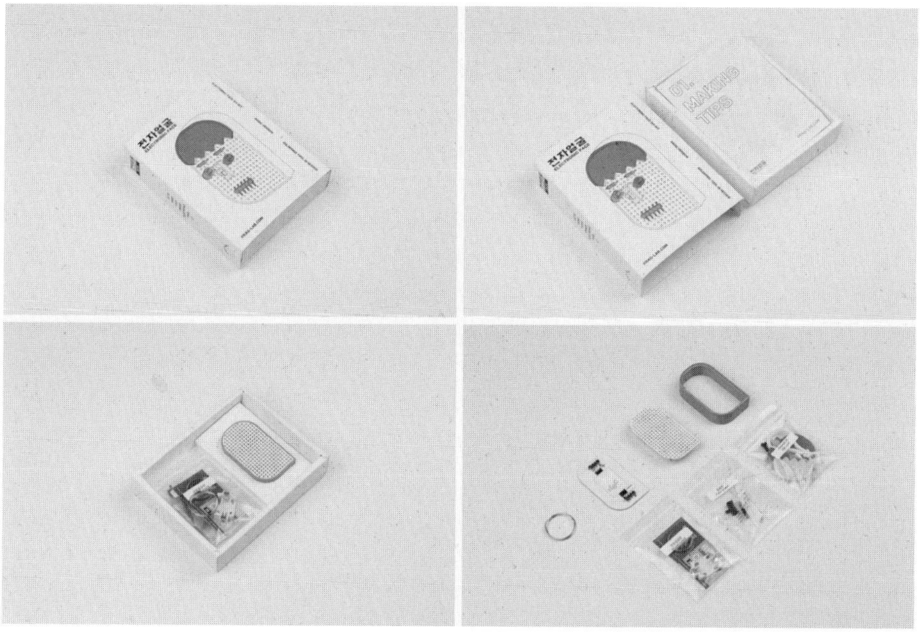

그림 3-11
전자회로 교육 키트 〈전자얼굴〉
사진 제공: 프래그 랩

을 진행하며 금속 절단, 용접, 도장에 관련한 기술을 단체와 공유했다. 프래그 스튜디오의 조민정 디자이너는 이때의 경험이 공동체는 물론이고 스튜디오에도 긍정적인 변화를 이끌었다고 이야기한다.

프래그 랩에서 워크숍으로 만날 수 있는 ≪데스크 팩토리Desk Factory≫도 사회적 실천 사례를 보여주는 프로젝트다. 〈By-circled furniture series〉의 연장선으로 시작하게 되었다는 업사이클링 프로젝트 ≪데스크 팩토리≫는 플라스틱 오염 문제의 해결책을 연구하고 공유하는 글로벌 프로젝트인 ≪프레셔스 플라스틱Precious Plastic≫의 플라스틱 재활용 DIY 공방 설계 오픈소스에서 영감을 받아 시작했다. 제작자와 사용자가 새로운 경험과 인식을 갖게 하고 이러한 일련의 제작 활동으로 참여자들의 행동을 이끌어낼 수 있는 가능성을 본 것이다.

> 저희는 공예과 출신이다 보니 손으로 만들어볼 수 있는 것, 직접 체득해 본다는 것에 초점을 맞춰 작업을 합니다. 또 '재미'라는 요소를 중요하게 생각했고요. 전자회로 교육 키트 〈전자얼굴〉도 재미있으라고 시작했지요. 키트 제작을 경험하면서 제작에 흥미를 느낀다면 다음 행동으로 나아갈 수 있도록 의도한 것도 있습니다. 그렇게 된다면 우리 워크숍이 아이들에게 뭔가 다른 길을 보여줄 수 있을 것이라는 생각을 했던 것 같아요. 로봇고등학교 친구들과 프로젝트를 한 적이 있는데, 그 친구들은 일찍이 로봇을 접해본 경험이 있었기 때문에 로봇고등학교로 진학을 했다고 하더라고요. 자신이 직접 경험한 것을 바탕으로 진로를 결정한 것이죠. 이런 측면에서 프래그 랩 교육 프로그램을 통해 참여자가 '이거 재밌네'라고 흥미를 느끼는 정도라면 저희는 많은 역할을 했다고 생각해요.
>
> _ 조민정 디자이너

〈전자얼굴〉은 주변에서 쉽게 볼 수 있는 전자기기의 내부에 들어 있는 낯설고 어려운 전자부품과 친해지기 위해 만든 전자회로 키트다. 키트의 구성품을 조립하고 납땜하면서 전자제품의 원리들, 나아가 다양한 피지컬 컴퓨팅을 경험해 볼 수 있다. 이 외에도 전자회로를 활용한 카드 만들기 키트, 3D 프린터의 원리를 탐구할 수 있는 〈3D 메이커 키트 3d Maker Kit〉[12]를 통해 체험적 지식을 전달하고 있다.

키트는 제품을 완성하는 것에서 끝나지 않고 사용자의 생각과 경험을 더해 완성되는 사물이다. 언메이크랩 Unmake Lab 의 송수연은 기존의 완제

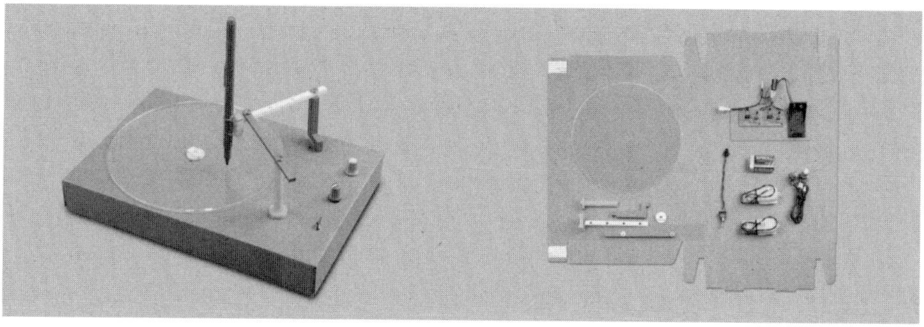

그림 3-12
〈3D 메이커 키트〉
사진 제공: 프래그 랩

품이 원리나 구조를 들여다볼 수 없는 '암흑상자'라면, 키트는 원리를 이해하면서 만들 수 있는 '회색상자'라고 표현했다. 이러한 측면에서 키트는 과학적 지식, 공학적 사고, 기술적 방법들이 서로 관계를 맺는 사물이기도 하다(이광석 외, 2018: 117). 키트를 조립하면서 작동 원리를 체득한 사용자는 이 경험을 다른 제작 활동으로 이어갈 수 있다. 또 이러한 개별 경험이 모여 제작 문화의 한 줄기로 자라날 수도 있을 것이다. 프래그 스튜디오는 만들기 활동의 지속 가능성을 사회와 디자인의 연결, 환경과 디자인을 연결하는 데서 찾았다. 그리고 기술과 경험을 연결하는 키트를 통해 메이커 교육을 모색하고 있다. 프래그 스튜디오와 함께 만들기를 경험한 이들이 제작 문화의 생태계를 확장할 수 있기를 기대한다.

12 2017년 국립현대미술관 아트팹랩에서 진행한 프로그램 "어린이 아트팹랩 낯선조형"을 위해 제작된 교구다.

○●●

'만들기'로 발견하는 보편적 가치

제작 문화 생태계에서 활동하는 디자인계 제작자들과 함께 '만들기' 방법에 관해 짧게나마 대화를 나눠보았다. 제작자들은 각기 다양한 지향점을 가지고 제작 문화를 바라보았다. 무엇인가를 만드는 과정과 동기는 다르지만 이들이 가진 공통점은 저마다의 만들기 활동을 다른 이들과 공유해 확산되는 활동으로 이어간다는 점이다. 이들은 제작 문화를 경제적 관점으로 보기보다는 재미를 찾는 일, 주체성을 표현하는 일, 공동체에게 필요한 것을 찾는 일이라 여기며 제작 활동을 이어가고 있다. 상품을 만들어 수익을 내야만 살아남을 수 있는 소규모 제작자들에게 제작 활동이란 생존과 직결되는 일이다. 하지만 생존을 위한 생산을 넘어 제작 활동이 주체적인 삶으로 이어질 수 있도록 유의미한 경험들을 생산해내고 있음을 확인할 수 있었다. 이 주체적인 삶을 위한 노력이 제작자 자신의 내면과 연결되기도 하고, 사회 혹은 공동체와 연결되기도 했다. 비록 이러한 단편적인 질문들로 디자인에 관련된 제작자들의 생태계를 세밀하게 들여다보기는 어려울 것이다. 하지만 '만들기'를 통해 실천하고자 하는 이들처럼 제작 문화에서도 일상에서 발견할 수 있는 보편적인 가치를 다시금 들여다볼 필요가 있다. 이 글이 무엇인가 제작하고자 하는 사람들에게 지속 가능한 '만들기' 방법을 타진하는 목소리가 될 수 있기를 기대해 본다.

참고문헌

릴리쿰. 2016.『손의 모험: 스스로 만들고, 고치고, 공유하는 삶의 태도에 관하여』. 코난북스.

박소현 외. 2018.「메이커문화 지형 분석을 통한 사회 감각의 재구성」. 한국연구재단(NRF) 연구성과 보고서.

백동명. 2018.「오픈소스HW, 메이커, 그 활용」. ≪한국통신학회지(정보와통신)≫, 제35권 5호, 98~106쪽.

(사)한국여성연구소 엮음. 2014.『젠더와 사회: 15개의 시선으로 읽는 여성과 남성』. 동녘.

송수연. 2018.「제작 문화를 둘러싼 지형」. ≪문화정책≫, Vol.6. 22~31쪽.

윤일영. 2018.「미래를 위한 움직임, 메이커 무브먼트」. ≪융합 Weekly Tip≫, Vol.125. 2~8쪽.

이광석 외. 2018.『사물에 수작 부리기』. 안그라픽스.

최광수. 2019.「소확행(小確幸)으로서 메이커 문화: 한국의 메이커 운동을 중심으로」. 경희대학교 대학원 석사 학위논문.

최혁규. 2017.「메이커 문화를 둘러싼 담론적 지형: 메이커 운동에 대한 비판적 담론 분석」. ≪한국언론정보학회≫, Vol.82, No.2, 73~103쪽.

한국과학창의재단. 2016.「메이커 활동에 대한 실태조사」.

해치, 마크(Mark Hatch). 2014. 정향 옮김.『메이커 운동 선언』. 한빛미디어.

https://www.bloter.net/archives/186039.

https://scatteringlightsglidingsounds.github.io.

https://icq4ever.net.

https://brunch.co.kr/@reliquum/75.

https://prag-studio.com.

https://prag-lab.com.

http://2bike.co.kr.

CHAPTER 4

피지컬 컴퓨팅 교육을 통해 본 디자인 메이커 교육

|연명흠|

우리 사회 여러 곳에서 메이커 문화, 메이커 운동, 메이커스페이스 같은 단어들이 들려오기 시작한 이래로 상당한 시간이 흘렀다. 디자인학과 실기실은 물론, 구립 도서관과 시청 같은 공공기관 이곳저곳에서 조명이나 생활 소품을 인쇄하는 3D 프린터를 보는 것도 그리 드물지 않은 풍경이 되었다. 자유학기제가 실시되는 중학교에서는 아두이노 키트를 이용한 로봇 만들기 같은 방과후 교육 프로그램이 학생들의 참여를 기다리고 있고, 2019년에 열린 '메이커페어 서울'에서는 1만 6000여 명의 방문객 수를 기록해 작년의 최다 기록을 또다시 경신했다. 이러한 붐과 함께 4차 산업혁명 시대에 뒤처지면 안 된다는 조바심에 미래창조과학부(현 과학기술정보통신부) 주도로 100만 메이커 양성 사업을 추진하기도 했다.

이처럼 '메이커'에 대한 관심과 기대가 커지면서 메이커 운동의 효과를 산업계나 경제계가 아닌 교육 분야에서 찾는 사람들도 늘어나고 있다. 2000년대 초 메이커 운동이 시작된 초기에는 교육 또는 학습에 초점이 맞춰져 있지 않았으나 점차 교육적 가치를 발견하게 되었고, 이제는 메이커 운동이 혁신적인 교육 이론과도 부합하는 부분이 많다는 것을 인식하게 되었다(조경미, 2017). 최근 메이커 운동이 가장 활발하게 일어나는 현장은 아마도 교육 분야일 것이다. 본격적인 메이커라 하더라도 처음에는 메이킹에 대해 배워야 하고, 메이킹이 익숙한 사람이라도 작업 공간, 즉 메이커스페이스가 필요하기 마련이다. 메이커스페이스에서 전문적인 메이커와 초보 메이커가 만나면 그것은 일종의 교육과 같은 것이 되기 쉽다. 결국 메이커 문화에서 메이커 교육은 큰 비중을 차지하게 된다.

이 글에서는 먼저 메이커 교육이란 무엇이고 우리 사회에서 그것이 어떻게 전개되고 있는지 살펴보고, 메이커 교육은 디자인 교육과 무엇이 다르고 무엇이 비슷한지, 디자인 교육에 적용할 점과 착안할 점은 무엇인지 등을 다루고자 한다. 더 나아가 디자인 대학에서 이루어지고 있는 구체적인 메이커 교육에 대해 내가 경험한 사례를 중심으로 살펴보고자 한다.

○●●

메이커 교육은 무엇인가

먼저 메이커 교육이란 무엇인지 이해해 보자. 메이커 교육의 지향점과 실천 프로그램에 대한 논의는 주로 미국을 중심으로 전개되어 왔다. 2000년대 초 미국에서 ≪메이크: Make:≫ 잡지가 발간되고 메이커페어가 개최된 이래로 메이커 운동은 미국 전역에 개설된 수많은 메이커스페이스를 중심으로 한 여러 교육 사업과 커뮤니티 활동들로 이루어져 왔다. 그리고 그 속에서 축적된 경험과 지식을 바탕으로 메이커 교육 가이드북들이 발간되기도 했다. 대표적으로 2013년에 발간된 *Invent to Learn: Making, Tinkering, and Engineering in the Classroom*(한국어판 『메이커 혁명, 교육을 통합하다』), 메이커 교육을 위한 비영리단체인 메이커교육실천MakerEd이 2015년에 발간한 *Youth Makerspace Playbook*[1]이 그것이다. 국내에서도 메이커스쿨이 2018년 발간한 메이커 교육 지침서 「모두를 위한 메이커 교육」, 미국 메이커 교육에 대한 현장 리포트 「메이커 교육, 현장에서 배우다」, 국내 메이커 교육 관련 논문을 엮어서 펴낸 『메이

1 같은 해 한국의 메이커교육실천(makered.or.kr)에서 한글 번역본을 온라인으로 공개했다.

커 교육: 4차 산업혁명 시대에 다시 만난 구성주의』, 그리고 한국교육개발원에서 발행하는 ≪교육정책포럼≫에서 메이커 교육을 주제로 본격적으로 다루는 등 근 몇 년 사이에 메이커 교육에 대한 자료가 급증했다. 단행본 외에도 한국의 초중고 교육 현장 실천가들의 네트워크인 '메이커교육실천(makered.or.kr)'이나 '메이커스쿨'[2] 등의 사이트에서도 관련 자료를 풍부하게 제공하고 있다. 이 글에서 소개할 메이커 교육에 대한 논의는 이러한 자료들을 토대로 한다.

메이커 운동이 확산되고 메이커스페이스에서 제작과 교육, 커뮤니티 활동이 진행되면서 사람들은 메이커 교육이 구성주의 교육철학과 매우 유사하다는 것을 깨닫기 시작했다. 이를 명확하게 인식하지는 않았지만 메이커 교육은 장 피아제Jean Piaget, 시모어 페퍼트Seymour Papert, 레프 비고츠키Lev S. Vygotsky의 구성주의 교육과 연관 지어 논의되었다. 특히 페퍼트는 학습을 지식의 전달이 아니라 지식의 재구성으로 바라보는 피아제의 구성주의를 확대해 학습자 스스로가 의미 있는 물건을 만들어가며 직접 경험하는 과정을 통해 효과적인 학습을 할 수 있다고 보았다. 만들기를 적극적인 학습의 수단으로 본 페퍼트는 최초의 어린이용 프로그래밍 언어인 '로고Logo'를 만들었고, 사고력과 수리력을 돕는 교구를 개발하는 데 많은 노력을 기울였다. 교육학자들은 진보적인 교육철학인 구성주의가 메이커 운동으로 재조명되고 확산되는 현상을 반갑게 바라보고 있다.

메이커 교육에서 가장 핵심적인 요소가 무엇인지를 묻는다면 많은 사람들이 메이커스페이스라고 답할 것이다. 메이커스페이스는 메이킹 도

2 2019년 3월부터 루트파이(Rootpi)로 이름을 바꾸었다. https://rootpi.school/ 참조.

구와 재료, 안전용품 등을 갖춘 공간으로서 작업이 진행되는 현장이자 교육과 협업 활동이 벌어지는 장소다. 메이커스페이스는 독립된 공간으로 만들어지기도 하지만, 학교 실습실이나 박물관과 도서관의 여유 공간을 확보하여 마련하거나 사용하지 않는 공간을 활용하는 경우가 일반적이다. 경우에 따라서는 메이커 박스나 메이커 버스처럼 이동식 공간으로 만들기도 한다. 하지만 메이커스페이스에서 가장 강조되어야 할 점은 물리적 공간이 아니다. 많은 사람들이 여기에 동의하며, 특히 메이커스페이스에서 오랫동안 교사로 활동해 온 샘 패터슨Sam Patterson은 "메이커스페이스에서 가장 많은 돈을 써야 할 곳은 공간이 아니라 사람입니다"라고 말한다(메이커스쿨, 2018a). 시설이나 장비, 공간보다는 그 공간에 어떤 사람들이 있는지가 중요하다는 점을 메이커 교육을 다룬 많은 지침서가 강조하고 있다. 이런 점에서 메이커스페이스를 개설하는 데 집중해 온 우리나라의 메이커 교육을 되돌아볼 시점이 됐다.

무엇을 가르칠 것인가

메이커 교육을 통해 무엇을 가르칠 것인가를 살펴보자. 이 문제는 무엇을 만들 것인가 하는 문제와 직결된다. 메이커 교육의 요소에는 특정한 제한이 없다. 메이커 문화에서는 모든 것이 만들기의 대상이고, 소재이며, 영감이 된다고 보기 때문이다. 그러나 가장 관심이 집중되는 분야가 있기 마련인데, 그것은 3D 프린터와 아두이노Arduino라고 할 수 있다. 디지털 제조의 대표 격이라 할 수 있는 3D 프린터는 그 자체로 제조의 가능성을 크게 넓혀주었다. 이를 레이저 커터 등의 다른 제작 도구와 함께 사용하면 만들어낼 수 있는 제작의 범위가 크게 확장된다. 아두이노는 라즈베리파이Raspberry Pi나 메이키메이키Makey Makey, 마이크로비트micro:bit 등 다른 마이크로 프로세서/컨트롤러와 더불어 피지컬 컴퓨팅의 아이콘 같은 존재다. 피지컬 컴퓨팅으로 무언가를 만드는 것은 각종 센서와 액추에이터를 연결하는 회로 설계와 아두이노 스케치, 스크래치 등의 코딩을 포함하는 복합적인 과정을 말한다.

이런 ICT 기반의 교육 요소 외에도 뜨개질이나 바느질, 종이 공예, 꾸미기 공작 등과 같은 로테크low-tech 기술도 충분히 메이커 교육의 내용이 될 수 있다. 국내에서는 '화성에서 살아남기'라는 주제로 우주복을 만들거나 식량 기지를 만드는 프로그램, EM발효액 만들기, 전도성 실을 활용한 소품 만들기 등의 프로그램이 과학창의재단이 지원하는 융합인재교육(STEAM 교육)으로 진행되는데, 주로 중학교 교사를 대상으로 하는 이러한 지원 프로그램들도 메이커 교육의 일환으로 볼 수 있다.

메이커 교육의 절차는 "생각하고, 만들고, 개선한다"라는 TMIThink, Make, Improve 모델로 요약할 수 있다. 이 과정을 거친 후 더 나아가 창작물을 공개하고 공유하는 과정을 통해 메이커 소양을 기를 수 있다고 본다. 그런데 이러한 프로세스는 너무 간략하게 압축한 것에 불과해서 딱히 프로세스라고 할 만한 수준은 아니다. 오히려 메이커 교육에서는 규격화되고 일반화된 프로세스를 강조하지 않는다는 점을 언급해야 한다. 실제로 교육의 초기 단계에서는 '팅커링Tinkering'을 충분히 경험하게 할 것을 강조한다. 스스로 다양한 재료를 만지작거리고 실험해 보는 단계인 팅커링은 학생들이 메이킹에 흥미를 느끼고 재료 및 도구에 친숙해지며, 만들고자(또한 배우고자) 하는 동기가 형성되도록 하는 학습자 주도의 상향식 학습 과정이다.

한국 메이커교육실천의 주도적인 활동가인 이지선 교수는 동아리 시간에 진행하기 적합한 메이커 교육 방식으로 팅커링을 이용한 자유 프로젝트 형식을 제안한 바 있다. 틀에 짜인 교육 과정과 시수 계획에 따라야 하는 정규 교과에서는 팅커링 방식을 적용하기 어렵기 때문인 것으로 보인다. 잘 짜인 커리큘럼을 따라 진행해야 하는 정규 교과에서는 불확실성이 크고, 학습자에 의해 진행되는 여지가 큰 메이커 교육은 진행하기 어렵다. 그러나 커리큘럼이 없으면 메이커 교육의 양적 확장에는 한계가 생긴다. 인도 뉴델리에서 펀투두랩Fun2Do Labs을 연 사우랍 자인Saurabh Jain은 "내적 동기를 느끼면 커리큘럼이 따로 필요 없습니다. 하지만 확장scale하고 싶다면 커리큘럼이 있어야 해요"라고 말해, 메이커 교육에서도 일정하게 절차화되고 정규화된 교육과정이 필요함을 언급한 바가 있다(메이커스쿨, 2018a).

메이커 교육에서는 팅커링과 더불어 반복과 개선을 강조한다. 크레이그 라먼Craig Larman과 빅터 바실리Victor R. Basili가 주장한 '반복 개발 모델Iterative Development Model' 또는 미첼 레스닉Mitchel Resnick의 '창의적 학습의 나선형 모델Creative Kindergarten Learning Spiral'과 같이 지식의 일회적인 전달이 아닌 반복적인 자기 평가(성찰, 실험)를 강조한다. 또한 문제 발견과 해결 과정으로 구성된 디자인싱킹 및 디자인 프로세스를 여러 메이커 교육 자료에서 소개하고 있음을 확인할 수 있는데, 이는 메이커 교육과 디자인과의 유사성을 살펴볼 수 있는 대목이다.

이러한 방법과 과정을 통해 얻고자 하는 효과는 무엇일까? 가장 궁극적인 목표는 메이커로서의 소양mind-set을 기르는 것에 있다. 이를 위해서는 학습자 중심의 상향식 교육, 능동적 학습자, 실행에 의한 학습, 퍼실리테이터로서의 교사(강의를 최소화하고 함께 고민하는 사람), 협업, 공유와 공개, 맥락적 접근과 현실 문제에 대한 관심, 실패를 두려워하지 않는 태도, 포용성, 반복적 개선 등의 요소가 필요하다. 또한 결과보다 과정을 소중히 여기는 태도, 창작물보다 문제 해결 능력을, 문제 해결 능력보다 메이커로서의 소양을 중요시하는 관점을 가져야 한다. 학습자에게 스스로 뚝딱뚝딱 만들 수 있는 공간을 제공하는 것도, 규격화된 교육 과정에 얽매이지 않는 것도 모두 학습자 주도의 능동적 학습 능력을 믿기 때문이다. 학습자가 자신의 꿈(창작물)을 설정하고 이를 이루기 위해 흥미를 잃지 않고 계속해서 만들어나갈 수 있도록, 교육 환경(메이커스페이스)과 자료를 제공하고 도움을 주는 교사가 있어야 한다고 보는 것이다. 이러한 견해는 「메이커 교육, 현장에서 배우다」에 수록된 메이커 교육자와의 인터뷰에서도 확인할 수 있다.

하지만 빨리 성과를 보고 싶어 하는 데 문제가 있어요. 수학을 어려워하는 3학년 학생이 온 적이 있는데, 그 아이의 부모님은 메이커 활동을 통해서 아이의 수학이 나아지길 바랐어요. 그렇지만 두세 번 가지고는 변화를 보기 어렵지요. 아이가 그냥 노는 것처럼 보일 뿐이고요.

_ 사우랍 자인

그런데 전 제가 정보의 공급원이 되겠다는 잘못된 생각을 한 거예요. 사실 정보의 공급원 역할은 온라인 가이드나 튜토리얼 또는 친구가 대신해 줄 수 있거든요. …… 사실 이건(교사 주도의 교육을 하지 않는 것은) 모두에게 불편한 일이에요. 왜냐하면 학생들도 그냥 선생님한테 명확한 지시를 듣고 싶어 하지, 직접 알아내고 싶어 하지 않거든요.

_ 샘 패터슨

이런 점에서 메이커 교육은 PBL Project/Problem Based Learning(문제 중심 학습), 거꾸로 학습 Flipped Learning, 디자인싱킹, STEAM 또는 STEM 교육, 융합 교육, 노작勞作 교육, 공작 교육, 코딩 교육 등과도 매우 유사하다. 특히 디자인 교육과의 유사성에 주목할 필요가 있는데, 많은 메이커 교육자들이 메이커 교육을 디자인의 관점에서 바라보고 있으며 메이커 교육과 디자인 교육의 공통성을 강조하고 있다.

나 역시 이에 관한 에피소드가 있는데, 교수직을 시작한 첫해에 당시 재직하던 대학의 교수학습개발센터에서 진행한 PBL 교수법을 수강한 적이 있다. 그때 나는 "강의가 아닌 프로젝트 수행 중심의 교육을 해야 한다"라는 강의를 들으면서 '형식지 explicit knowledge를 강의로 전달하는 다른 학과의 교육과는 다르게 디자인과 수업의 대부분은 암묵지 tacit knowledge에 기반한 스튜디오식으로 진행되기 때문에 오히려 강의식 교육이 부족한 것 아닌가?' 하는 생각이 들었다.

한 학기 수업을 통해 볼 수 있거나 만질 수 있는 결과물을 만들어낸다는 점에서 디자인 교육과 PBL 및 메이커 교육의 공통성을 충분히 발견할 수 있다고 본다. 프로젝트를 이끌어나가는 과정에서 손으로(반드시 맨손일 필요는 없지만) 만들어내는 과정을 거치기 마련인데, 이런 점에서 노작 교육, 공작 교육과의 유사성도 찾아볼 수 있다. 융합 교육 및 STEAM 교육과 메이커 교육의 관련성은 다양한 분야의 지식을 필요로 하고 여러 전문가가 함께 참여하고 협업한다는 점이다. 융합 없이 만들기를 할 수도 있고 만들기 없이 융합할 수도 있겠지만, 제대로 배우기 위해서는 만들어야 하고, 우수한 것을 만들기 위해서는 여러 분야의 경험이 모여야 하기 때문이다. 따라서 메이커 교육은 융합적인 양상을 띠기 쉽다.

이상으로 메이커 교육의 모습, 특히 메이커 교육의 실천가들이 그리는 바람직한 모습을 확인해 보았다. 이어서 메이커 교육의 교과서적인 이상이 대학 캠퍼스에서는 어떻게 펼쳐지고 있는지 살펴보고자 한다.

창작물을 통해 본 메이커 교육

메이커 교육의 구체적인 실체를 더 잘 이해하기 위해서는 창작물을 통해 메이커 교육을 들여다보는 것도 방법이다. 메이커 교육의 가치는 결과물보다 과정에 있지만 과정을 들여다보는 것은 쉽지 않으므로, 전시되거나 시연된 창작물을 통해 메이커 교육이란 무엇인가를 역추적해 볼 수 있기 때문이다. 메이커페어는 메이커 운동의 창작물을 한 번에 다 둘러볼 수 있는 좋은 이벤트다. 이 글에서는 2018년에 서울과 도쿄에서 열린 메이커페어, 그리고 유튜브에 소개된 메이커페어 영상을 토대로 창작물이 갖는 공통성과 특성을 추출해 보았다.

그러나 결론부터 말하자면, 메이커페어 창작물의 공통성을 명확히 구분하고 찾아내기란 매우 어려웠다. 그나마 메이커페어 창작물의 공통성으로 생각해 볼 수 있는 것은 "외형을 갖고 있고, 움직이며, 완결되어 있다"라는 점이다. 먼저 외형, 즉 본체body를 갖고 있다는 점을 생각해 보자. 외형이 없는 창작물, 서비스나 개념과 같이 '만져지지 않는intangible' 창작물은 메이커페어 전시물 가운데 찾아보기 어렵다. 내가 판단하기로는 이 요건만이 유일하게 채택될 수 있는 공통성으로 보인다. 보이지도, 만져지지도, 들리지도 않는 것, 감각을 통해 경험할 수 없는 창작물은 개념적으로는 존재하겠으나, 적어도 메이커페어라는 축제의 장에서 찾아볼 수 없다.

두 번째 요건인 움직인다는 개념은 거의 대부분의 창작물에 해당한다. 여기서 '움직임'의 개념은 폭넓게 받아들여야 한다. 로봇처럼 자율적으로 전시장을 돌아다니는 것도 있고, LED 불빛만이 반짝거리는 것도 있을 것이다. 또는 신호음을 내거나 사용자의 ID를 인식하는 등 사용자와의 상호작용으로 일종의 결과를 산출하는 것도 움직이는 것으로 본다. 창작물 스스로 움직이는 경우도 많지만, 사람의 힘이 전달되어 움직이는 작품도 볼 수 있다. 즉 기계machine가 아니라 기구물mechanism인 것이다.

한 예로 2016년 프랑스 낭트에서 열린 메이커페어에 전시된 거대한 사마귀 모형을 들 수 있는데, 각 절지에 달려 있는 와이어를 잡아당기면 발이 움직이는 구조로 만들어졌다. 거의 대부분의 창작물은 어떻게든 움직이고 있어서 예쁜 화병처럼 정태적으로 한자리에 고정되어 있는 것은 찾아보기 어렵다. 그러나 예외도 있다. 메이커페어의 오랜 단골손님인 테이피가미Tapigami가 그것인데, 돌돌 말린 수천, 수만 개의 마스킹 테이프로 만들어진 조형물이다. 접착면이 밖을 향하게 말린 수많은 쪼가리들을 이어 붙여 만드는 이 조형물은 메이커페어 창작물 중 예외적인 경우이기는 하지만, 인기 있는 아이템 중 하나다.

마지막으로 '완결된 것'이라는 특성은 창작물이 비록 어설플지라도 부품이 아니라 완성품이며, 중간 결과물이 아니라 최종 결과물이라는 의미다. 전시장을 돌아다니는 인형은 움직임이 다소 어설프더라도 전시되지만, 아무리 성능이 뛰어나다고 한들 바퀴 부품만 단독으로 전시하는 경우는 찾아보기 어렵다. 부품을 전시하더라도 완성품과 함께 선보이며, 중간 결과물은 최종 결과물이 만들어지기까지의 과정을 보여주기 위해 전시되는 경우가 일반적이다.

한편 창작물 대부분이 지닌 특성처럼 보이지만 꼭 그렇지 않은 것들도 있다. 흔히 메이커 운동의 창작물은 '새롭고, 세련되고, 쓸모 있고, 하이테크의' 결과물일 것이라 생각할지 모르나, 실상은 꼭 그렇지도 않으며 더 나아가 그 반대에 가깝다. 아마추어리즘이라고 할 수 있는 메이커 문화의 정신은 '전시될 만한 것이면 이 정도는 돼야지'라는 우리의 기대와 고정관념에 오히려 반하는 것이다. 이 점은 우리나라의 메이커 문화에서는 특히 부족한 편인데, 미국처럼 뭔가를 뚝딱뚝딱 만들어볼 수 있는 개인 차고도 없고, 하향식 메이커 운동은 그나마 형성되어 가는 반면 자체의 메이커 문화는 아직 힘이 약하기 때문이다. 그리고 눈앞의 실질과 효용을 숭상하는 우리 사회에서는 메이킹을 통해 효용을 얻어야 한다거나 하다못해 교육적이기라도 해야 한다는 선입견이 크게 작용하는 것 같다.

새롭다는 점에 대해 생각해 보자. 창작물의 대부분은 나름의 새로움을 지향하겠지만, 특허권 같은 배타적 권리와는 무관할뿐더러 일반적인 수준의 새로움에도 무신경한 것으로 보인다. 실습 키트를 따라 그대로 만든 후 겉보기만 다르게 꾸민 것도 당당히 전시되며, 기존 제품을 해킹해서 만들거나 폐가전을 활용해서 만드는 창작물도 많다. 더 나아가 전통물레(도쿄 페어, 2018)나 대장간(낭트 페어, 2016) 작업 시범처럼 단지 재래기술을 재현하고 시연하는 것도 있다. 메이커페어에서 새로움이란 내가 해석한 새로움, 이번 전시에서의 새로움에 가깝다.

하이테크 창작물이라고 해서 더 인기를 끄는 것도 아니니, 페어에 출품된 창작물 중에 기술적인techy 작품이 특히 많은 것도 아니다. IoT 장비나 센서를 이용한 첨단의 하이테크 창작물은 단박에 이해하기에는 더 불리하거나 인터랙션 과정에 시간이 오래 걸리기 쉽다. 마이크로비트나 리틀비트Little bits처럼 메이커 운동에 맞게 개발된 키트를 이용해 만든 작품이 여전히 많지만 전시장이 하이테크 일변도는 결코 아니며, 오히려 단

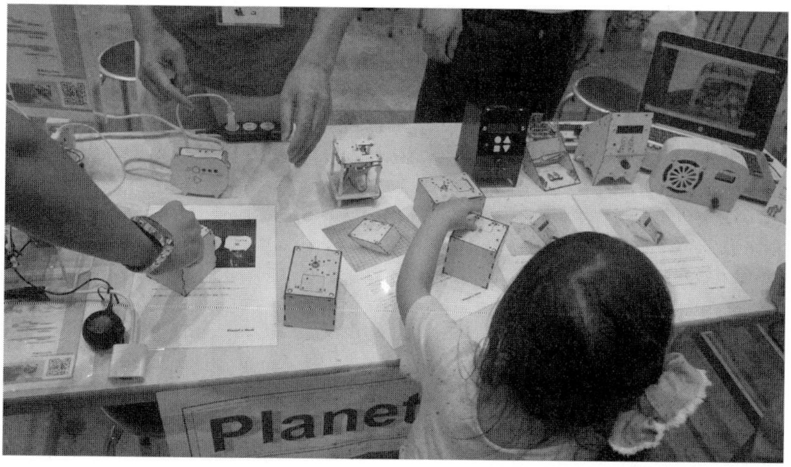

그림 4-1
쓸모없는 기계 장치

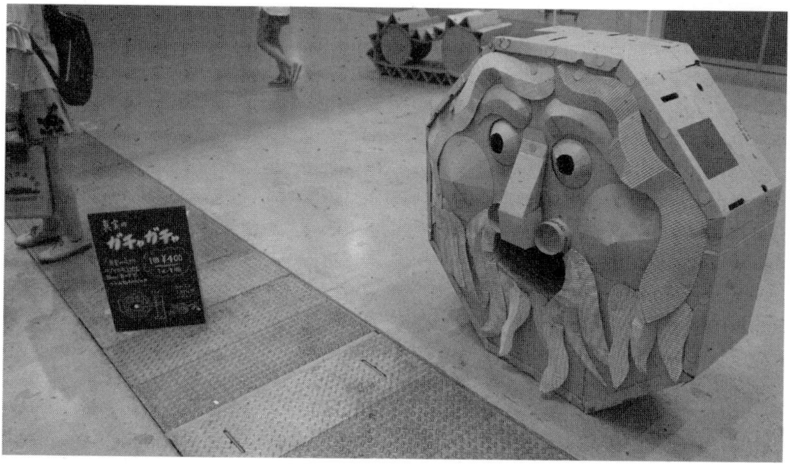

그림 4-2
골판지로 만든 〈진실의 입〉

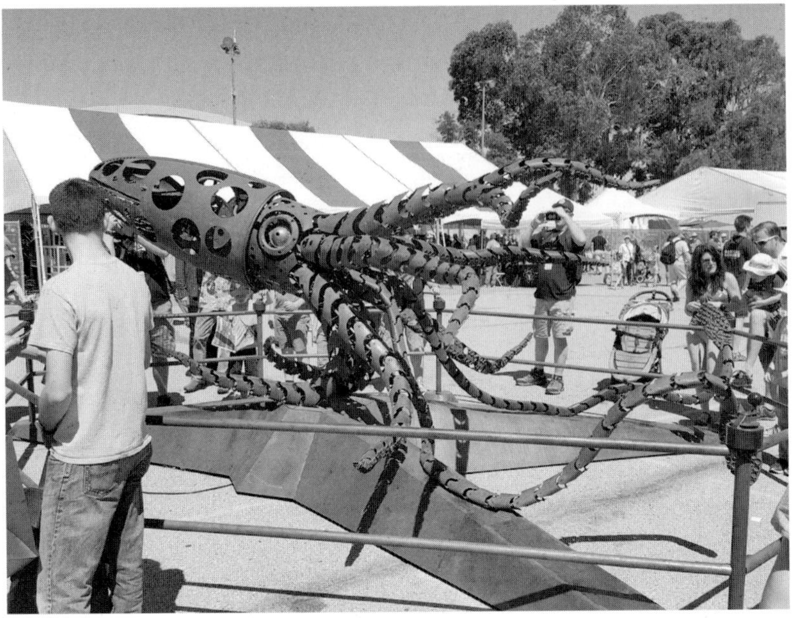

그림 4-3
〈꿈틀거리는 거대 오징어〉
사진 제공: Groundworks

순한 메커니즘을 활용한 기구 장치들이 눈에 잘 띈다. 특히 해외의 메이커페어에는 〈귀를 펄럭이는 코끼리〉, 〈불을 뿜는 용〉, 〈꿈틀거리는 거대 오징어〉와 같은 로테크 기반의 오토마타나 키네틱 작품이 큰 붐을 이룬다. 실외에 전시하는 경우 이러한 창작물들은 주로 대형으로 제작된다. 여기에는 킹콩처럼 거대한 것에 매료되는 심리적·문화적 기제도 작용하는 듯하고, 큰 작업이 가능한 환경적 요인도 작용하는 것으로 보인다. 크기는 심미성과 연결된다. 메이커페어의 창작물 중에는 아름답고 세련된 것뿐 아니라 재미있고 귀여운 미감을 추구하는 것도 있고, 우스꽝스럽거나 유치하거나 기괴해 보이는 것들도 많다. 어떻든지 간에 관람객의 탄성을 자아내면 된다.

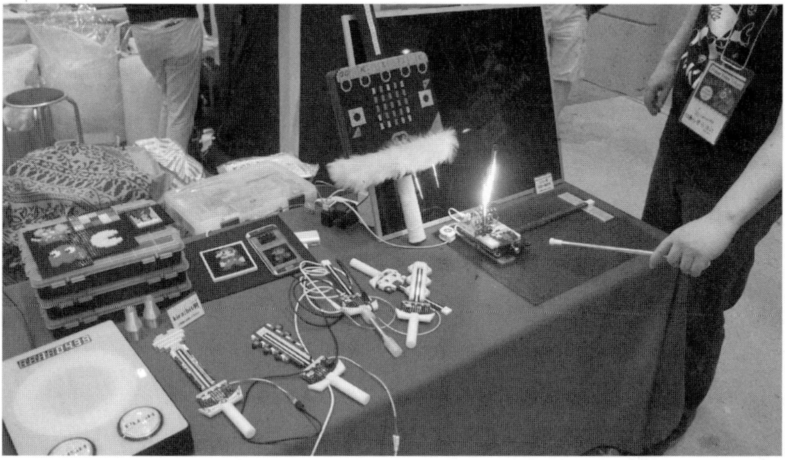

그림 4-4
마이크로비트를 이용한 응원 도구

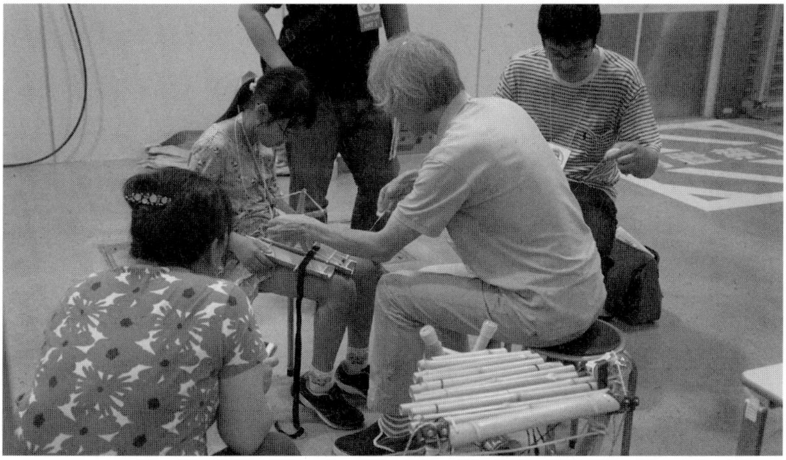

그림 4-5
전통 물레를 시연하고 교육하는 모습

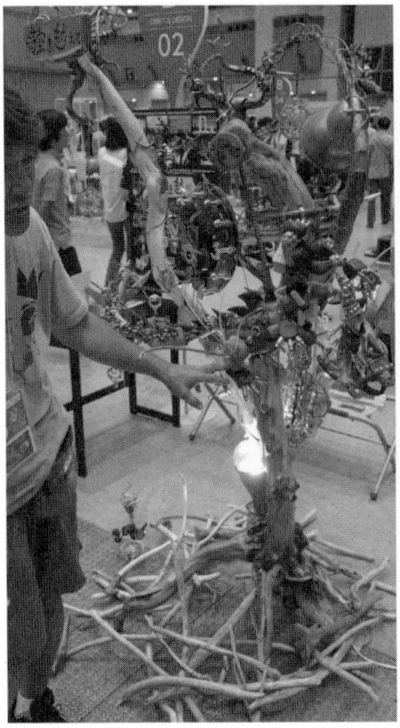

그림 4-6
나뭇가지에 각종 키네틱 장치를
주렁주렁 달아놓은 히피 스타일의 작품

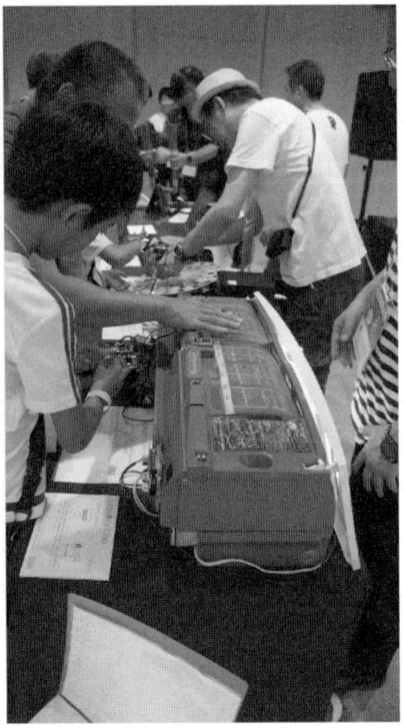

그림 4-7
버려진 에어컨을 해킹해서 만든 악기

또한 '쓸모'에 대한 강박도 없다. 쓸모보다는 재미가 중요하며, 한발 더 나아가 적극적으로 "쓸모없는 것을 만들자!"라는 구호도 찾아볼 수 있다. 쓸모 있는, 어떤 기능을 하는 작품들도 조금만 더 생각해 보면 '녹차를 섞어주는 기계'처럼 아무 효율성도 없는 작동을 할 뿐이다. 효율이 동반된 쓸모가 아니라 '작동'이 주는 만족감을 즐기는 것이 본질이다.

○●●

조형미술과 공학의 융합

메이커 창작물의 특성을 "외형을 갖고 있고, 움직이며, 완결되어 있는 것"이라고 볼 때, 외형을 갖는다는 특성은 조형미술과 직결되고, 작동한다는 특성은 공학과 강하게 연관된다. 그러나 완결된 것이라는 점은 어느 특정 학문 분야에만 결부된 특성으로 보기는 어렵다. 메이커 문화, 메이커 창작물에서 공학과의 관련성은 비교적 명확하다. 기계공학이든 전자공학이든 건축공학이든 구조공학이든, 공학적 지식과 경험, 나아가 과학적 이론이 창작물에 강하게 반영된다는 점은 의문의 여지가 없다. 링크 구조로 연결된 팔다리가 움직이든, 센서 신호를 받아 모터가 돌아가든, 움직이는 것의 거의 대부분은 공학적 지식과 경험에 관련된다. 아주 단순한 움직임이어서 굳이 공학까지 갈 것도 없을지 모르겠지만, 본질적으로 기계공학의 용어로 설명될 수 있는 것들이다.

메이커 창작물과 조형미술의 관련성 또한 너무 자명해서 따로 설명할 필요가 없을 정도다. 창작물은 모두 외형을 갖고 있다. 따라서 심미적 경험을 불러일으키고, 관람객이든 사용자든 사람이 눈, 손, 귀와 같은 감각채널을 통해 체험할 수 있다. 조형미술은 (순수)미술, 공예, 디자인 모두를 아우르는 개념이다. 형상을 추구하는, 형상을 만드는 모든 작업이 이와 관련된다. 메이커 문화에서는 조형미술의 범주에 속하는 하위 영역들을 구분하지 않고 모두 조형 작업이라는 공통성이 있지만, 디자인, 공예, 미술은 각각 제작 목적, 작업 과정, 제작 방식이 다르며 심미적인 취향도 다르다. 미술과 디자인은 제작 방식과 목적이라는 두 가지 측면에서 모두 서로 대조적이다. 미술은 감상이나 심미적 체험을 목적으로 작가의 내적 요구에서 출발해 만들어지는 반면, 디자인은 쓰임을 위해 만들어지며 사용자나 고객이라는 타인의 요구에 따라 전개된다. 제작 방식에서 미술은 대체로 수작업과 일품 제작 위주로 진행되는데 그 과정에서 창작과 제작이 구분되지 않는 반면, 디자인에서는 대량생산을 염두에 두고

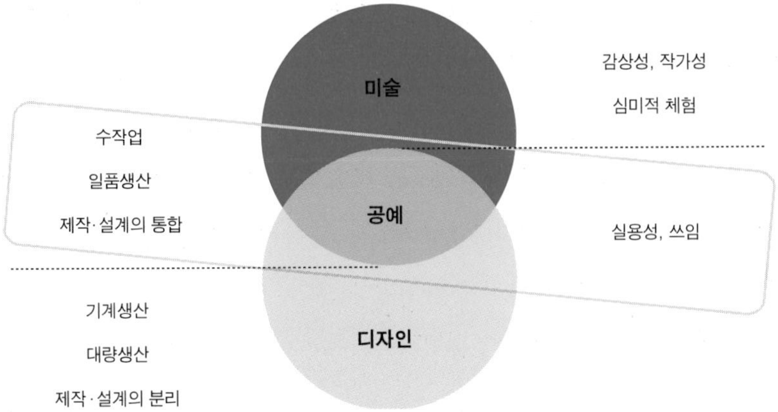

그림 4-8
미술, 공예, 디자인의 관계를 설명하는 도표
자료: 연명흠·이민·허정윤(2018: 67).

만들어지며 설계 과정에서 디지털 도구가 매우 적극적으로 사용된다. 디자이닝은 제조와 분리된 설계로서 존재한다.

오늘날 기계를 통한 대량생산 대 수작업 일품생산이라는 제작 방식의 구분은 점차 모호해지고 있다. 지능형 공장의 출현으로 맞춤형 다품종소량생산이 가능해지고 있으며, 미술과 공예에서도 순수한 의미의 수작업은 찾아보기 어렵기 때문이다. 그러나 이러한 큰 틀의 구분은 일반적인 차원에서는 여전히 유효하다고 할 것이다. 흥미로운 것은 공예—예술공예가 아닌 생활공예를 전제로 할 때—는 제작 방식에서 미술과 유사하며, 제작 목적에서는 디자인과 비슷하다는 점이다. 이 글에서는 제작 목적을 기준으로, 디자인이라는 개념을 (좁은 의미의) 디자인과 공예를 모두 아우르는 개념으로 쓰고자 한다.

잘 만들어진 메이커페어 창작물, 메이커 교육의 결과물은 조형미술과 공학의 융합 영역에서 피어나기 쉽다. 그러한 점에서 메이커 교육과 STEAM

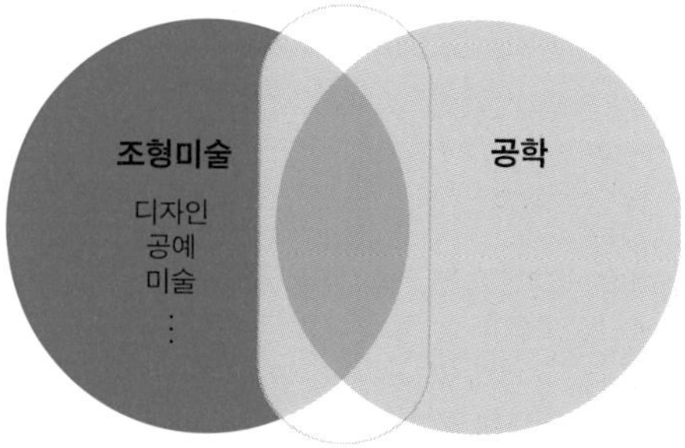

그림 4-9
조형미술과 공학의 융합 영역

교육과의 관련성은 매우 긴밀하다고 할 수 있다. 특히 STEM Science, Technology, Engineering, Mathematics 교육에서 예술 Arts 이 추가된 STEAM 교육으로 발전하면서 메이커 교육처럼 창작물을 만들어내는 경향이 강화되었다고 볼 수 있다.

앞서 언급한 바와 같이 디자인 교육과 메이커 교육은 공통성이 많다. 조형미술의 차원에서 보자면 (순수)미술과의 접점도 크지만, 정부 주도의 산업주의적 메이커 문화가 강하게 자리 잡은 우리나라 현실에서는 디자인과의 조합이 더욱 부각된다. 특히 좁은 의미에서 산업디자인·제품디자인의 특성이 강하게 부각된다. 여기에는 순수미술이나 공예 계열 학과보다 디자인 계열 학과와 전공자가 더 많다는 점도 원인으로 작용할 수 있다. 그러나 디자인싱킹 같은 이론적 토대가 산업디자인 영역에서 제공되어 왔다는 점이 더 결정적일 것이다. 디자인싱킹과 메이커 운동을 연관지어 바라보는 연구나 주장은 쉽게 찾을 수 있다. 아이러니하게도 디자인싱킹이 무엇인가에 대한 명확하고 합의된 정의가 빈약하기는 하지만, 적어도 디자인 프로세스나 관점, 방법론에서 메이커 문화와 디자인싱킹은 접근 방법에 유사성이 있고 상호보완적인 관계에 있다고 할 수 있다.

우리나라 메이커 교육의 현황

이제 우리나라에서 벌어지는 메이커 교육의 일반적 현황을 살펴보자. 여기서는 아주 개략적인 현황만을 짚어보기로 한다.

우리나라의 메이커 교육을 주체별로 나눠보면 크게 정부와 민간으로 구분할 수 있다. 중앙 정부 및 시·도 교육청 차원의 메이커 교육으로는 한국과학창의재단이 운영하는 '자유학기제 지원센터' 및 '융합인재교육(STEAM 교육)' 사업이 있다. 최근 과학기술정보통신부에서 중소기업벤처부로 소속이 바뀐 메이커 운동의 포털 사이트인 메이크올(makeall.com)은 과학교실, 창의탐구교실, 창작메이커교실 등의 교육 프로그램을 중개하거나 운영하고 있으며, 전국의 수많은 과학관과 박물관에서 메이커 교육 프로그램을 제공하고 있다. 한국문화예술교육진흥원에서 창작교육을 지원하는 여러 프로그램들도 메이커 교육과 간접적으로 관련된 것으로 볼 수 있다. 한국전자통신연구원의 ICT DIY 포럼은 자유학기제를 위한 메이커 교육 교원직무연수를 개최한 바 있으며(2016), 서울시 교육청에서도 자유학기제를 대비해 메이커 교육 교재를 개발·보급한 바 있다(2018). 전국의 20개소에 이르는 무한상상실, 서울시가 지원하는 사회혁신센터, 팹랩서울 등의 시설도 메이커스페이스 및 메이커 교육기관으로서의 역할을 담당하고 있다. 여기에 중등학교는 2018년부터, 초등학교는 2019년부터 의무화된 코딩 교육도 메이커 교육 환경을 조성하는 역할을 하고 있다.

민간 영역으로는 메이커교육실천(makered.or.kr), 메이커 네트워크(facebook.com/networkformaker), 메이커쌤 네트워크(makerteachers.

wordpress.com), 만들래(cafe.naver.com/mandlehq) 등의 커뮤니티가 있으며, 메이커 교육 사업체로서는 (주)루트파이의 브레이너리메이커스(facebook.com/Rootpikorea), 메이크위드(makewith.co), 메이커스칼리지(makerscollege.co.kr), 맘잡고(momjobgo.com) 등이 있다. 커뮤니티는 메이커 교육에 열의를 가진 초중고 교사들의 자발적인 정보 교류의 장이며, 메이커 교육기관은 메이커 교육 콘텐츠를 개발·운영하거나, 메이커 교육 전문 강사들의 인력풀을 제공하고 있다. 순수 커뮤니티와 영리단체가 명확하게 구분되지 않는 경우도 많다.

메이커 교육 현황을 교육 과정별로 보면, 전문 교과목 교사가 존재하지만 일반적으로 교사 한 명이 반 학생을 모두 가르치는 초등교육에서는 융합교과 또는 창체교과의 이름으로 메이커 교육에 해당하는 수업이 이뤄지고 있다. 초등교사의 의욕과 의지에 따라 운영 수준의 차이가 크며, 교사 재량에 의해 수업이 편성된다. 중학교에서는 방과후 교실과 2017년부터 확대 실시된 자유학기제 운영을 중심으로 진행되고 있다. 중학생은 작품을 만들 만한 집중력과 손재주가 있고 상대적으로 입시 위주의 교육에서 여유로운 덕분에 메이커 교육이 활발히 진행되고 있는 편이다.

고등학교 교육 과정의 메이커 교육은 동아리 위주로 진행된다. 중학교까지는 학교 간의 차이가 크지 않지만, 고등학교부터는 과학고나 외고와 같은 특목고, 자사고, 일반고, 특성화고라는 서열적 질서로 재편되는 경향이 있다. 대학 진학이든 취업이든 명확한 목적을 향해 교육이 진행되므로 메이커 교육이 이상으로 삼는 협업적 교육, 과정이 즐거운 교육, 실패해도 좋은 교육은 자리 잡기가 어려워진다. 고등학교 과정에서는 메이킹을 전문 내용으로 하는 동아리 위주로 교육이 이뤄지며, 이는 학생부종합전형(학종)에 기록될 수 있는 형태로 진행되기 마련이다. 고등학교까지의 교육이 대학 진학을 위한 과정으로 수렴되는 우리나라의 교육 현실에서 중학교, 고등학교로 올라갈수록 메이커 교육의 기회는 적어지며, 교과 영역에서 비교과 영역으로 분리된다.

대학교에서의 메이커 교육은 공학 계열 학과를 중심으로 진행되는 캡스톤 디자인 교과와 여러 융합교과를 들 수 있다. 캡스톤 디자인 교육은 공학 계열의 학생이 산업 현장에서 부딪히는 실천적인 문제에 대한 해결 능력을 갖출 수 있도록, 학생들이 팀을 이뤄 작품을 기획하고 설계하며 제작하는 전 과정을 경험하게 하는 교육이다. 이는 이론 강의와 수치 계산으로 이루어진 기존의 공학 교육을 극복하고 창의적 인재를 양성하기 위한 교육으로서 메이커 교육과 유사한 결과를 산출한다고 볼 수 있다. 융합 수업에서 반드시 작품을 제출해야 하는 것은 아니지만, 대부분의 융합 수업은 다학제 간 팀 작업을 통한 프로젝트 결과물을 제출하는 것이 일반적이다.

○●●

디자인 계열 학과의 메이커 교육

이제 대학의 디자인 계열 학과에서 메이커 교육은 어떻게 진행되고 있는지, 디자인 교육과 메이커 교육의 접점은 무엇인지 등을 살펴보자. 이를 위해서는 먼저 디자인학과에서 이루어지는 메이커 교육의 범위를 지정해야 한다. 명확한 구분은 어렵지만 대략적으로 ① 피지컬 컴퓨팅 관련 수업(마이크로 프로세스, 마이크로 컨트롤러를 사용하는 수업), ② 디지털 제조 관련 수업(3D 프린터 등을 매우 적극적으로 사용하는 수업), ③ 오토마타나 키네틱 작품, 북아트 등 결과물에서 기계적 움직임을 구현하는 수

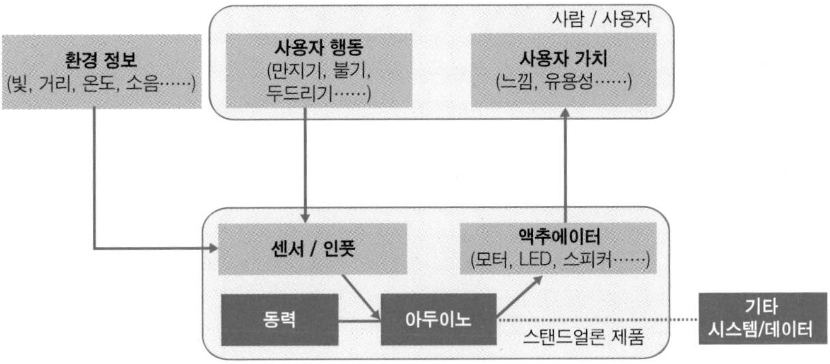

그림 4-10
아두이노를 이용한 인터랙티브 창작물의 시스템 구성 개념도

업, ④ 프로세싱Processing을 사용하는 수업, ⑤ 완성품을 제작해 판매까지 이어지는 프로젝트를 진행하는 수업 등으로 생각해 볼 수 있다.

첫 번째, 피지컬 컴퓨팅 관련 수업은 보통 아두이노나 라즈베리파이 등의 마이크로 컨트롤러/프로세스 키트에 각종 센서와 액추에이터를 연결하고 프로그래밍을 하여 상호작용하는 결과물을 만드는 수업이다. 센서로 빛이나 거리 같은 환경 정보를 읽어 들이거나, 입김 불기, 손으로 톡톡 두드리기 등과 같은 인간 행동을 인풋 신호로 받아들이고, 불빛, 움직임, 사운드 등의 아웃풋 피드백을 LED, 모터, 스피커 등 다양한 액추에이터를 이용해 구현한다. 여기에는 조명, 장난감, 미디어 아트 작품 등의 결과물이 많으며, 주로 인터랙티브 미디어디자인, 인터랙션 디자인 등의 이름으로 수업이 개설되는 경우가 많다. 이러한 수업은 일반적으로 팀 작업을 통해 워킹 프로토타입을 만드는 식으로 진행된다. 키보드와 마우스를 해킹해서 키트화한 메이키메이키도 아주 단순하지만 컴퓨터의 인풋을 숨김으로써 인터랙션을 연출하는 창작물을 만들어볼 수 있는 효과적이고 기초적인 피지컬 컴퓨팅 도구 중 하나다.

두 번째, 디지털 제조와 관련된 3D 프린팅 수업은 더욱 다양하다. 지금은 디자인 모크업Mock-up을 제작하는 가장 일반적인 방법이 3D 프린팅이라서 '3D 프린터의 사용 여부'만을 기준으로 삼는다면 많은 수업들이 디지털 제조 수업으로 분류될 것이다. 따라서 좀 더 좁게 정의할 필요가 있는데, 3D 프린팅에 적합한 형상을 추구하거나 3D 프린팅 방식의 양산을 전제로 한 상품을 디자인하는 수업이 여기에 포함된다.

세 번째, 키네틱 조형물이나 오토마타를 만드는 수업은 많지 않은 편이다. 키네틱 아트 장르가 있는 미술학과에는 이러한 수업들이 그나마 개설되어 있는 편이지만, 디자인학과에는 키네틱 관련 수업이 적은 편이다. 전통적인 디자인 관점에서 보기에 최종 결과물이 디자인적이지 않거나 완성도가 낮아 보여 주로 저학년에 적합한 수업으로 받아들여지는 편이다.

네 번째, 프로세싱은 미디어 아트에 적합한 오픈소스 프로그래밍 언어로, 미디어 아티스트는 드로잉하는 프로그램을 코딩하는 것을 통해 창작한다. 이 점에서 프로세싱은 개념적으로 아두이노와 유사하며, 코딩 프로그램의 인터페이스 이미지도 유사하다. 프로세싱은 시각/영상 디자인 계열 학과에 많이 개설되어 있는데, 개념을 넓혀 보면 파라미터를 생성하고 조절함으로써 조형을 만들어내는 '그래스호퍼Grasshopper' 같은 생성 디자인generative design 프로그램도 이런 범주에 속한다고 볼 수 있다.

다섯 번째 유형은 디자인 도구나 툴에 의한 규정이 아니라 수업의 결과물을 어느 선까지 활용하는가에 따른 구분이다. 설계에 그치는 것이 아니라 결과물을 사용할 수 있는 수준으로 만들고 판매까지 해보는 과정이 이러한 수업에 해당한다. 주로 가방, 신발, 그릇, 액세서리, 조명, 시계 같은 로테크 기반의 제품이나 의류 관련 제품을 제작하는데, 대부분 공예 또는 수공업적인 창작물이다. 머그잔은 흙이 구워진 그 형상만으로도 물컵이 되며, 시계 무브먼트가 결합된 금속공예 작품은 곧바로 시계가 될 수 있다. 공예 창작물은 이런 점에서 그 자체가 워킹 프로토타입이라고 할 수 있다. 반면 산업디자인 계열의 창작물은 판매를 전제로 설계되고 상품을 지향하지만, 디자인과 수업에서 워킹 프로토타입을 만드는 경우는 거의 없다. 그리고 디자인과 학생이 구매자를 직접 만나는 경우도 드물다. 주로 전자 제품이나 자동차 등을 목표로 하는 산업디자인 계열 학과의 작업물은 그림의 모델링과 렌더링에 그치므로, 사용 및 판매까지 가기 어렵기 때문이다. 이런 점에서 사용 가능한 수준의 결과물을 만들어보고 이를 시연하거나 판매해 보는 경험은 디자인 계열 학과의 전형적인 교육과는 차별화된다.

이렇게 다섯 가지 유형으로 메이커 수업을 구분해 보았으나 실제 수업 현장에서는 이들이 하나의 수업으로 진행되는 경우가 적지 않다. 3D 프린터로 외형을 만들고, 아두이노 키트에 연결된 센서로 주변의 밝기를 읽어 들여 움직이는 작품을 만들며, 그 움직임을 프로세싱으로 동기화하여 화면에 구현하거나 이것을 작품처럼 전시하고 판매한다면, 모든 유형을 통합하는 것이 가능하다. 이렇게까지 의도적으로 통합하려고 하지 않아도, 키네틱 아트 작품을 만들었더니 판매에 적합하게 완성도가 갖춰지거나, 아두이노 창작물인데 3D 프린팅이 제작하기에 가장 적합했다거나 하는 경우가 많다. 즉 이 수업 유형들은 실제로 통합될 수 있으며, 통합되는 경우가 더 일반적이다.

피지컬 컴퓨팅 수업에서의 경험

나는 피지컬 컴퓨팅 수업과 키네틱 디자인 수업을 진행한 경험이 있는데, 그중 피지컬 컴퓨팅 수업인 '인터랙션 디자인'을 중심으로 가르쳤던 경험에 대해 이야기하면서 이를 통해 얻은 논의점 및 발견점을 소개해 보고자 한다. 공업디자인학과 학부 3학년 과정인 인터랙션 디자인 수업은 메이키메이키 키트를 이용한 5주 전후의 단기 프로젝트와 아두이노를 이용한 10주가량의 프로젝트로 구성된다. 수강생들은 4~5인 1조로 팀 프로젝트를 진행하며, 워킹 프로토타입과 동영상을 전시하고 프로젝트 리포트를 제출해야 했다.

먼저 이 수업을 통해서 얻은 교육적 성과와 수업 이전에 예상했던 교육 효과를 비교하면서 짚어보려고 한다. 이들 중 일부는 수업 설계 단계에서부터 기대 효과로 명시된 것도 있지만 일부는 어렴풋이 예상했을 뿐 나중에 가서야 그 효과를 제대로 인식한 것도 있다.

수업을 통해 얻은 교육 효과 중에서 공학에 대한 이해와 경험, 워킹 프로토타입 제작 경험과 제작 노하우의 습득은 사전에 예상했고 학생들에게도 강조한 부분이었다. 학생들은 아두이노 스케치나 스크래치(또는 엔트리)를 써보면서 초보적인 수준이나마 프로그래밍을 이해하게 되고 경험하면서 익숙해질 수 있었다. 또한 브레드보드breadboard에 전선을 연결하고, 저항을 꽂고, 때로는 납땜을 해가면서 회로 설계에 대해 배운다.

이 과정에서 수많은 오류가 생기는데, 문제는 왜 작동이 안 되는지 알기 어렵다는 점이다. 접선 불량인지, 부품 불량인지, 코딩 문제인지, 저항

값이 적절하지 않아서인지, 이것들의 복합 작용인지 알아내기가 쉽지 않다. 이런 문제를 해결한다고 해도 이 정도의 엔지니어링 능력으로는 제품을 만들어내는 수준에 결코 미칠 수 없지만, 엔지니어의 언어를 이해하고 공학의 세계를 경험해 본다는 점에서는 상당한 도움이 된다. 디자이너가 공학을 배우는 것은 엔지니어가 되기 위한 것이 아니라 엔지니어링을 이해하는 디자이너가 되기 위한 것이므로, 이 정도의 경험으로도 충분한 성과라고 할 수 있다.

워킹 프로토타입 제작 경험을 쌓고 노하우를 습득한다는 점 또한 목표했고 예측했던 성과였다. 프로토타입을 작동하게 만드는 것은 결코 쉽지 않다. 대부분의 디자인 교과에서는 디자인 모크업을 만드는 것에 그치거나 근래에는 그마저도 모델링과 렌더링에 그치는 경우가 일반적이다. 워킹 프로토타입을 제작할 때 한두 개의 액추에이터를 움직이게 하는 것은 쉬울지 모르겠지만 여러 움직임을 동시에 제어하는 것은 탄탄한 전기공학적 경험과 지식을 필요로 한다. 이 과정에서 수많은 시행착오가 발생하고 멀쩡히 작동하던 작품이 전시 직전에 망가지는 경우도 허다하다. 프로토타입을 조립해 완성하는 것도 매우 어려운 과정이다. 이 과정에서 전기적 오류나 부품의 교체, 접선 불량 등의 문제를 해결하기 위해 분해와 조립을 반복해야 하는 경우가 심심찮게 생기는데, 이를 위해 조립에 유리한 형상, 조립 방법과 순서, 내구성까지 고려해 치밀하게 설계해야 한다.

수강생들은 보통 한두 번의 실패를 거쳐 알아가게 된다. 컴퓨터 3D 모델링에서는 오차가 전혀 없지만 막상 FDM 방식의 3D 프린터[3]로 출력하고 나면 예측할 수 없는 이유로 형상이 일그러지기 십상인데, 컴퓨터로 데이터를 수정하는 것과는 다르게 메뉴 버튼을 몇 번 누르는 정도로는 이

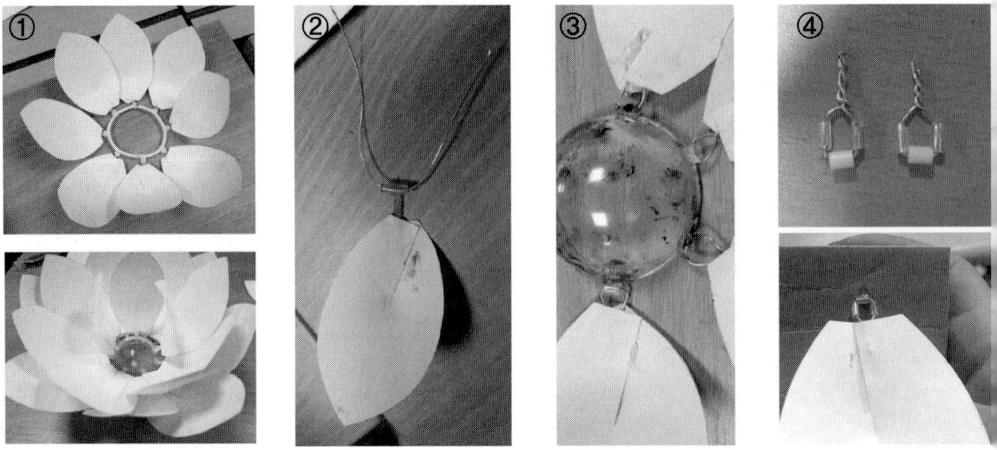

그림 4-11

① 관람자의 손짓을 인식해서 꽃잎이 벌어지는 〈참연〉. 꽃잎의 힌지를 다양한 방법과 과정으로 반복 제작했다.
② 케이블타이를 이용한 초기 제작
③ 볼펜심을 이용한 제작
④ 비즈를 이용한 최종 제작

를 수정할 수 없다. 나아가 재질이 서로 다르면 동일한 접착제나 도료를 사용할 수 없는 경우도 있고, 이로 인해 적지 않은 실패를 맛본다. 이러한 실패를 극복해 가야만 제조에 대한 이해가 깊어지며 문제 해결에 대한 경험치가 쌓인다. 힘들지만 한편으로는 가치가 있는 이러한 학습 과정은 메이커 교육에서 교과서적으로 강조하는 실행에 의한 학습 Learning by Doing 과 반복적 개선이라는 요소에 해당한다.

3 FDM(Fused deposition modeling) 방식 3D 프린터. 필라멘트라고 불리는 가느다란 플라스틱 재질의 실이 감겨 있다가 노즐을 통해 녹은 상태로 출력되어 적층된 후 단단하게 굳는 방식으로 만들어지는 프린터. 가장 저렴하며 일반적인 방식의 3D 프린터다.

○●●

예상치 못했던 교육 효과

한편 수업 설계 단계에서 명확하게 기대하지 못한 채 어렴풋이 예상했던 부분들이 있었다. 피지컬 컴퓨팅 작업을 통해 디자인의 범위가 확장되고, 만들기 과정의 변화가 일어나고, 문제 해결 능력이 제고될 것이라는 점이었다.

'아두이노를 사용한 워킹 프로토타입'을 만들게 되면서 산업디자인의 범위가 확장되는 결과로 이어지기 쉽다. 작동이 되어야 하지만 고효율·고성능의 기능을 구현하기는 어려우므로, 기능 그 자체의 완성도가 아닌 우회 전략을 추구하게 되는 것이다. "이 수업에서는 합리적인 기능을 갖추거나 효율성 있게 작동하는 제품보다는 재미와 즐거움을 줄 수 있는 제품을 생각해 보자. 하이마트에는 없을 것 같지만 상상마당 1층이나 기념품점에서는 팔릴 것 같은 상품, 내 돈 주고 살 것 같지는 않지만 선물로 사주거나 받고 싶은 것을 생각해 보자." 수업 시간에는 이런 이야기를 여러 번 하게 되는데, 이렇게 유도하는 이유는 재미나 미학적 임팩트를 추구하려는 적극적인 의도뿐만 아니라 기능 구현을 목표로 하는 정면 승부가 현명하지만은 않다는 현실적인 판단 때문이기도 하다.

그 결과 기능을 갖춘 제품을 표방하더라도 기능 그 자체의 효용이 아니라 그로 인한 파생적 가치에 역점을 두는 결과물이 나오게 되었다. 이를테면 가전제품이 아닌 장난감이나 생활 소품을, B2C 제품이 아닌 B2B나 B2G 제품을 제안하게 되었다. 구체적으로는 무드 램프, 키덜트를 위한 장난감, 제품과 예술작품의 경계에 있는 창작물 등이 주로 만들어졌다. 이러한 시도는 메이와덴키[4]류의 작품으로 귀결될 수도 있고 삼성전

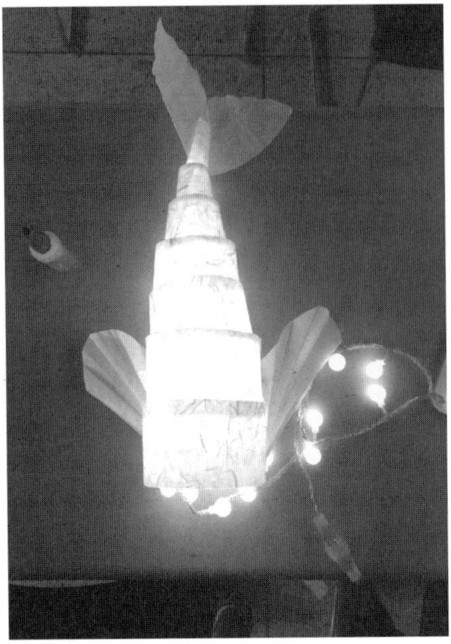

그림 4-12
한지를 이용한 물고기 모양의 조명
〈유유자적〉

자의 새로운 콘셉트 제품으로 귀결될 수도 있지만, 어쨌든 합리적인 기능성·사용성·경제성 등을 고려한 제품이라기보다는 재미나 신선함을 추구하는 제품이 되기 마련이다. 그 결과 제품디자인의 확장 또는 일탈로 연결된다.

제품 또는 상품 기획 단계에서 기능성에 대한 이러한 변화된 접근은 심미성에도 영향을 미친다. 작품들 가운데 전통적인 제품디자인의 문법

4 메이와덴키(明和電機). 1993년 도사 마사미치(土佐正道), 도사 노부미치(土佐信道) 형제가 만든 총합조형예술 유닛으로서 태엽 장난감 노크맨, 물고기뼈 모양의 전선 코드, 악기인 파치모쿠, 오타마톤 등을 제작·발표했다. 부친이 운영하던 중소 전기 회사의 명칭을 따와 이름을 지었다.

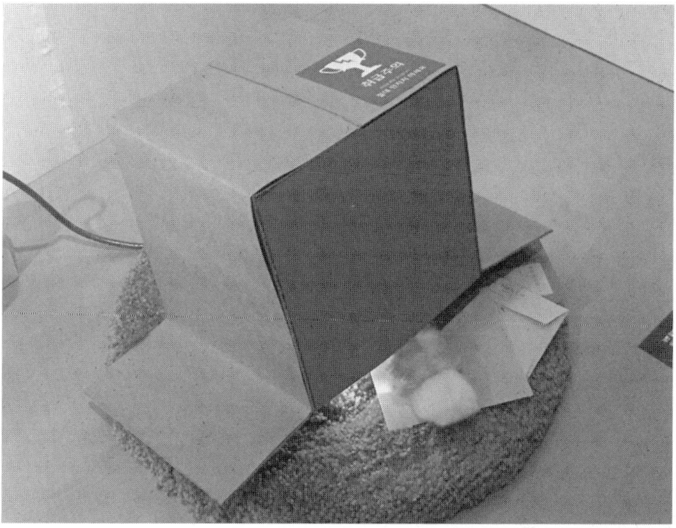

그림 4-13
고양이가 발을 쏘옥 내미는 조명 〈냥냥펀치〉

과 미감을 기반으로 한 것들도 있지만, 공산품 같지 않은 마감, 귀엽고 매력적인 캐릭터, 키치한 메타포, 장난스럽다 못해 기괴하거나 속칭 병맛 같은 외형과 색채 감각을 갖춘 결과물도 등장한다. 그 결과 상당수의 작품이 기초 형상primitive form의 조합에 의한 간결하고 정리된 형상이라는 모던한 조형을 벗어나게 되었는데, 학생들 일부는 은연중에 학습되고 강요되었던 모더니즘의 굴레를 벗어나 폭주하는 양상을 보이기도 했다.

또한 페이퍼아트 방식으로 장식된 〈Glitter Village〉처럼 종이, 섬유, 펠트, 가죽, 도자기, 유리 등과 같은 다양한 재질이 등장했고, 재질에 따라 바느질이나 뜨개질이 수반되어 '사출성형으로 만들어진 플라스틱 외형housing'이라는 제품디자인의 전형을 벗어나게 되었다. 이것을 제품디자인 주류로부터의 일탈로 볼지, 극복으로 볼지는 해석에 따라 달라지겠으나 메이커 교육을 통한 부가적인 효과임은 분명하다. 이와 같은

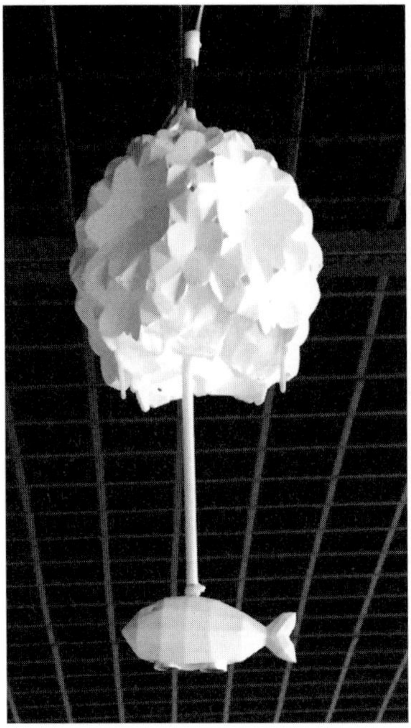

그림 4-14
3D 프린팅에 적합한 형상으로 만들어진 날씨정보 연동 조명 〈풍경〉

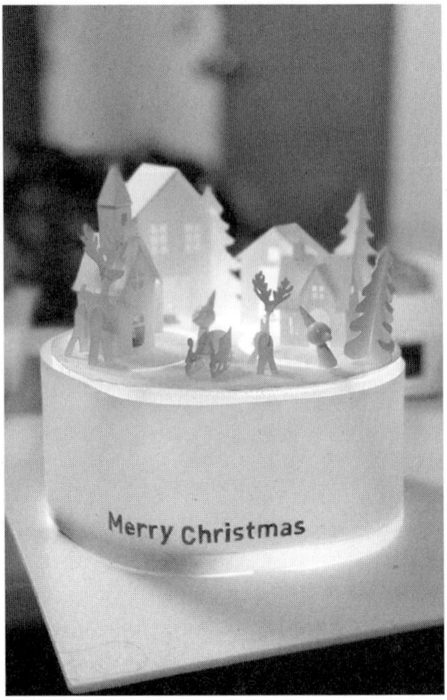

그림 4-15
종이접기 방식으로 만든 무드 조명 〈Glitter Village〉

작품(또는 제품, 상품)의 기능성, 심미성, 재료, 제작 방법 등의 여러 측면은 상호작용하면서 결과적으로 산업디자인을 바라보는 관점의 폭을 넓힌다.

정성모의 논문 「디자이너 메이커 제품의 조형적 특성 연구」(2016)는 200여 개 이상의 디자이너 메이커 제품의 조형적 특성을 연구하여 작성한 것이다. 여기서 디자이너 메이커 제품군으로는 조명, 인퓨저, 시계 등이, 재료로는 에나멜, 종이 ABS, 가죽천 등이 주로 적용되었다고 분석한 바 있으며, 재료가 메이커의 아이덴티티를 형성한다고 주장했다. 또한 공장 굴뚝 모양의 방향제나 잠수사 모양의 티백처럼 은유적 형상이 많다

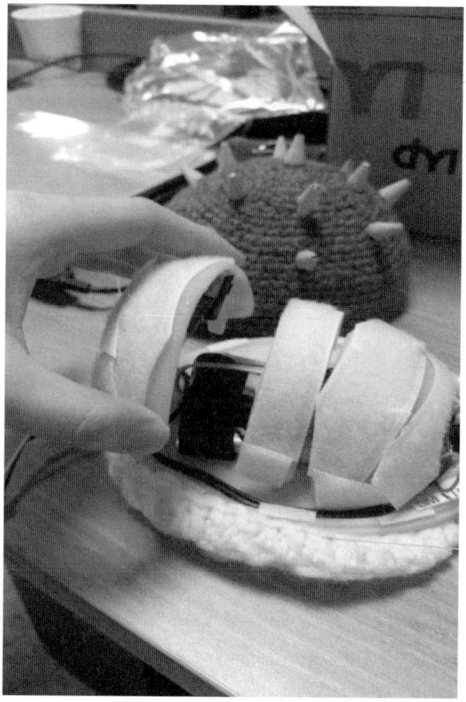

그림 4-16
뜨개질로 마감한 인터랙티브 토이
〈토슴이〉

고 논의한 바 있는데, 디자이너 메이커 제품의 이러한 특성은 피지컬 컴퓨팅 수업 결과물이 보여주는 것과 유사해 보인다.

피지컬 컴퓨팅 수업의 결과 나타난 또 하나의 효과는 만들기 과정의 변화가 일어났다는 점이다. 디자인, 좁게는 산업디자인은 제조와 분리된 설계 단계만 담당한다. 좀 더 확장된 경우도 있기는 하지만 통상 디자인 모크업을 통해 디자인이 결정되면 그 이후의 과정은 연구소나 공장의 개발자와 엔지니어가 담당하며, 디자이너가 직접 개입하지 않는다. 그런데 이 수업의 결과물은 학생들이 스스로 워킹 프로토타입을 만들어야 하므로 제조를 고려해서 설계해야 할 뿐 아니라 직접 완성해야 하며, 그 결과 설계와 제조가 통합되는 양상을 보인다. 또한 전시를 함으로써 '기획-설

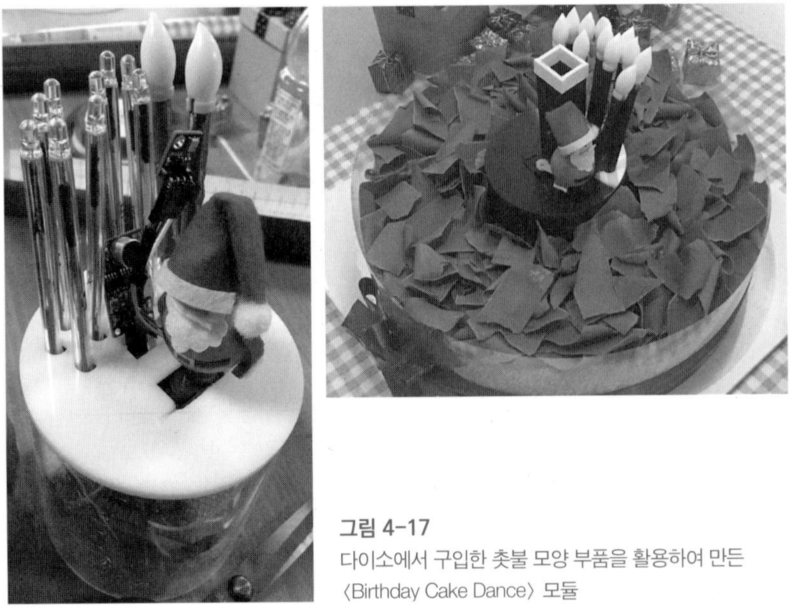

그림 4-17
다이소에서 구입한 촛불 모양 부품을 활용하여 만든 〈Birthday Cake Dance〉 모듈

계-제작-유통 및 사용'에 이르는 모든 과정을 고려하게 된다.

이러한 특성은 3D 프린터의 적극적인 사용과 다양한 재료의 적용에 의해 강화되는데, 그 결과 설계와 제조가 통합된 공예적인 접근, 디자이너가 아닌 '디자이너 메이커'로서의 접근을 시도하며, 장신정신에 주목하게 된다. 이는 4차 산업혁명 시대의 맞춤형 다품종소량생산, 초기 단계의 양산을 커버할 수 있는 3D 프린팅 생산 방식, 디자인 기반 스타트업의 등장과도 관련되는 주제다. 그러나 한 수업에서 제품의 기획에서부터 유통에 이르는 모든 과정을 다루는 것은 어렵기 때문에 넓고 얕은 접근과 관용적인 태도가 요구된다. 냉정하게 보면 이런 수준의 소품이 구매를 불러일으킬지 시장 규모가 충분할지 의심스러운 동시에 저작권이나 안전 문제 등이 해결될지도 우려스럽지만, 제품 개발이 가능하다는 낙관적인 태도와 다음 단계로 나아가는 타협적인 태도가 교수자에게나 학생들에

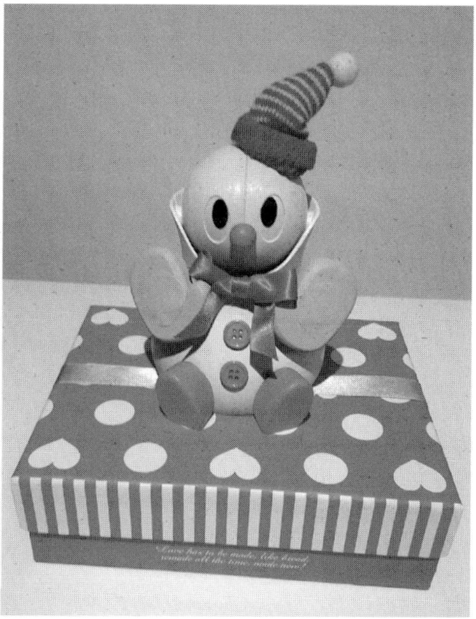

그림 4-18
패키지까지 활용하여 아두이노 부품을 매립한 〈MINIMU〉

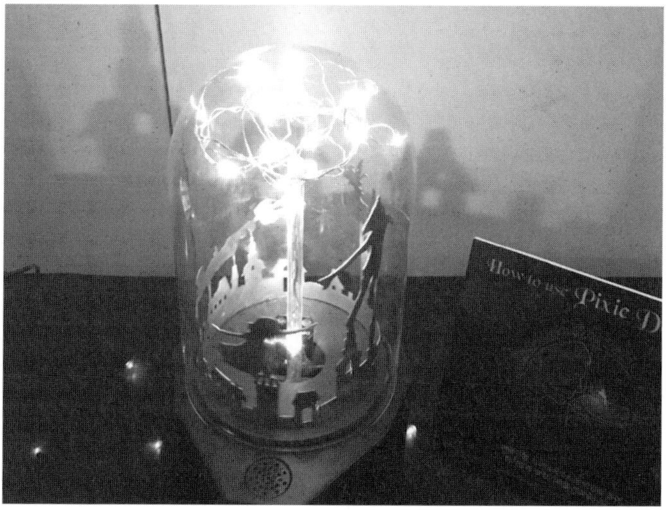

그림 4-19
기성품 유리 케이스와 금속공예과 학생에게 외주를 맡겨 제작한 동판을 조합하여 만든 '피터팬 무드 조명

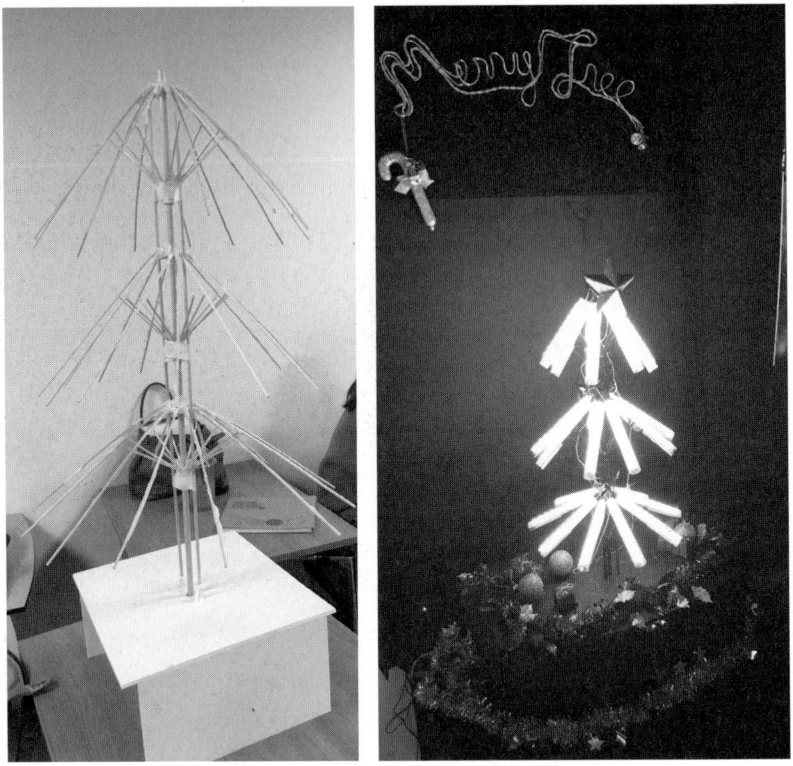

그림 4-20
나무 우산의 프레임을 활용하여 만든 〈Merry Tree〉

게 필요하다. 깊이 접근하지는 못해도 여러 단계를 조금씩이나마 고민해봄으로써 디자인 또는 '만들기'에 대해 많은 것을 배울 수 있다.

또 한 가지 의외의 효과는 문제 해결 능력이 향상된다는 점이다. 그런데 이때의 문제 해결은 사용자를 위한 것이라기보다 제작자 본인을 위한 것이다. 프로그래밍이나 회로 설계에서 막힐 때 '0'에서부터 스스로 코딩하기보다 적합한 오픈소스를 구하는 것도 문제 해결이고, 조그마한 토이의 본체 안에 아두이노 키트, 배터리, 터치 센서, 모터 등이 다 들어가지 않아 패키지까지 활용하여 부품들을 넣도록 한, 일종의 트랙을 쓴 것도

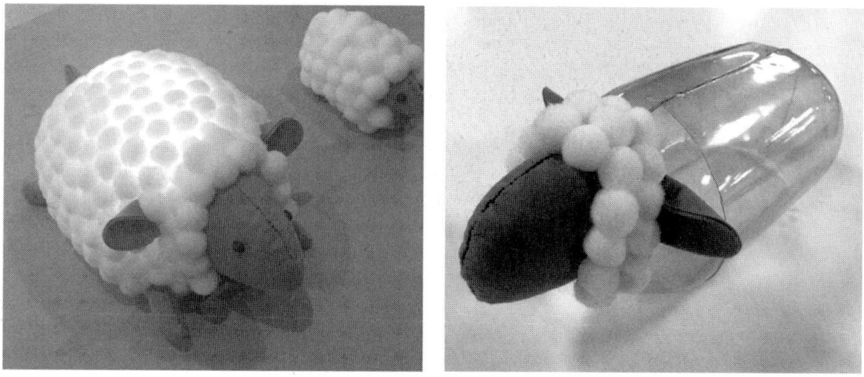

그림 4-21
쓰다듬으면 조명이 켜지는 〈쓰담쓰담 양〉.
솜뭉치를 붙이기 위해 투명 플라스틱 제품 패키지 두 개를 이어 붙여 만든 내부 틀

문제 해결의 일환이다(〈그림 4-18〉). 원하는 부품을 구하고 외형을 만들기 위해 적합한 재질과 형태의 기성품을 사서 부품만 쓰거나(〈그림 4-17〉) 해킹할 것을 교수자인 나도 적극 권장했다. 학생들은 다이소에서 많은 부품을 조달했고, 적당한 형상, 크기, 재질, 색상, 무게의 부품을 '만들지 않고 찾으려고' 주변을 두리번거리곤 했다. 이는 이케아 해킹 디자인, 메이커 문화의 전통인 핵티비즘Hacktivism, 사냥꾼으로서의 디자이너designer as a hunter와 연결된다. 효과가 있다면 끼워 맞춰도 된다고 보는 접근 방식이며, 임시변통이라는 점에서 애드호키즘이기도 하다. 이런 방식의 접근은 전통적인 주류 디자인 교육에서는 시도되지 않았던 변칙적인 흐름인데, 메이커 교육에서는 허용될 뿐만 아니라 자연스럽게 권장하기도 했다.

○●●
메이커 교육의 어려움

그렇다면 피지컬 컴퓨팅 수업은 늘 만족스럽고 성과가 있는 수업일까? 실상은 그렇지 않으며 여러 어려움을 안고 있다.

가장 큰 문제는 디자인학과에서의 피지컬 컴퓨팅이 매우 어려운 수업이라는 점이다.

> 전체 과목을 통틀어 이번 아두이노 프로젝트는 개인적으로 가장 난이도가 높은 과제였다고 생각합니다.
>
> _ 프로젝트 결과 보고서에 적힌 학생들의 리뷰에서

점 하나만 잘못 찍어도 임베딩이 안 되는 코딩은 어려울 수밖에 없고, 수많은 센서나 액추에이터의 특성을 제대로 파악하기도 어렵다. 연결 부품이 조금만 늘어나도 배터리 용량 부하가 발생하거나 제어가 안 되기도 한다. 워킹 프로토타입을 만드는 과정에서 발생하는 각종 어려움도 무시할 수 없다. 3D 프린팅 한 부품이 예상했던 크기와 맞지 않거나, 마감재가 빛을 얼마나 투과할지 얼마나 단단한지 등과 같은 재료의 물성을 파악하기도 어렵고, 한두 번은 작동할 것 같지만 내구성이 너무 약해 불안하다거나 조립한 이후 분해할 일이 생기지만 이에 대비하지 못하는 등 수많은 문제점이 따른다.

상대적으로 물리적 재료를 다루는 프로토타이핑의 문제는 그나마 디자이너들에게 익숙한 문제이며 어렵더라도 시행착오를 거쳐 헤쳐나갈 만한 편이기는 하다. 워킹 프로토타입을 만들면서 고려해야 할 점, 알아야 할 점이 너무 폭넓다는 점도 어려움이다. 수많은 재료에 따른 제작 방법, 구매처, 배송 기간과 가격, 하다못해 중간 완성품의 보관 문제 등 기존의 디자인 수업에서는 생각해 보지 않았던 문제들을 고려하게 된다. 디자인 범위의 확장, 만들기 과정의 변화와 같은 피지컬 컴퓨팅 수업의 성과는 다르게 보면 고스란히 수업의 어려움으로 전환된다. 예측 불가능성도 어려움 중 하나다. 코드가 잘 작동할지, 부품이 부러지지 않을지 등 여러 걱정을 안고 진행해 가기 마련인데, 문제는 이러한 문제가 언제 발생할지 예측하기가 어렵다는 점이다. 워킹 프로토타입을 완성하는 것은 결코 쉽지 않고, 워킹의 성공과 실패에 따른 차이는 극명하다. 워킹이 성공하면 그동안의 모든 시간과 고생을 보상받는 희열을 맛보지만, 실패하면 그동안의 모든 노력이 허사로 느껴지고 좌절을 겪게 된다.

> 팀원들과 함께 아이디어와 의견을 나누며 아두이노 설계와 모크업을 잘 끝냈을 때는 1000만 원짜리 외주를 따낸 것처럼 기뻤습니다.
>
> _ 프로젝트 결과 보고서에 적힌 학생들의 리뷰에서

피지컬 컴퓨팅 수업의 이러한 어려움은 교수와 학생에게 서로 다른 양상으로 나타난다. 교수자 입장에서 피지컬 컴퓨팅 수업은 품이 많이 드는 수업이다. 실습 기자재와 도구를 준비하거나 관리해야 하며, 경우에 따라서는 일일이 점검해야 한다. 피지컬 컴퓨팅을 담당하는 교수들은 조교 충원 및 실습비 지원 등을 해결책으로 요청하고 있다. 또한 피지컬 컴퓨팅은 예측하고 준비하기가 쉽지 않은 수업이다. 특히 마지막에 가까워질수록 강의자로서의 역할이 없어진다. 완성에 급급해 더 바람직한 방향으로 유도하기 어렵고, 팀마다 진행 단계와 이들이 맞닥뜨린 문제가 달라서 일괄적인 스케줄을 제공할 수도 없으므로, 점검과 격려 외에는 할 수 있는 일이 없기 때문이다. 이는 메이커 교육이 지향하는 능동적인 학습자, 일방향적 강의를 최소화하고 학생 스스로가 문제를 해결할 때까지 지켜보거나 보조적으로 도와주는 교사, 촉진자로서의 교사에 가까운 모습이라고 할 수도 있지만, 전통적인 교수자의 역할을 생각해 볼 때 불안하고 무기력한 모습으로 보이기도 한다.

학생 입장에서는 어려움을 극복하면 많은 것을 배울 수 있고 보람도 큰 수업이지만, 실패할 가능성도 안고 가야 하는 수업이다. 일단 허들이 높다. 학생들은 '코딩 무서워', '결국 작동이 안 돼, 망했어', '팀 작업 싫어', '이걸 디자이너가 꼭 해야 돼?'라는 생각이 들 수 있다. 외주를 맡겨서까지 만들었는데 워킹에 실패하면 그 결과는 심각한 좌절감으로 바뀐다. 이런 학생에게 '실패를 통해 배우고, 결과보다 과정이 중요하며, 협업을 통해 성장한다'는 말은 설득력을 얻기 어렵다. 생소한 직능을 배워야 해서 다른 수업보다 훨씬 더 힘든데, 학점마저 노력한 만큼 나오지 않고 팀 작업이 불쾌했다면 학생 입장에서는 ROI Return of Investment가 맞지 않는 수업에 불과하다. 자신의 노력에 대한 직접적이고 정당한 보상, 정확하고 공평한 평가, 잘 정의되고 예측 가능한 수업 설계 등과 같은 요즘 대학생들의 요구에 비춰볼 때, 리스크를 감내해야 하고 실패도 배움의 과정으로 봐야 하며 정답이 아니라 즉흥성을 강조하는 메이커 교육은 선호되기 어려운 측면이 분명히 있다.

이러한 여러 요인 때문에 피지컬 컴퓨팅 수업의 여러 장점과 효과에도 불구하고 진행에 많은 어려움이 따른다. 더욱이 메이커 교육의 원칙을 지향하면서 진행하기는 쉽지 않다. 메이커 교육 확산의 본원지인 미국에서도 메이커 교육을 현행 커리큘럼 안으로 가져오는 것은 쉽지 않은 일이다. 그런 점에서 메이커 교육을 교과 과정이 아닌 비교과 운영 등으로 융통성 있게 적용하는 것도 고려해 볼 만하다. 디자인 교육과 메이커 교육은 공통성이 많으며, 메이커 교육이 디자인 교육에 시사하는 점, 참고할 점도 많다. 그러나 이와 함께 메이커 교육이 추구하는 데 도달하기 위해 고려할 점 또한 많다는 것을 인식해야 한다.

내가 초등학생이던 시절에는 곤충 채집이 여름방학 과제 중 하나였다. 개학일에 학교 앞 문방구에서는 과제를 못 하고 개학을 맞은 학생들을 타깃으로 곤충 채집 과제물을 팔았다. 핀에 꽂혀 있던 사마귀며 메뚜기 같은 곤충이 과제를 하지 않은 학생들의 노력을 대신 증명해 준 것이다. 결과물에 대한 뿌리 깊은 집착과 성과주의를 보여주는 단면인데, 이런 우리의 사고방식은 지금도 신뢰하기 어려운 포트폴리오로 우리 곁에 남아 있다. 결과물보다 과정, 학습자의 능동적인 태도, 실패를 두려워하지 않는 도전정신 등 메이커 교육이 가치를 잃지 않으려면 곤충 채집 과제물을 과감히 버릴 수 있는 용기가 필요할지도 모르겠다.

참고문헌

강인애·김홍순. 2017.「메이커 교육(Maker education)을 통한 메이커 정신(Maker mindset)의 가치 탐색」. ≪한국콘텐츠학회논문지≫, Vol.17, No.10, 250~267쪽.

강인애·윤혜진·황중원. 2017.『메이커 교육: 4차 산업혁명 시대에 다시 만난 구성주의』. 내하출판사.

곽소정·백윤철·권지은. 2019.「메이커스페이스를 위한 서비스 디자인 가이드 라인」. ≪디지털융복합연구≫, 제17권 2호, 389~397쪽.

교육부. 2016.『행복한 교육: 꿈과 끼를 만나는 자유학기제』. 교육부.

김성재·김원섭. 2015.「디자이너를 위한 인터랙티브 프로토타이핑 학습 컨텐츠 개선 방안: 효과적인 아두이노 프로토타이핑 활용을 중심으로」. *Journal of Integrated Design Research*, Vol.14, No.3, 73~86쪽.

김소영·정유진·황연숙. 2016.「메이커스페이스 구성 및 이용실태에 관한 연구」.『한국실내디자인학회 학술대회논문집』, 제18권 1호, 203~206쪽.

김정민. 2016.「디지털 제조 시대의 산업디자인 교육 방향」, ≪디지털디자인학연구≫, 제16권 1호, 21~34쪽.

마르티네즈, 실비아(Sylvia L. Martinez)·개리 스테이저(Gary Stager). 2013. 김상규·송기봉 옮김.『메이커 혁명, 교육을 통합하다』. 홍릉과학출판사.

메이커스쿨. 2018a.「메이커 교육, 현장에서 배우다」.

______. 2018b.「모두를 위한 메이커 교육」.

신현·이광석. 2017.「한국의 메이커 문화 동향에 대한 비판적 고찰」. ≪인문콘텐츠≫, 제45호, 207~231쪽.

앤더슨, 크리스(Chris Anderson). 2013. 윤태경 옮김.『메이커스: 새로운 수요를 만드는 사람들』. 알에이치케이코리아.

오인균·이장우. 2018.「메이커스(Makers)를 위한 크라우드 펀딩 디자인 진단 가이드라인에 관한 연구」. ≪한국과학예술포럼≫, Vol.35, 281~292쪽.

연명흠·이민·허정윤. 2018.『디자인의 이해』. 국민대학교 출판부.

이광석 외. 2018.『사물에 수작 부리기』. 안그라픽스.

이승민. 2017.「제4차 산업혁명 시대, 국내외 메이커스페이스 동향」. ≪NIPA이슈리포트 2017≫, 제25호.

정성모. 2016.「디자이너 메이커 제품의 조형적 특성 연구」. ≪기초조형학연구≫, 제17권 3호, 513~524쪽.

조경미. 2017.「미국학교에서의 메이커 교육 프로그램 운영사례」. ≪교육정책포럼≫, 290권, 33~38쪽.

최재규. 2014.「국내외 메이커 운동 사례조사 및 국내메이커 문화 활성화 방안 정책 연구」. 한국과학창의재단.

최혁규. 2017.「메이커 문화를 둘러싼 담론적 지형: 메이커 운동(maker movement)에 대한 비판적 담론 분석」. ≪한국언론정보학보≫, Vol.82, No.2, 73~103쪽.

한국 메이커교육실천. 2015.「유스 메이커스페이스 플레이북(Youth Makerspace Playbook)」.

해치, 마크(Mark Hatch). 2014. 정향 옮김,『메이커 운동 선언』. 한빛미디어.

현혜정·김경훈.「오픈소스 하드웨어와 디자인을 융합한 체험교육프로그램 개발 및 활용방안」, ≪한국과학예술융합학회≫, Vol.14, 527~537쪽.

https://cafe.naver.com/mandlehq.

https://facebook.com/networkformaker.

https://facebook.com/Rootpikorea.

https://makeall.com.

https://makerscollege.co.kr.

https://makerteachers.wordpress.com.

https://makewith.co.

https://momjobgo.com.

https://rootpi.school.

CHAPTER 5

메이커 운동과 3D 프린팅 교육

|구상권|

나는 3D 프린팅용 디자인 파일의 공유/판매 플랫폼인 팹365(FAB365)를 운영하고 있다. 3D 그래픽을 사용하는 제품디자인 및 영상 분야에서 20여 년간 활동해 온 나의 경력 때문에 나는 자연스럽게 3D 프린팅 분야에 발을 들여놓았다. 그동안의 경험으로 볼 때 3D 프린터는 내가 가상공간에서 만들었던 대상을 손쉽게 실체화해 주리라 기대되어 아주 매력적인 기술로 여겨졌다. 그러던 중 이 분야에 관심이 있던 어느 사업가의 강력한 권유로 함께 사업을 시작했다.

제조 분야보다는 디자인 분야에서 활동했던 나는 3D 프린팅 디자인에 관심이 쏠렸고, 디자이너의 새로운 활동 분야라고 생각해 이를 활성화할 3D 프린팅 디자인 파일 공유 플랫폼을 기획했다. 하지만 3D 프린터를 실제로 접해보니 이제 시작 단계로서 장점보다는 단점이 많은, 연구소에나 있을 법한 장비로 보였다. 언론에서 보도하는 것처럼 무엇이든 뚝딱 만들어낼 것 같았던 3D 프린터는 새로운 시각으로 접근해야 하는, 기존의 것들과는 다른 도구였다. 3D 프린팅에 대한 새로운 시각을 갖추지 않은 채 기존의 시각으로 3D 프린팅 사업을 하려니 당연히 잘될 리가 없었다. 처음 기획한 3D 프린팅 공유 플랫폼은 안타깝게도 완전히 실패했다. 실패 원인을 분석해 보면, 플랫폼을 기획할 때 미디어와 전문가의 말을 너무 맹신했다는 생각이 든다.

결국 첫 번째 사업을 정리하고 3D 프린팅으로 두 번째 사업을 시작할 때는 이전의 실패를 거울삼아 언론이나 미디어를 참고하기보다는 전문 서적들을 탐독했고, 경험이 많은 사용자들과 소통하는 데 노력을 기울였다. 그리고 무엇보다도 직접 사용해 보는 데 많은 시간을 들여 경험을 바탕으로 3D 프린팅의 본질을 찾기로 했다. 이러한 활동은 3D 프린팅에 대한 새로운 시각을 가져다주었고, 완전히 다른 방식으로 현재의 3D 프린팅용 디자인 파일 공유/판매 플랫폼을 기획했다. 이 플랫폼 사업은 현재 점점 성장 중이며 특히 해외에서 인지도가 높다. 이 글에서는 이러한 나의 경험을 바탕으로 메이커 운동과 3D 프린팅에 관해 이야기해 보려고 한다.

3D 프린팅의 의미

제품디자이너가 디자인한 것들(스케치, 모크업 등) 대부분은 실체화되는 경우가 매우 드물다. 실체화되더라도 많은 자본과 시간을 들여야만 가능하다. 요즘은, 이렇게 큰 자본을 들여서 수많은 스케치와 모크업의 부산물들을 통해서야 완성되고 시장에서 판매할 수 있는 제품이 아니더라도 자신의 디자인을 직접 제작해 세상에 선보일 수 있는 환경이 되었다. 특히 3D 프린터는 책상 위에 올려놓을 수 있는 크기로 부피가 작아졌고, 3D 소프트웨어를 다룰 줄만 알면 많은 지식이나 기술이 없어도 정교한 제품을 만들 수 있다. 큰 자본이 없어도 기술만 있다면 사용성이나 심미성을 갖춘 제품을 생산할 수 있는 것이다. 이를 두고 "'제조의 민주화 시대'가 되었다"라고 말하는 이들도 있다. 많은 사람들이 소자본으로 제조업을 창업할 수 있으니 말이다. 하지만 창업을 한다고 해서 모두가 잘되기 어려운 것은 어느 업종이나 마찬가지다. 좀 더 본질에 접근해야만 사업 성공에 가까워질 수 있다.

3D 프린팅의 본질을 파악하기 위해서는 지식과 경험을 바탕으로 여러 조건을 지속적으로 바꿔서 검증해 나가야 했다. 그리고 마지막에는 다양

한 조건 변화(출력 온도, 출력 속도, 출력 해상도, 소재의 제조사, 프린터 방식, 입체의 형상 등)에 따른 결과들 속에서 질서를 발견하려고 했다. 다행히 우리 세대는 스스로 경험을 축적하면서 규칙과 질서를 찾는 태도를 꽤 오래전부터 지니고 있었다. 왜냐하면 우리 세대는 디지털에 매료되었기 때문이다. 디지털을 불편하게 여겼던 이전 세대 분들은 절충적으로 디지로그Digilog라는 이것도 저것도 아닌 것을 만들어 디지털을 수용하는 듯한 태도를 보이기는 했으나 근본적으로 디지털을 흔쾌히 받아들이는 데 소극적이었다. 그렇기 때문에 우리는 이전 세대의 도움 없이 우리를 매료시킨 디지털을 스스로 배워야 했고, 이러한 경험이 3D 프린팅의 본질을 파악하고자 했던 과정에 많은 도움이 되었다. 이를 통해 축적된 경험을 바탕으로 3D 프린팅에 성과를 내기 시작할 즈음, 이 3D 프린터라는 도구의 실체가 조금씩 보이기 시작했다. 내가 깨달은 3D 프린팅의 문제점은 나를 비롯한 3D 프린터 사용자들의 무지가 가장 큰 원인이었고, 3D 프린팅에 부적합한 작업을 3D 프린터가 출력하도록 함으로써 발생했던 문제였다.

3D 프린팅이 실패하는 문제의 본질

앞선 과정에서 경험을 통해 깨달은 것들 가운데 3D 프린팅에서 많이 발생하는 문제의 본질은 3D 프린팅에 적합하지 않은 환경이었다. 즉 3D 프린팅을 효율적으로 활용하려면 우리의 주변 환경이 달라져야만 했다. 예를 들면 3D 프린팅의 소재로 ABS를 많이 사용하는데, ABS는 출력 도중 수축이 심한 것이 실패의 주된 원인 중 하나였다. ABS의 또 다른 문제

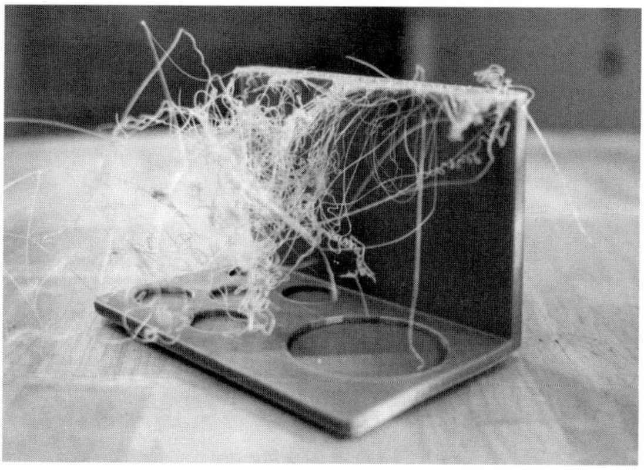

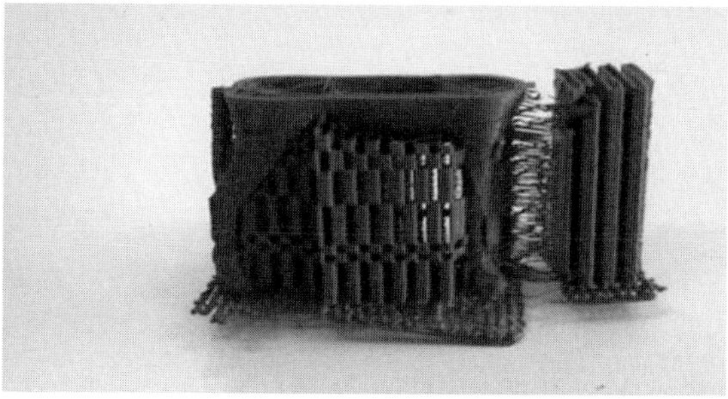

그림 5-1
프린팅의 실패 사례들.
실패의 주된 이유는 3D 프린팅에 적합하지 않은 형태를 출력하고자 하는 것이다.
자료: [위] https://www.3dprinterreviewsite.com/top-10-3d-printing-tricks-must-know/
[아래] https://gizmodo.com/11-spectacular-3d-printer-failures-511092085

점은 출력 과정에서 유해한 물질이 많이 배출된다는 것이다. 이렇게 문제가 많은데도 ABS를 고집하는 경우가 있는데, 그 이유는 기존의 가공 방식이나 도구 및 장비들이 대부분 ABS에 맞춰져 있기 때문이다. 하지만 이를 대체하는 소재로 PLA를 사용하면 3D 프린팅 과정상의 문제점들이 크게 줄어들어 출력 실패율이 현저히 떨어진다. 다만 PLA는 기존의 공구로는 후가공을 하기 어려운데 최근에는 적합한 도구들을 많이 찾아내어 PLA를 후가공하기에 점점 좋은 환경이 되어가고 있다.

3D 프린팅에 적합하지 않은 환경 요인 중 하나로서 사람들의 인식 또한 포함된다. 3D 프린팅은 만능이 아니고 또 하나의 새로운 제조 방식이며 장단점이 모두 있다. 장점을 잘 이용하면 활용성이 매우 높으나 단점이 부각되는 요구를 하면 의미 없는 기술이 될지도 모른다는 것이다. 단점을 부각시키는 가장 무리한 요구가 바로 '형상'이다.

지금 우리 주변을 둘러싼 사물들의 형상은 대량생산 방식에 적절하도록 맞춰진 것이다. 대량생산 방식에 적합하게끔 모색되어 온 형상은 3D 프린팅에는 적합하지 않은 경우가 많다. 따라서 지금까지 디자인에서 최고의 가치로 여기던 형상은 완전히 잊어버리고 새롭게 처음부터 다시 형상에 대해 생각해야만 3D 프린팅을 효율적으로 활용할 수 있다. 이는 디자이너로서 매우 흥분되는 지점이었다.

3D 프린팅의 장점과 단점

수많은 시행착오를 거치면서 나는 이전에 3D 프린팅에 대해 생각하지 못한 장점이 있다는 것을 알게 되었다. 우선 첫 번째로 조립하지 않고 가동할 수 있는 구조를 만들 수 있다는 점이다. 쉽게 말하면 회전하는 결합 구조체, 즉 경첩hinge을 조립하지 않고 만들 수 있음을 뜻한다.

두 번째, 공극이 많거나 요철이 심한 형상을 사용할 수 있다는 것이었다. 지금까지는 제품의 형태에서 공극이나 요철이 많으면 제품 무게가 가벼워졌다. 다만 기존의 깎는 방식subtractive manufacturing(절삭가공)은 구멍을 많이 뚫거나 깊은 요철을 만들 때 공정이 길어져 많은 비용이 들어갔다. 따라서 이런 형상은 고가의 제품에만 사용할 수 있었다. 하지만

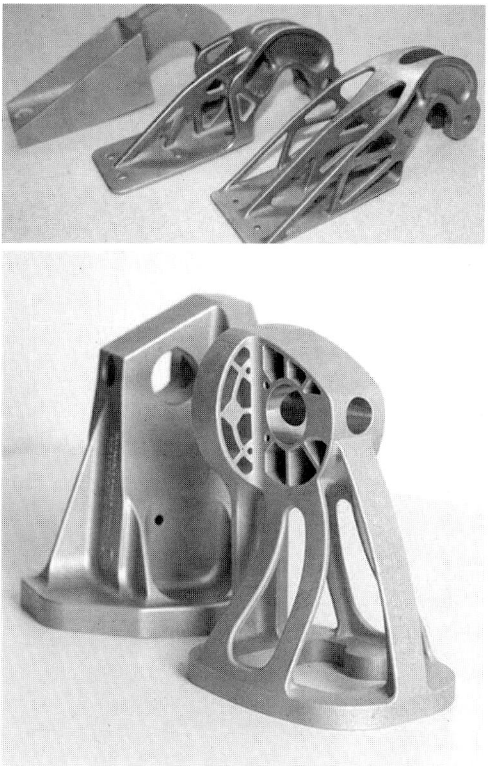

그림 5-2
대량생산(깎는 방식)에서 유리한 형태와 3D 프린팅(적층 방식)에서 유리한 방식의 비교

자료: [위] https://www.engadget.com/2013/10/15/european-space-agency-3d-printing-metal/?guccounter=1&guce_referrer=aHR0cHM6Ly93d3cuZ29vZ2xlLmNvbS8&guce_referrer_sig=AQAAAAt7R-I_Nz_-QYZOzbHMbR9hTcaX0l-le2reV7MYUlvMtT7p-S2r9TAv2HZsYB8aw4URpl85UWKZrl1FtaCmgm4bXHhm0Qh6jGlDLppMCadyOXve68-rEjQ26mK81E6utrxS-vKFPRGtH9NaAQeCRo9Xl19fF3JCPgR17TgaVfqa
[아래] https://www.designnews.com/design-hardware-software/astm-proposes-new-standards-metal-3d-printing/86611949532540

3D 프린팅에서는 소재가 덜 들고 노즐 이동 속도가 빨라져 오히려 비용이 줄어드는 결과를 가져왔다(〈그림 5-2〉).

세 번째, 금형으로 제작이 불가능했던 형태를 상대적으로 쉽게 만들 수 있다는 것이었다. 이는 대량생산 방식에서는 불가능한 형태를 제작할

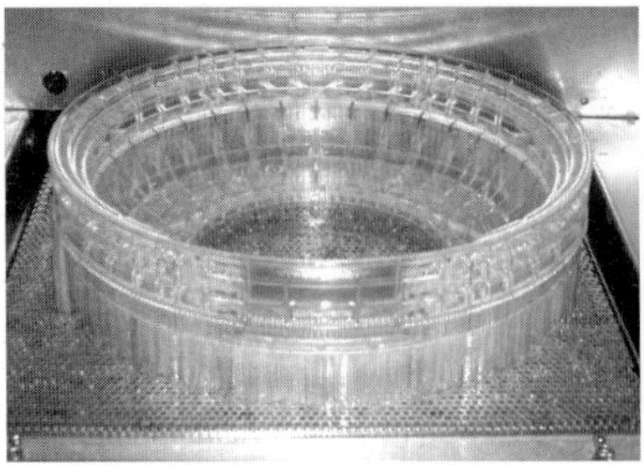
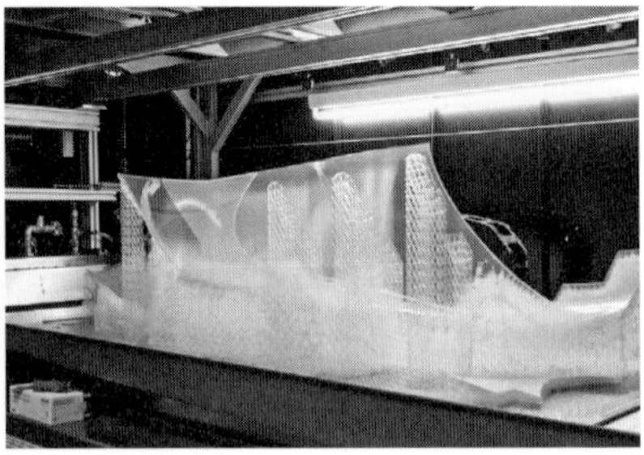

그림 5-3
DLP 방식의 서포트 유형

자료: [위] https://www.3dhubs.com/knowledge-base/industrial-sladlp-vs-desktop-sladlp/
[아래] http://www.swweek.kr/um/um03/um0301/um030104/um030104View.do?postId=27012&cpage=3

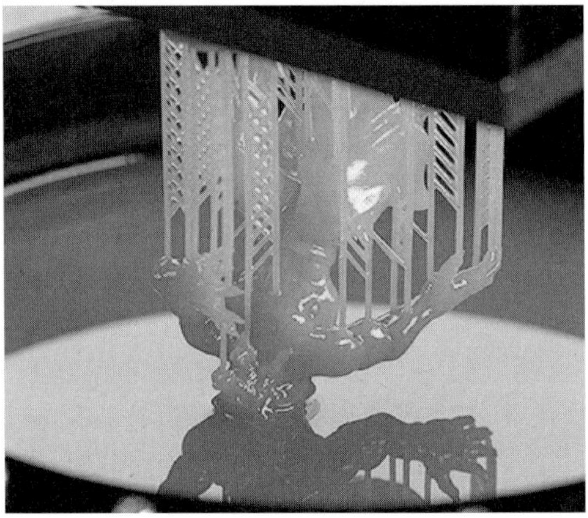

그림 5-4
SLA 방식의 서포트 유형

자료:
http://www.swweek.kr/um/um03/um0301/um030104/um030104View.do?postId=27012&cpage=3

수 있으며 기존의 디자인 조형에서 금기하는 것을 자유롭게 구현할 수 있음을 의미하는 것이었다.

물론 단점도 많다. 첫 번째 단점은 대부분의 경우 안정적인 3D 프린팅을 위해 서포트라는 구조물과 함께 출력해야 하고 이를 제거한 뒤에는 시각적으로 거슬리는 흔적이 남는다는 것이다(〈그림 5-3〉, 〈그림 5-4〉, 〈그림 5-5〉 참조). 물론 서포트 출력에 수용성 소재를 사용해 물에 녹여 흔적을 남기지 않을 수 있지만, 근본적으로 서포트는 시간이나 소재 등의 자

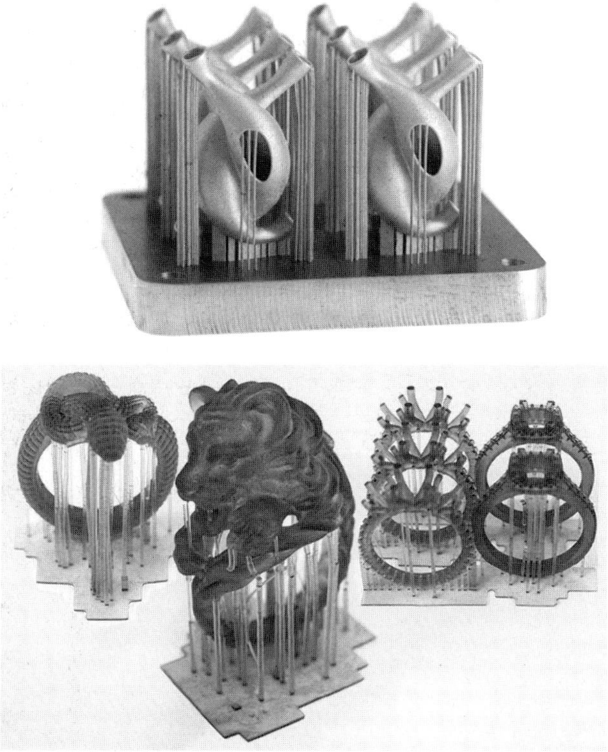

그림 5-5
금속 프린터의 서포트 유형

자료: [위] https://resources.renishaw.com/gen/details/aorta-pendant-on-build-plate--79774
[아래] https://www.3ding.in/3dprinters/projet-1200

원을 소모한 후 결국 잘라내야 하는 낭비적인 요소다. 하지만 특정 조형 조건을 지키면 서포트 없이도 출력할 수 있기 때문에 디자인으로 극복이 가능하다.

두 번째 단점은 층이 쌓인 흔적들이다(〈그림 5-6〉 참조). 특히 3D 프린팅을 처음 접한 디자이너들이 이러한 적층 흔적에 대해 상당히 심한 거부감을 갖게 되어 3D 프린팅에 적지 않게 실망감을 느낀다. 물론 고가의

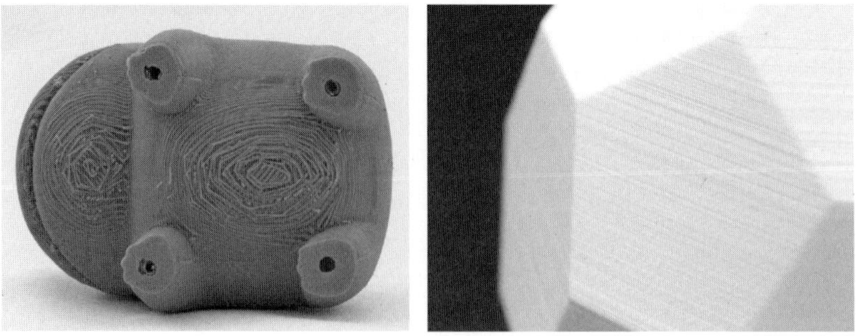

그림 5-6

3D 프린터로 출력한 결과물에서 보이는 적층 흔적들

자료: [위] https://www.simplify3d.com/support/print-quality-troubleshooting/poor-surface-above-supports/
[아래] https://www.createeducation.com/wp-content/uploads/2016/04/materials-layers.jpg

프린터에서 출력했을 때는 이 층이 거의 보이지 않지만, 고가의 장비는 지나치게 높은 비용 때문에 실용성이 없다.

그리고 세 번째 단점은 출력 시간이 오래 걸린다는 것이다. 이 단점은 한시적인 것으로 생각되며, 기술의 발달로 곧 해결될 것이라 기대되기 때문에 그리 큰 단점이라고 생각하지 않는다.

이상과 같이 장단점을 바탕으로 3D 프린팅만이 가진 고유의 특성이 무엇인지를 찾아 규칙 혹은 요소로 정리해 보았다. 다음으로 이를 적용한 다양한 시도를 통해 3D 프린팅만이 가장 효율적으로 구현할 수 있는 조형을 찾아보고자 한다.

새로운 3D 프린팅 디자인의 연구

3D 프린터를 처음 구매했을 때 샘플로 들어 있는 데이터 중에는 서포

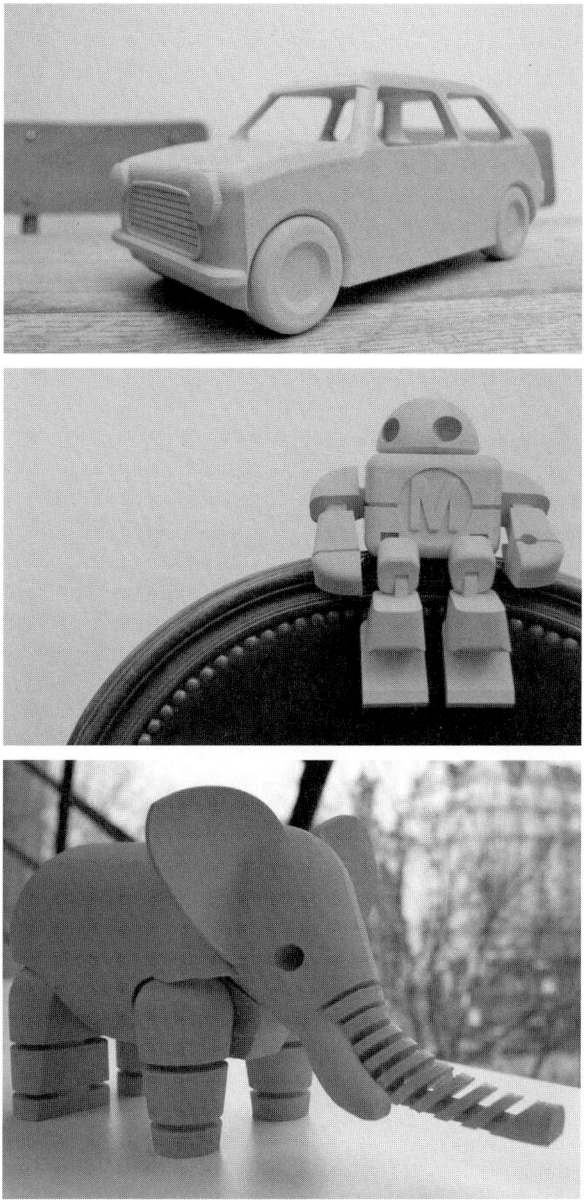

그림 5-7

르팹숍(Le fabshop)의 사례. 조립하지 않고 움직일 수 있는 독특한 구조들을 갖고 있다.

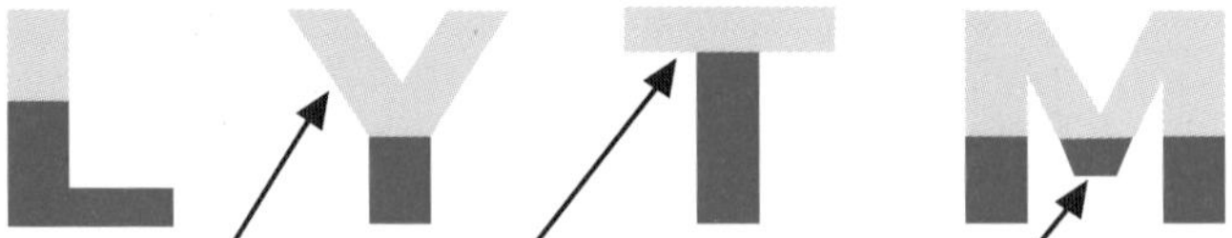

그림 5-8
Overhangs and Orphan Parts overhang은 돌출되는 부분을 가리키며 Y 자 형태처럼 대각선으로 돌출되면 서포트가 없이 프린팅이 가능하지만, 이 각도가 점점 누워서 T 자처럼 수평이 되면 서포트가 있어야 이 형태대로 출력이 가능하다. 또한 M 자의 가운데 부분처럼 중간에 떠 있는 Orphan 부분 또한 서포트가 필요하다.

트가 없어도 출력이 가능한 형태들이 있는데, 어떤 원리로 그것이 가능한지 매우 궁금했다(〈그림 5-7〉 참조).

3D 프린팅 기술과 미래를 다룬 크리스토퍼 바넷Christopher Barnatt의 저서『3D 프린팅: 더 넥스트 레볼루션3D PRINTING-The Next Revolution』에 이것에 대한 힌트가 있었고, 다양한 출력물을 실험해 보면서 서포트 없이 출력이 가능한 디자인을 찾을 수 있었다. 그 디자인은 바로 수평면은 지양하고 적당한 기울기를 넘지 않도록 하는 것이었다. 이 규칙에 따라 형상을 디자인하면 서포트 없이도 출력이 가능해진다.

이 힌트를 참고해 가장 쉽게 도전해 볼 수 있는 구조가 세로축으로 움직이는 경첩이었다. 시범 삼아 작은 형상으로 개발했는데 무척 성공적이었다. 이 구조를 첫 번째로 도장 케이스에 적용했고, 두 번째로는 냉장고 미니어처에 적용했다. 같은 구조이지만 열리는 각도에 따라 회전 중심을 다르게 하고, 그에 따라 섬세한 조정이 필요했다. 도장 케이스의 경우 그 구조가 바깥으로 완전히 노출되어 있고, 냉장고는 안쪽에 자리 잡은 형태다. 최근에는 관 모양의 케이스에 적용했는데 관 뚜껑이 열리는 각도에 최적화하려면 회전축이 도장 케이스와 냉장고 축 사이 위치에 자리 잡는

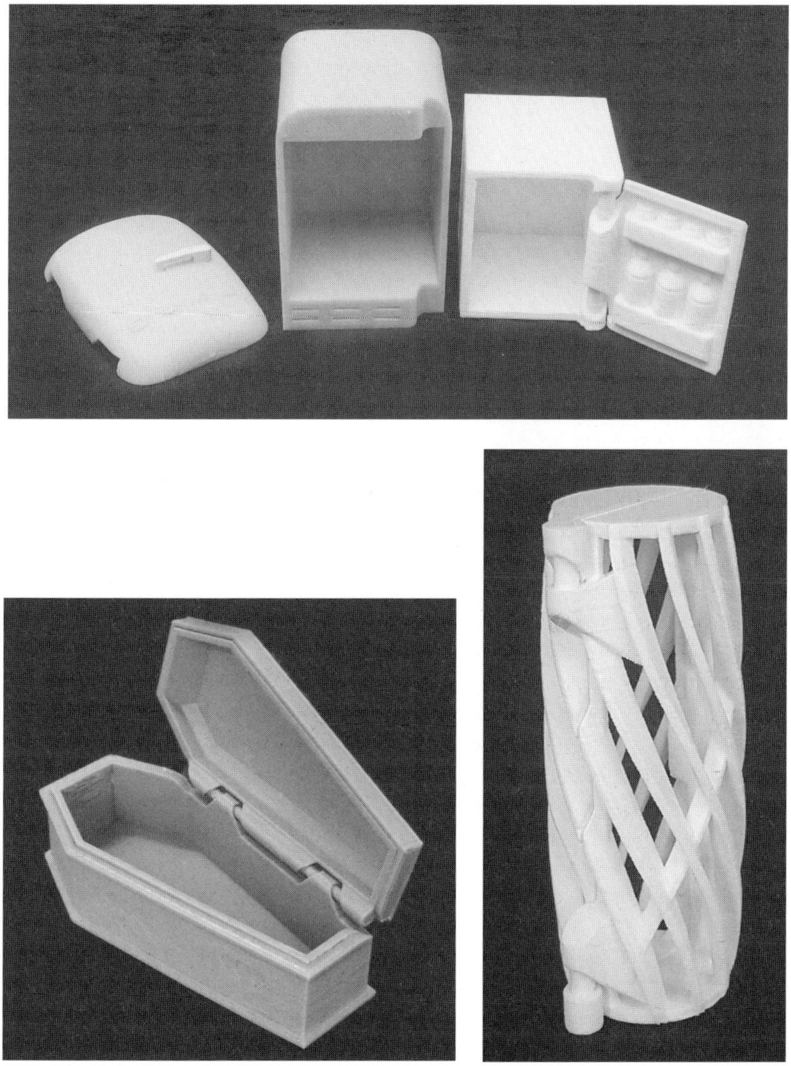

그림 5-9
서포트가 필요 없는 구조를 활용하여 디자인한, 조립이 필요 없는 힌지 구조의 제품들

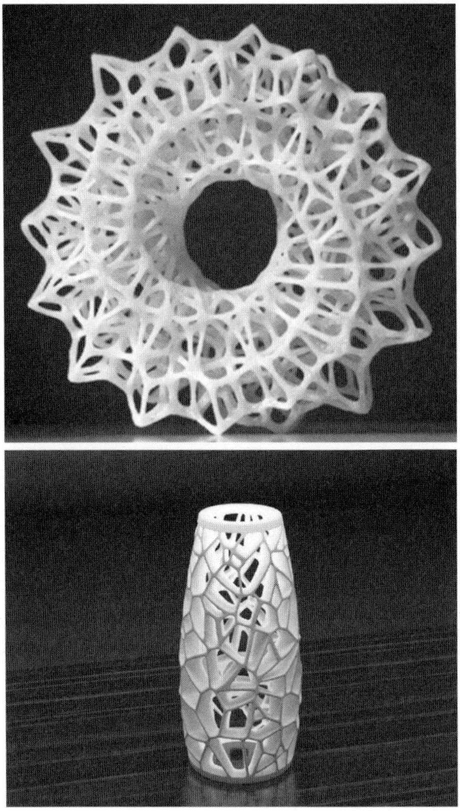

그림 5-10
금형 생산이 불가능하나 3D 프린터로 출력 가능한 형태의 사례

자료: [위] https://www.esa.int/Enabling_Support/Space_Engineering_Technology/CDF/CDF_Studies_Implications_of_Advanced_Manufacturing
[아래] https://www.thingiverse.com/thing:674317

구조가 되어야 했다. 이처럼 조립하지 않는 힌지는 세 가지 형식으로 개발되어 이제는 어떠한 제품에도 적용할 수 있게 되었다(〈그림 5-9〉).

3D 프린팅 제품 중에서 보로노이 패턴을[1] 활용한 형태가 상당히 많다는 것을 목격할 수 있다(〈그림 5-10〉). 그 이유는 메시믹서Meshmixer라는

1 수학의 기법을 활용한 패턴. 정확한 용어는 보로노이 다이어그램(Voronoi diagram)으로 평면을 특정 점까지의 거리가 가장 가까운 점의 집합으로 분할한 패턴이다. 잠자리의 날개나 기린의 무늬와 유사한 패턴을 보여준다.

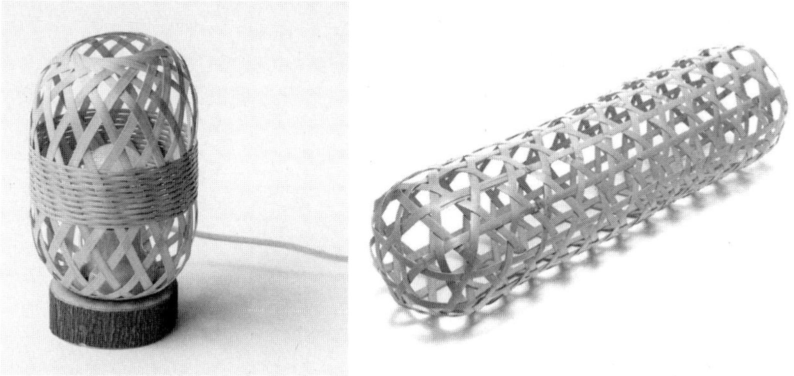

그림 5-11
대나무 공예의 사례

자료: [위] http://soseng.co.kr/_prozn/_system/shop/view.php?gid=14564508637550
[아래] https://infomadera.net/uploads/articulos/archivo_5769_2792631.pdf

무료 소프트웨어를 사용해 초보자도 쉽게 만들 수 있기도 하지만, 무엇보다도 기존의 절삭가공 방식으로는 제작하기 무척 힘들기 때문일 것이다. 공극을 활용할 수 있다는 것은 3D 프린팅만의 장점이며, 이를 활용한 새로운 조형을 탐색하기 위해 공극이 많은 기존 형태를 모방하는 것부터 시작했다. 그중에서 대나무 공예는 이런 특징을 표현하기에 적합한 형태를 이미 가지고 있었다(〈그림 5-11〉). 이 대나무 공예품의 형태를 시작으로 독특한 프레임 구조를 가진 형태 유형을 탄생시켰고, 이를 확인하기 위해 다양한 제품에 적용해 보았다(〈그림 5-12〉).

우리는 지금까지 디자인 작업을 하면서 금형 생산이 가능하도록 형상을 디자인해 왔다. 금형 생산이 불가능하도록 형상을 제작한 경험은 없었기 때문에 이 형상 연구는 낯설고 흥미로운 과제였다. 앞서 언급한 프레임 구조는 생산용 틀을 지속적으로 재사용하는 금형을 이용한 방식이 거의 불가능하지만 틀을 1회만 사용하고 폐기하는 주물 제작 방식은 어

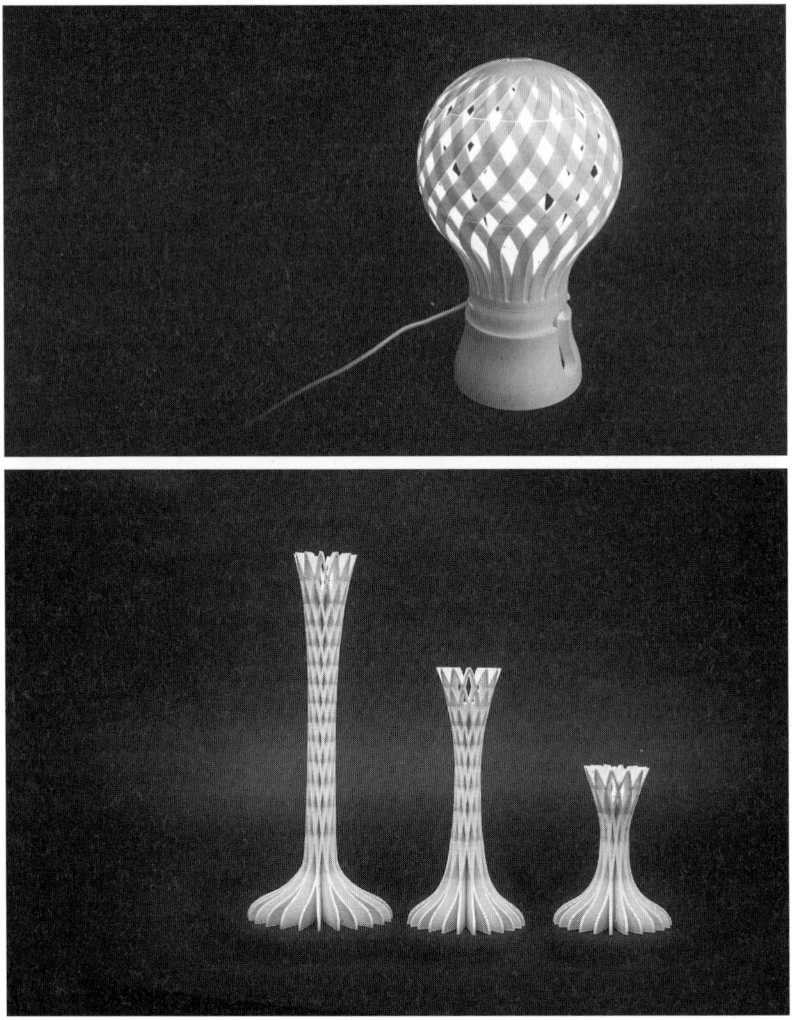

그림 5-12

대나무 공예의 형태에서 힌트를 얻은, 깊은 요철을 활용한 디자인

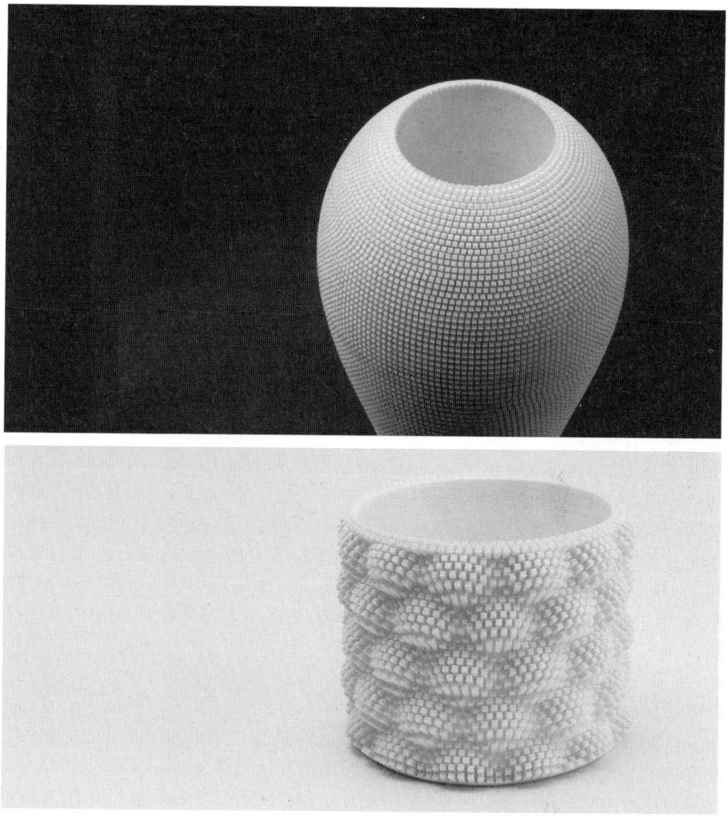

그림 5-13
금형 제작이 불가능하도록 디자인한 큐브 패턴

느 정도 가능하다. 금형을 이용한 대량생산은 불가능하더라도 주물 제작이 가능하다면 아직까지는 대량생산의 여지가 있는 것이고, 3D 프린팅 고유의 디자인이라고 보기 어려운 면이 있다고 판단했다. 따라서 금형뿐만 아니라 주물 생산까지 불가능하게 하는 것이 3D 프린팅 고유의 디자인이라는 생각이 들었다.

이를 위해서는 좀 더 다른 형상을 구상해야 했는데, 구성 요소들이 나타내는 형상의 방향이 최대한 다양해야 하고 요철의 높낮이 또한 매우

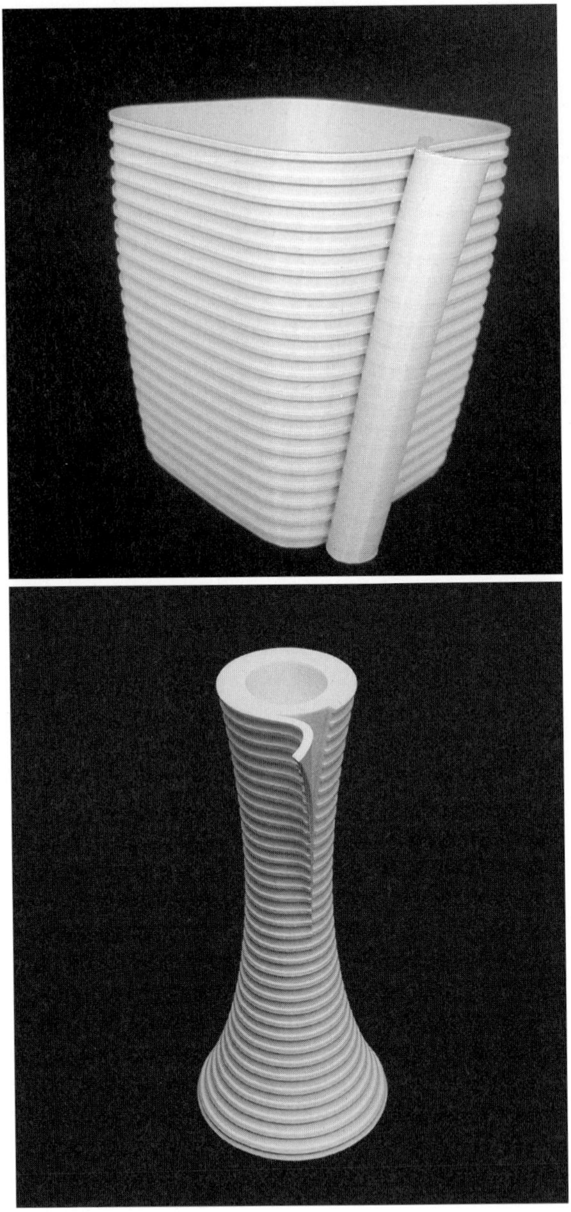

그림 5-14
적층 흔적을 상쇄하기 위한 입체 패턴

급격하면서 깊어야만 했다. 그리하여 제작한 것이 플로 큐브Flow Cube 패턴이다(〈그림 5-13〉). 대부분의 3D 프린터가 출력할 수 있는 가장 작은 큐브의 크기가 어느 정도인지를 찾고, 출력 도중 서로 달라붙지 않아 각각의 큐브가 잘 보이는 최소한의 간격을 알아낸 후 이 패턴을 완성하게 되었다. 이렇게 완성한 패턴은 금형에 의한 생산도, 주물에 의한 생산도 불가능한데, 그 이유는 큐브들의 사이가 너무 좁고 깊어서 주형을 만들기 어렵고, 설사 주형을 만들더라도 소재를 녹여 매우 많은 수의 작고 깊은 틈 사이로 모두 흘러 들어가게 하여 큐브 형상을 만드는 것이 거의 불가능하기 때문이다. 이러한 강한 패턴은 3D 프린팅의 단점인 적층의 흔적을 시각적으로 약화시키는 효과가 있다. 우리는 이를 이용해 강한 입체 패턴을 디자인하기도 했다.

'접을 수 있는foldable' 디자인 시리즈도 이러한 연구를 바탕으로 탄생한 것이다(〈그림 5-15〉). 접는 디자인 시리즈는 3D 프린팅의 장점은 살리면서도 단점은 줄이려는 목적을 현재까지 가장 잘 달성하고 있다. 서포트를 사용하지 않고 단 한 번만 출력한 후 접으면 형태가 완성되고, 여러 부분을 움직일 수 있다. 그리고 표면에 다양한 장식을 넣어 재료가 쌓인 층의 흔적을 약하게 할 수 있다. 이 디자인 시리즈는 내가 운영하는 3D 프린팅 콘텐츠 마켓인 팹365Fab365.net에서 전 세계로 팔리는 콘텐츠다. 한국보다 해외에서 큰 인기를 얻고 있는 이 디자인 시리즈는 3D 프린팅 콘텐츠 마켓으로 수익을 얻을 수 있음을 증명한 사례이기도 하다. 과거에는 양철 로봇 장난감의 디자인에서 영감을 얻어 주로 인간형 로봇 장난감을 디자인했으나, 이제는 좀 더 다양한 형태로 디자인하고 있다(〈그림 5-16〉 참조).

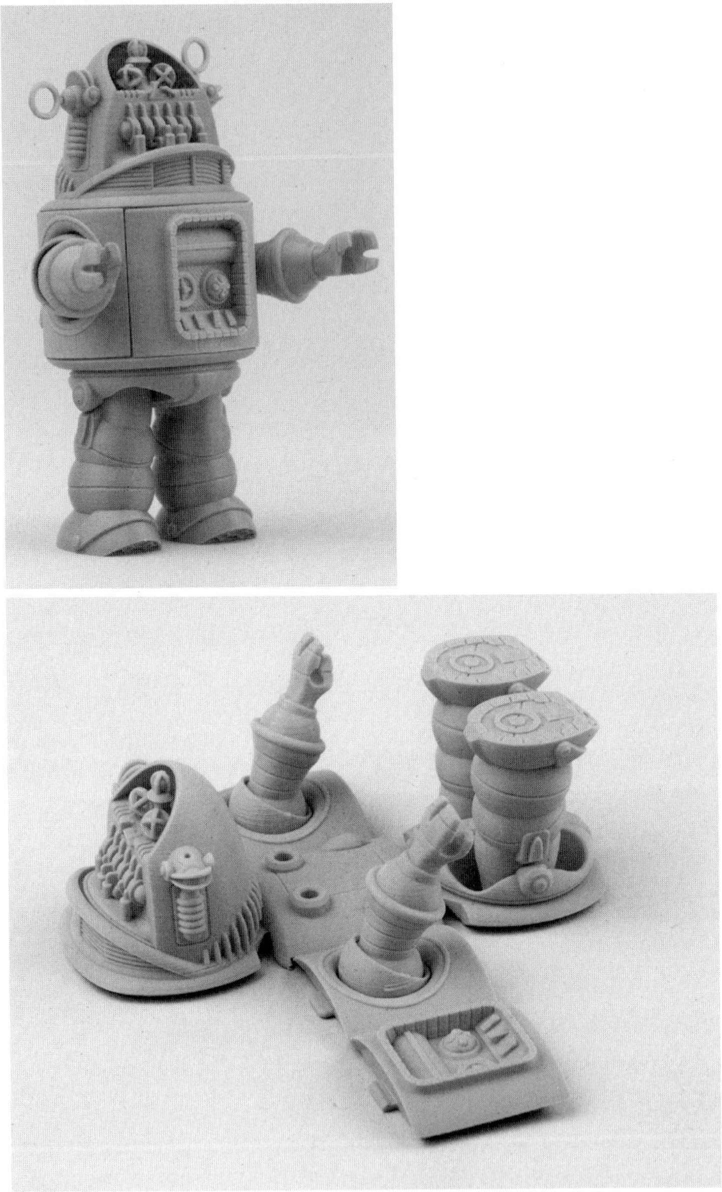

그림 5-15

FAB365에서 판매되고 있는 〈접는 로봇(Foldable Robot)〉 시리즈

자료: https://fab365.net/items/112

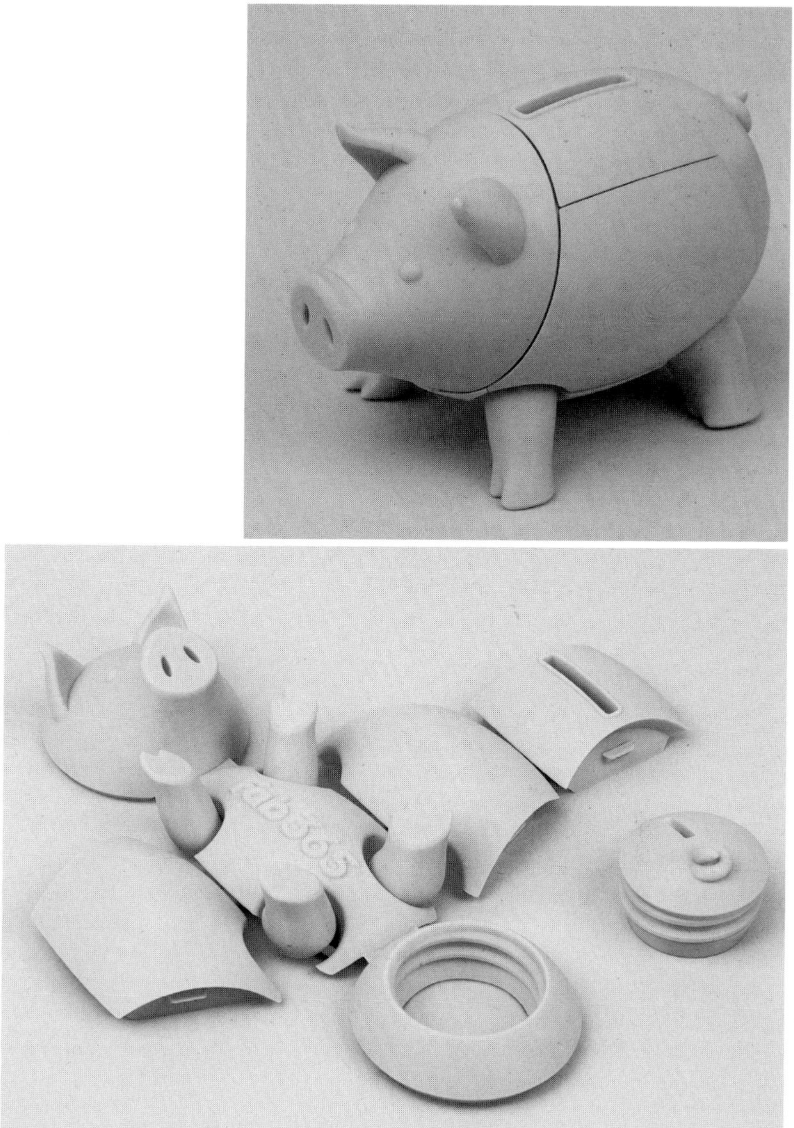

그림 5-16
〈접는 로봇〉을 발전시켜 동물 모양으로 만든 〈접는 돼지 저금통(Foldable Piggy Bank)〉

자료: https://fab365.net/items/141

디자이너의 삶을 변화시키는 3D 프린팅 콘텐츠 사업

나는 요즘 디자이너로서 과거와는 다른 완전히 새로운 경험을 하고 있다. 비록 큰 액수는 아니더라도 일하지 않는 시간에 수익이 발생하고 있다. 내가 디자인한 3D 프린팅용 디자인이 해외에서 판매되고 그 판매 대금이 통장에 들어오고 있는 것이다. 마치 저작권 수입을 얻는 유명 가수나 소설가가 된 기분이다. 나에게 이것은 어디까지나 3D 프린팅이라는 기술이 열어준 새로운 삶이다.

지금까지 대부분의 디자이너들은 노동의 대가를 받으며 삶을 영위해 왔다. 즉 지속적인 작업을 해야만 그에 해당하는 지속적인 대가를 얻을 수 있는 것이다. 하지만 창작을 하는 직업 중에는 그렇지 않은 직업도 많다. 영화감독, 작곡가, 소설가 등 대중에게 꾸준히 사랑받는 작품을 만든 경우 창작 활동이 끝난 뒤에도 지속적으로 수익이 들어온다. 그렇기 때문에 이 분야들에서 활동하는 일부 인기 있는 창작자들은 꾸준한 수익을 보장받을 수 있다. 반면에 같은 창작 분야라도 디자이너들은 그렇지 않다. 디자이너의 창작물이 소비자에게 전달되기 위해서는 물질화하는 과정을 거쳐야 하고 거대 자본이 필요하기 마련이다. 이 거대 자본은 수익을 증가시키기 위해 디자이너의 역할을 축소해 왔다. 이 때문에 다른 창작자에 비해 디자이너의 수익 구조가 상대적으로 불리했던 것이다. 하지만 3D 프린팅은 작은 자본으로도 소비자에게 전달할 수 있는 정교한 물건을 만들 수 있고, 더 나아가 물질화하지 않은 콘텐츠를 소비자에게 판매할 수 있는 길을 열었다. 이것은 제조 민주화의 가능성이 높아졌음을 의미하기도 한다.

기존에 3D 프린팅 콘텐츠 마켓이 존재하기는 했지만 무료 공유 시스템으로 먼저 자리 잡았기 때문에 유료 마켓은 불가능해 보인다는 의견이 지배적이었다. 하지만 내가 디자인한 접는 디자인 시리즈가 활발히 판매되고 있는 지금의 상황을 놓고 볼 때 유료 마켓이 불가능하다기보다는 구매할 만한 디자인이 없었다는 것이 좀 더 정확한 원인으로 보인다.

게다가 최근에는 저렴한 중국산 3D 프린터의 품질이 급격히 향상되어 전 세계적으로 3D 프린터의 판매가 성장세에 있고, 3D 프린터 소유자들이 늘어난다는 것은 곧 3D 프린팅 콘텐츠 시장이 성장세에 있다는 증거다. 따라서 3D 프린팅 콘텐츠 유료 마켓이 좀 더 성장하면 디자이너들 역시 쉬는 동안에도 수익이 발생해 새로운 삶을 영위할 수 있게 될 것이다.

3D 프린팅 시대의 디자인 프로세스

기존의 디자인에서는 사실적인 스케치 및 렌더링 능력이 디자인 능력과 직결되는 것으로 인식되었다. 물론 스케치는 가장 저렴하고 손쉽게 생각을 표현할 수 있는 수단이다. 하지만 렌더링은 상당히 많은 시간과 비용, 정성이 필요한 작업이다. 아무리 탁월한 렌더링 기술을 보유하고 있다고 해도 이를 실제 3차원으로 제작하면 계획 단계에서의 렌더링과는 다른 부분이 많다. 그리고 렌더링은 그 디자인을 돋보이도록 과장하는 기법으로 인해 오해를 불러일으키기도 한다. 하지만 과거에는 프로토타입의 제작 비용이 워낙 높았기 때문에 렌더링을 사용할 수밖에 없었지만, 3D 프린팅을 활용할 경우는 그 과정을 생략함으로써 비용과 시간을 절약할 수 있다.

3D 프린팅 디자인에서는 간략한 스케치 혹은 이미지만으로 바로 3D 조형 작업을 시작하는데, 이러한 디자인 프로세스가 가장 효과적이다. 3D 프린팅을 미리 해봄으로써 앞서 말한 렌더링의 문제점을 포함해 거의 모든 문제점들을 초기부터 발견할 수 있기 때문이다. 과거에 이러한 프로세스가 불가능했던 이유는 프로토타입을 제작할 때 시간과 비용이 많이 소요되었기 때문이다. 그리고 이른바 '러프 모크업'이라는, 손으로 제작한 프로토타입은 정확도가 떨어져서 제작에 들어간 시간과 비용에 비해 문제점을 발견할 수 있는 요소가 제한적이었다. 하지만 3D 프린팅을 활용한 디자인은 저렴한 비용으로 프로토타입을 제작할 수 있기 때문에 렌더링 과정을 생략해도 무방하게 된 것이다.

앞서 나는 3D 프린팅의 본질을 찾고자 하는 목표를 위해 우선 3D 프린팅의 장점과 단점을 파악했다. 그리고 장점은 극대화하고 단점은 최소화하는 방법을 찾았다. 이 방법으로 형태들을 제작하거나 유형들을 발견했고, 이것들이 '유형'이라 할 만큼 활용성이 높은지 여러 차례 제품에 적용해 확인했다. 그 과정에서 약간의 반증이 확인되어 수정을 거치기는 했으나 큰 문제점은 발견되지 않았다. 이렇게 해서 나온 제품들은 현재 팹365에서 유료 또는 무료로 다운로드할 수 있다.

이 형태들이 3D 프린팅 고유의 조형 원리를 구성하는 후보들이 될 것이다. 이 방법들은 초기 단계이기 때문에 조형 원리로 발전시키기 위해서는 좀 더 정교하고 포괄적으로 다듬어야 하고, 이를 위해서는 많은 시행착오가 필요하다. 앞으로 더 많은 제품과 더 복잡한 구조에 적용하다 보면 더 많은 문제점이 발견될 수 있기 때문이다. 예를 들어 현재 나는 앞에서 사례로 든 1축 방향으로 회전하는 비조립형 구조에서 더 나아가 2축으로 회전하는 비조립형 구조를 개발하는 중이다. 이 과정에서 어떤 문제

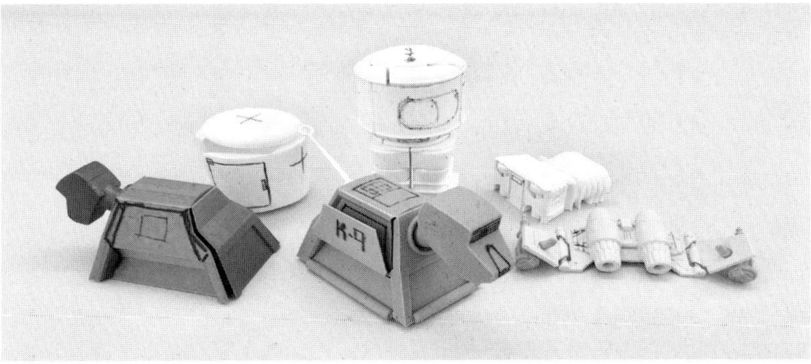

그림 5-17
3D 프린팅 디자인 과정에서 출력물에 직접 그린 중간 출력물들

가 발견되면 이를 해결하는 과정에서 앞서 진술한 방법이나 원리를 수정할 것이고 이를 통해서 좀 더 정교하게 발전시킬 수 있을 것이라고 본다.

오늘날 우리가 사용하고 있는 사물들의 형태는 현재의 생산 방식에 효과적으로 맞춰진 형태들이다. 이 형태들이 모든 조건과 환경에서 최선이거나 최고인 것은 아니다. 이제 3D 프린팅이라는 새로운 생산 방식이 우리에게 주어졌으니, 인공 사물의 형태에 관해 다시 새롭게 생각해 볼 기회가 찾아왔다.

그렇다고 3D 프린팅이 모든 제조를 대체한다고 보기는 어렵다. 기존의 제조 방식들은 소프트웨어 인터페이스에서 저장을 상징하는 디스켓 아이콘처럼 오랫동안 지속될 것이다. 다만 무엇보다도 3D 프린팅 시대의 디자이너는 제작에 대해 두려워할 필요가 없다는 것이 중요하다. 과거에는 제작의 어려움 때문에 정교한 스케치와 렌더링에 더 큰 비중을 두었지만 이제는 렌더링을 하듯이 제작(프린팅)을 하면 되는 것이다. 이러한 환경에서 합리적인 사물을 디자인하고 제작하기 위해서는 제조 방식에 따른 모든 경계를 허물고, 처음부터 새롭게 형태를 생각해야 한다.

물론 물질이 존재하지 않는 디지털 방식으로 생각해야 한다. 물질적인 내용은 출력할 경우에만 생각하면 된다. 이를 위해서는 디지털을 기반으로 하는 비물질적인 디지털 직관이 발달해야 하는데, 이것이야말로 3D 프린팅 시대의 디자이너가 갖춰야 할 새로운 역량이라고 생각한다.

3D 프린팅을 활용한 창업

앞서 언급했듯이 3D 프린팅의 본질 중에 하나가 다품종소량생산에 적합하다는 것이다. 이러한 본질을 바탕으로 지금까지 주로 프로토타입 제작에 3D 프린팅을 사용해 왔다면, 앞으로는 3D 프린팅 기술이 발전함에 따라 프로토타입의 금형도 제작하여 시험 생산까지 3D 프린팅을 활용하는 방식으로 확대될 것이다.

3D 프린팅의 활용은 이제 대량생산에 부적합한 주문자 생산 같은 아이디어를 실현하고자 하는 제조 분야의 스타트업에게 가능성을 열어주고 있다. 제조 분야에서 3D 프린팅을 사용하면 다양한 품목을 무한히 생

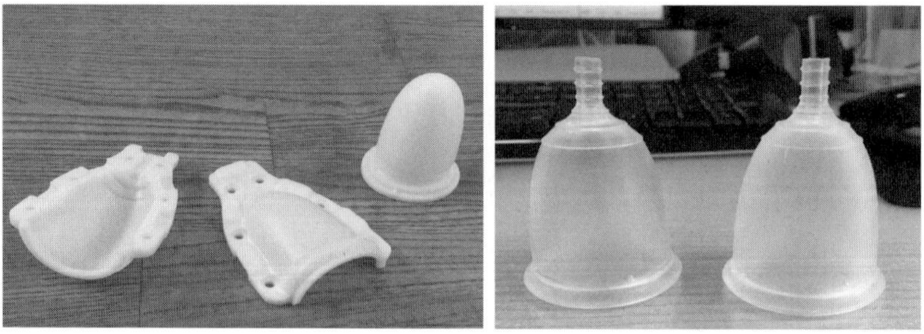

그림 5-18
3D 프린팅으로 제작한 생리컵. 다양한 신체 형태에 대응하기 위해 시험 제작된 제품이다.

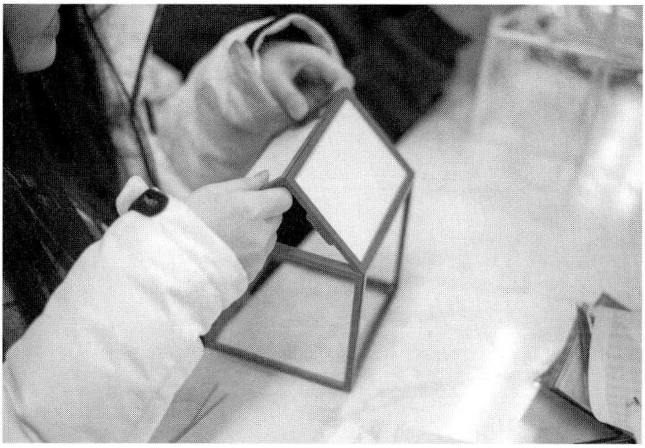

그림 5-19
3D 프린터로 제작하는 집의 디자인

산할 수 있어서 새로운 아이디어를 언제든 시도해 볼 수 있으며, 무엇보다도 재고의 부담이 없다는 것이 이들에게 크게 어필하고 있다. 일례로 룬랩Loonlab의 생리컵 개발을 들 수 있다. 현재 생리컵은 몇 가지 종류만 시장에 존재할 뿐이라서 생리컵을 사용하는 여성들은 여기에 불만이 있다. 룬랩은 이러한 불만을 해소하고 신체의 다양성만큼 다양한 규격의 생리컵을 제조하려는 아이디어를 실현하기 위해 3D 프린팅이 유일한 대안임을 알고 있었다. 룬랩은 내가 운영하는 팹365와 협업을 맺고 본격적인 개발을 시작했다. 현재 인체에 적합한 재료 및 다양한 신체 크기에 대응하는 제품의 구조를 마련하여 출시를 목전에 두고 있다.

셈스게임즈SEMS Games는 게임 아이템을 3D 프린터로 출력하는 서비스를 구상하는 등 3D 프린팅을 활용한 아이디어를 지속적으로 사업에 적용하고 있는 회사다. 특히 완구에 지속적으로 활용하기 위해서 노력해 왔는데, 출력 시간과 비용에서 현실과의 간극을 줄이기가 쉽지 않았다. 하지만 수많은 아동 체험 프로그램을 운영하면서 얻은 경험으로 대량생산품을

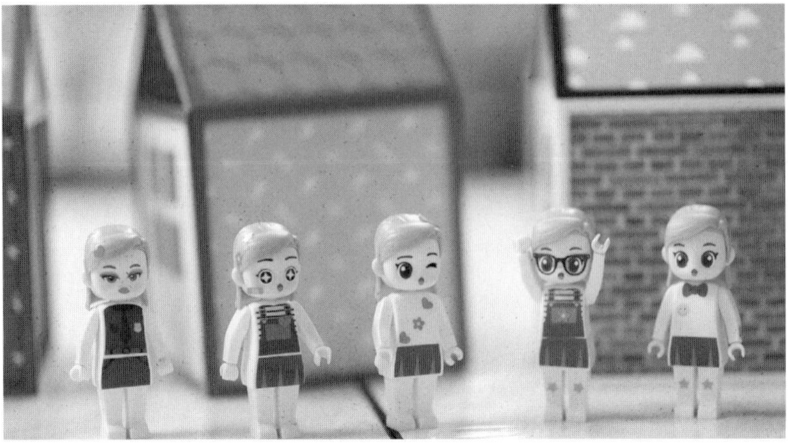

그림 5-20
금형 생산 캐릭터에 스티커와 3D 프린팅으로 다양한 개성을 부여하는 과정

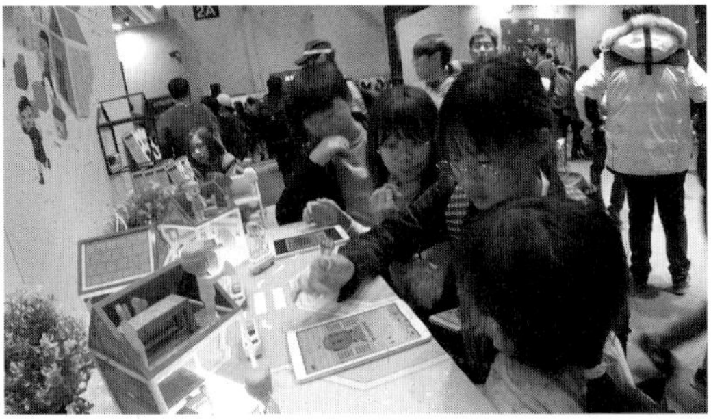

그림 5-21
프린팅을 활용한 제품들을 이용해 다양한 체험을 하는 어린이들

섞어서 가격을 낮추고, 특징적이고 개성적인 부분만 3D 프린팅을 활용하는 방식으로 바꾸어 큰 효과를 보고 있다. '플레이하우스'가 바로 그 제품인데, 예를 들어 금형으로 제작했을 때 생산비가 적게 드는 캐릭터의 기본 형태는 대량생산으로 제작하고, 머리카락이나 옷, 액세서리는 3D 프린팅으로 제작하는 방식이다. 플레이하우스는 아동이 자신의 집을 직접 개성 있게 꾸미는 것이 핵심적인 놀이 방식인데, 집의 틀은 3D 프린팅으로 제

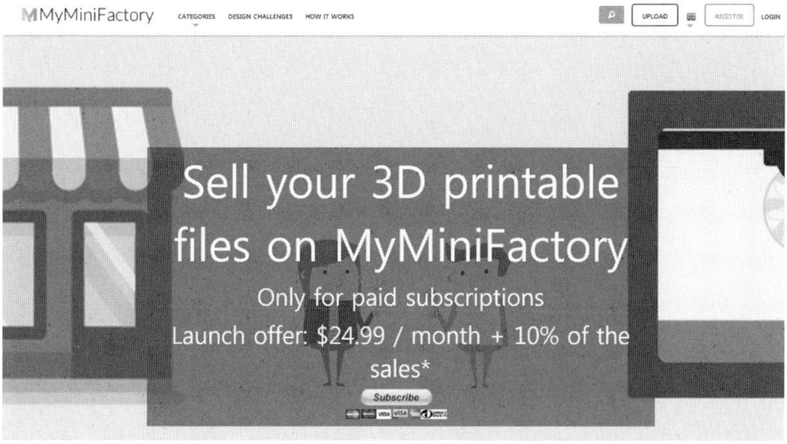

그림 5-22
3D 프린팅 콘텐츠 유료 공유 플랫폼인 마이미니팩토리

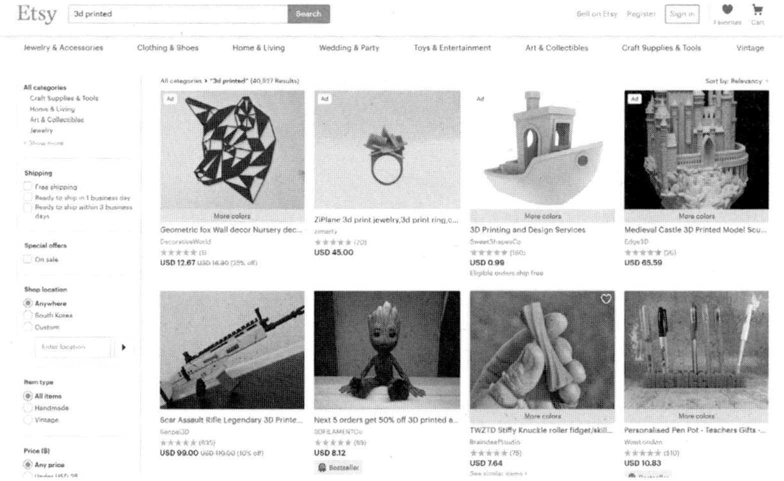

그림 5-23
3D 프린터로 출력하여 엣시에서 판매 중인 제품들

작하고 벽은 자신이 그린 종이를 끼우도록 구성되었다. 이처럼 3D 프린팅은 스타트업에 다양한 시도를 해볼 수 있는 기회를 제공해 준다.

최근에는 3D 프린팅 콘텐츠 유통 플랫폼 사업도 점점 증가하고 있다. 이 플랫폼들은 재능 있는 디자이너들이 플랫폼을 이용해 3D 프린팅 콘텐츠를 판매하도록 열심히 판매자를 모집 중이다. 디자이너 개인을 위주로 고객을 늘려가던 마이미니팩토리(www.myminifactory.com)는 최근에 입점비 할인 행사를 통해 디자인 회사 혹은 단체의 3D 프린팅 콘텐츠 상점을 유치하는 데 나서고 있다. 이러한 3D 프린팅 콘텐츠 유통으로 수익을 거두는 업체는 점점 늘어나고 있는 추세다. 3D 모델링 기술을 갖고 있으면서 3D 프린팅에 대해 조금만 이해한다면 누구나 자신의 디자인으로 수익을 거둘 수 있다. 소량의 수작업 혹은 공예품 온라인 플랫폼인 엣시 www.etsy.com 에서도 3D 프린터로 출력한 제품을 판매하는 상점이 늘어나고 있다.

창작자와 사용자를 위한 3D 프린팅 비즈니스

3D 프린팅이 주목을 받으면서 관련 창업이 많이 증가했다. 초창기에 3D 프린팅에 관련된 창업 업종은 주로 캐릭터 관련, 3D 프린터 제조, 3D 프린팅 출력 서비스, 3D 프린팅 콘텐츠 서비스 등이었다. 한국에서 3D 프린팅 붐이 일어난 지 대략 6년이 지난 지금의 시점에서 보면 이들 업종은 대부분 어려운 형편에 놓여 있다. 그 이유는 여러 가지로 파악할 수 있는데, 우선 해외에서 이미 진행 중이던 사업을 진지한 비판이나 분석 없이 한국에 들여왔기 때문이다. 다시 냉정하게 바라보면 당시 그 사업들

은 해외에서 진행되고 있었지만 큰 수익(매출이 아닌 수익)을 거두는 경우는 그리 많지 않았다. 장비를 팔려는 업자들과 매체들의 무분별한 장밋빛 전망이 사람들에게 3D 프린팅 사업은 쉽게 성공할 것이라는 맹목적인 믿음을 심어주었다고 본다. 무엇보다도 그러한 긍정적인 전망이 설득력이 있었던 까닭은 그 사업들을 기존의 유사한 사업 영역과 연결 지어 생각할 수 있었고, 따라서 이해하기 쉬웠기 때문일 것이다.

하지만 누구나 긍정적으로 생각하던 사업이 실패로 돌아가는 결과는 주변에서 쉽게 발견할 수 있다. 가장 쉬운 사례는 영상통화 사업이다. 아마도 영상통화 사업의 긍정적인 미래에 반대하는 의견을 가진 사람은 거의 없었을 것이다. 하지만 현실을 돌아보면 그렇지 않다. 누구나 특별한 추가 요금을 지불하지 않고도 영상통화를 할 수 있는 시대가 왔음에도 불구하고 대부분의 원거리 의사소통은 놀랍게도 가장 낮은 기술인 '문자'로 이루어지고 있다. 또 하나는 블루레이 기술이다. CD와 DVD를 거치면서 더 높은 데이터의 저장과 처리를 위해 블루레이 기술이 탄생했다. 하지만 앞서 예를 든 사례처럼 블루레이는 그리 많이 사용하지 않는 것이 현실이다. 스트리밍과 클라우드 기술이 보편화되었기 때문이다. 이처럼 누구나 믿어 의심치 않던 사업 계획이 부정적인 결과를 낳는 경우가 많다. 따라서 사업을 계획할 경우 언론이나 전문가들의 말을 믿기보다는 직접 경험을 해야 한다. 그리고 그 경험을 바탕으로 독창적인 사업을 계획해야 한다.

창업을 위한 사업계획 수립

창업을 하기 위해서는 우선 사업 계획을 세워야 한다. 나의 경험을 바탕으로 몇 가지 조언을 하자면 다음과 같다.

첫 번째, 처음 떠오른 아이디어는 폐기하는 것이 좋다. 내가 최초로 생각해 낸 아이디어라는 확신이 들더라도 그런 아이디어는 누구나 생각할 가능성이 높다. 그렇기 때문에 긍정적인 결과에 이른다고 해도 곧 치열한 경쟁이 될 수밖에 없다. 그리고 처음 떠오른 아이디어는 다양한 검토를 거치지 않았기 때문에 실패할 확률이 많다. 한마디로 '누군들 그런 생각을 안 해봤겠는가?'라고 되물을 수 있는 것이다.

두 번째는 직접 경험을 통한 검증이 필요하다는 것이다. 경험자나 관련 사업을 먼저 진행했던 사람들의 견해를 청취하는 것은 좋지만 그들의 말이 절대적이지는 않다. 특히 관련 업계 영업사원들은 해당 분야에 대해서 직접적인 경험이 없는 경우가 의외로 많다. 따라서 그들의 의견에는 오류가 있을 확률이 높다. 그리고 한국에서 대부분의 3D 프린팅 교육을 담당하는 교육자들은 수익을 위해 이 분야에서 일할 뿐 경험이 적기 때문에 기대만큼의 지식을 전달해 주기 힘들다.

세 번째는 지식보다 지식의 습득 과정이 중요하다는 것이다. 사업 계획을 수립하기 위해서는 관련 지식보다는 예상되는 문제점들을 어떻게 대처해 나가고 어떤 적합한 방법을 찾아야 하는가가 중요한데, 그 방법들 또한 사업 계획에 포함되어 있어야 한다. 따라서 지식보다는 지식을 습득했던 과정들이 더 중요하며, 그 과정에 따라 문제점에 대처하는 방법을 찾아야 한다.

네 번째는 편견 없이 창작을 해야 한다는 것이다. 비즈니스 모델이든 디자인이든 편견을 갖게 되면 그 가능성은 이미 제한되어 있다. 신발이나 의류에서 비즈니스 모델의 아이디어를 얻을 수도 있고, 장난감 사업을 개발할 때 사회와 정치에서 아이디어를 얻을 수도 있는 것이다. 기술이나 지식에 관해서는 특정 분야에 한정 짓지 말고 포괄적으로 바라보는 마음가짐을 가지는 것이 바람직하다.

다섯 번째는 아이디어를 뒤섞고 다시 정리하는 과정이 필요하다는 것이다. 비즈니스 모델이나 디자인에서 뭔가 새로운 것을 만들어냈다면, 이것들을 체계화하고 다양하게 적용하려는 시도가 반드시 뒤따라야 한다. 다양한 시도를 많이 할수록 새로운 것들도 늘어나고, 이것들끼리 서로 어울리도록 뒤섞는 과정에서 문제점을 발견할 수 있다. 이를 각각의 요소에 따라 개선하고 다시 체계화하면 그 요소들은 어디에도 적용할 수 있는 활용도가 높은 비즈니스 모델이 될 것이고, 디자인 요소가 될 것이다.

마지막으로 필요한 것은 고객과의 끊임없는 소통이다. 고객과 소통할 창구를 어떻게 해서든 마련해야 하고, 이 창구는 여러 개일수록 좋다. 이 고객들이 사업에서 의미 있는 숫자들을 만들어내기 때문이다. 사업을 진행하거나 디자인을 개발하는 과정에서 소비자의 예상치 못한 의미 있는 반응이 있을 때는 이를 우선적으로 반영하는 것이 좋다. 그것이 자신의 신념과 충돌하는 것이라면 어떻게 해서든지 반영하겠다는 의지라도 보여야 한다. 한번 돌아선 고객을 다시 붙잡는 것은 새로운 고객을 잡는 것보다 더 힘들다. 고객은 무조건 옳다. 가끔 불평만 늘어놓는 고객들도 있다. 하지만 그들의 글을 읽는 새로운 고객을 위해서라도 이들을 무시해서는 안 되며, 적당한 대처가 필요하다.

3D 프린팅 교육의 방향과 문제점

오랫동안 예술, 공학, 디자인, 교육 등 다양한 분야에서 설치미술의 요소나 새로운 실험을 위한 도구, 프로토타입, 교구 등 다양한 목적에 맞는 다양한 것들을 제작해 왔다. 하지만 복잡한 과정과 높은 비용, 작업자들과의 의사소통에서 빚어지는 갈등 등 어려운 점이 많았다. 3D 프린팅은 단점도 적지 않지만 잘 사용하면 이전에 비해서 짧은 기간 안에 적은 비용으로 오류 발생도 줄이면서 목적에 맞는 것을 제작할 수 있다. 이러한 사례들이 점점 늘어나고 있는 까닭에 각 분야에서 앞다투어 3D 프린팅을 도입하고 있는 것이다. 하지만 모든 도구들이 그러하듯 자신이 원하는 바대로 사용하기 위해서는 교육이 필수다.

3D 프린팅 교육은 3D 프린터의 사용 방법, 3D 프린터로 인쇄할 사물을 제작하는 방법, 3D 프린터로 인쇄한 것을 가공하는 방법, 이렇게 세 가지로 나눌 수 있다. 이 세 가지 주제에 관해 상당히 오랜 기간 교육이 실시되어 왔음에도 불구하고 괄목할 만한 성과가 없는 것은 3D 프린팅이 기존의 기술과 무엇이 다른지 근본적인 차이점을 새롭게 반영하지 못한 채 기존 공작기계의 한 종류로 인식하고 3D 프린터로 교육하고 있기 때문으로 생각한다.

3D 프린터의 사용 방법은 실로 간단하다. 하지만 슬라이싱 소프트웨어라는 존재에 대해서는 잘 가르치지 않는다. 이를 통한 설정이 얼마나 중요한지에 관해 가르치는 경우는 거의 없고, 설정 변경도 하지 못하도록 하는 경우가 대부분이다. 슬라이싱 소프트웨어는 3D 프린팅을 통한 출력 품질에 가장 중요한 역할을 하며, 3D 프린터를 조종하여 3D 디지털 제작 도구로 만들어진 데이터를 원하는 크기와 품질로 출력하는 기능을 한다. 이에 대한 설정은 기후와 온도, 습도 등 주변 환경에 따라 세밀한 조정이 필요하며, 소재에 따라 설정을 다르게 할 수도 있다. 즉 슬라이싱 소프트웨어는 일종의 3D 프린터를 위한 OS 같은 개념으로서 슬라이싱

소프트웨어에 따라서 같은 3D 프린터라도 결과물의 품질이 달라진다.

슬라이싱 소프트웨어의 교육이 잘 실행되지 않는 이유는 자칫 설정을 잘못하면 장비에 문제가 발생할 수 있기 때문이다. 따라서 관리의 어려움을 피하고자 일반적으로 단순 조작만을 교육한다. 하지만 슬라이싱 소프트웨어는 설정의 변화에 따른 시뮬레이션 기능을 포함하고 있어서 숙련자라고 하면 이 시뮬레이션을 통해서 예측 가능한 문제점을 미리 파악할 수 있다. 하지만 그 정도 수준의 숙련자는 찾기가 어려운 것이 현실이다. 무엇보다도 기존 유사 공간(사진 암실, 기계 공작실 등)의 관리 지침에 맞추는 것이 큰 요인일 것이다.

3D 프린터로 인쇄할 입체 형상은 앞서 언급한 3D 프린팅에 적합한 형태의 특성을 반영해야 한다. 그렇지 않은 경우 많은 오류를 발생시키거나 품질의 저하를 겪게 된다. 따라서 이러한 형태 특성을 반영한 형상 제작 교육이 이루어져야 하는데, 3D 프린팅용 입체 형상을 제작하는 교육은 대부분 3D 프린팅용 형태 특성을 반영하지 않은 기존의 대량생산에 적합한 형상 제작 위주로 이루어지고 있다. 또한 3D 형상 제작용 소프트웨어들은 설계 분야를 제외하고는 3D 프린터로 인쇄할 경우 문제를 일으키는 요소를 포함하고 있어서, 이 요소를 제거하는 과정이 반드시 필요하다. 이에 대한 인식도 부족하여 관련 교육이 이루어지지 않는 경우가 대부분이다. 이렇게 3D 프린팅의 특징이 반영되지 않은 3D 형상 제작 교육을 3D 프린팅 교육에 포함시켜야 되는지 의문을 제기하지 않을 수 없다.

나는 후가공을 하지 않고 3D 프린팅 고유의 표면 특성을 잘 드러내는 작업을 선호하지만 분야에 따라서는 3D 프린팅의 적층 흔적을 지워야 하는 경우도 있다. 이럴 때 후가공을 하게 되는데, 이 후가공 또한 3D 프린팅의 교육에 포함되어 있는 경우가 대부분이다. 보급형 3D 프린팅에서 가장 널리 사용하는 소재는 ABS와 PLA이며, 기존의 가공 도구를 사용할 수 있고 가공이 쉽다는 이유로 ABS를 많이 사용한다. 하지만 3D 프린팅용 ABS는 수축이 심하고 인쇄 과정에서 독성이 있는 물질을 내뿜는다. 반면에 PLA는 옥수수 전분이 섞인 친환경 소재로 RoHS 인증을 받은 소재를 사용하므로 인쇄 과정에서 독성 물질을 내뿜지 않고 안전한 편이다. 게다가 수축도 적어서 3D 프린팅의 실패 확률도 크게 줄어든다. 다만 기존의 가공 도구로는 후가공이 어려운 측면이 있다. 하지만 이 PLA 소재에 적합한 가공 도구를 사용하면 후가공의 어려움은 크게 줄어든다. 출력 실패율이 낮고 인체에 해로운 재료를 사용하는 후가공 교육은 기존의 ABS 위주의 가공 환경을 고수하려는 데서 기인한 문제가 많은 교육이다.

3D 프린팅 사업과 그 사업을 성공시키기 위한 디자인, 그리고 이에 관한 교육은 결론적으로 나에게는 3D 프린팅의 본질을 이해하고자 하는 노력의 산물이었다. 그 과정에서 3D 프린팅을 둘러싼 문제는 3D 프린팅과 맞지 않는 환경 때문에 발생하는 경우가 많았다. 3D 프린팅에 적합하지 않은 형상이나 디자인, 재료, 관리 체계 등이 그러하며, 이들을 3D 프린팅에 적합하게 변화시키면 상당히 많은 부분을 해결할 수 있음을 알 수 있다. 3D 프린팅 교육은 좀 더 효율적이고 편리한 제작 수단을 가르치는 것이기도 하지만, 새로운 기술이 빛을 발하기 위해서는 환경 또한 바뀌어야 함을 가르쳐야 한다고 주장하고 싶다.

참고문헌

Barnatt, Christopher. 2013. 3D Printing: The Next Industrial Revolution. CreateSpace Independent Publishing Platform.

https://fab365.net/items/141

https://infomadera.net/uploads/articulos/archivo_5769_2792631.pdf

http://soseng.co.kr/_prozn/_system/shop/view.php?gid=14564508637550

http://www.swweek.kr/um/um03/um0301/um030104/um030104View.do?postId= 27012&cpage=3

http://www.swweek.kr/um/um03/um0301/um030104/um030104View.do?postId=27012&cpage=3

https://fab365.net/items/112

https://resources.renishaw.com/gen/details/aorta-pendant-on-build-plate--79774

https://www.3dhubs.com/knowledge-base/industrial-sladlp-vs-desktop-sladlp/

https://www.3ding.in/3dprinters/projet-1200

https://www.createeducation.com/wp-content/uploads/2016/04/materials-layers.jpg

https://www.esa.int/Enabling_Support/Space_Engineering_Technology/CDF/CDF_Studies_Implications_of_Advanced_Manufacturing

https://www.simplify3d.com/support/print-quality-troubleshooting/poor-surface-above-supports/

https://www.thingiverse.com/thing:674317

CHAPTER 6

좌담
메이커 문화와 디자인 교육

좌담회는 두 차례 진행되었다.

1차 좌담회는 저자 5인이 참가하여 이태원 소재 카페를 빌려 2019년 3월 27일에 진행했다.

2차 좌담회는 대학로 부근의 모임 공간에서 2019년 11월 15일에 진행했다. 메이커 교육을 보다 풍부하게 논의하고, 메이커 문화의 전반적인 흐름을 조망하기 위해 저자 외에 3인의 외부 전문가를 초빙해 진행했다.

저자 외에 2차 좌담에 참가한 외부 전문가를 소개한다.

김주현

영등포고등학교 기술교사다. 자신의 석사학위논문을 수업에 적용하다가 메이커 교육을 시작하게 되었다. 이후 숙명여자대학교 이지선 교수를 통해 메이커 교육 철학을 이해하고, 학교 현장과 메이커들의 커뮤니티인 메이커교육실천에서 활동하고 있다. 중소벤처기업부의 메이커스페이스 구축 운영 사업을 통해 전국에 유일한 민간 개방 메이커스페이스를 공립 일반계 고등학교에서 운영하고 있다.

정희

한국예술종합학교에서 조형예술 학사학위를, 뉴욕 파슨스 디자인 스쿨에서 디자인앤드테크 석사학위를 받았다. '메이커'라는 개념을 소개한 ≪메이크: 코리아(Make: Korea)≫의 사업 실무 총괄을 맡아 ≪메이크:≫ 한국판 매거진, 도서 그리고 '메이커페어 서울'을 기획했다. 현재는 콘텐츠 기획자로 메이크, IT, 과학, 게임 분야의 콘텐츠를 개발하고 개인, 커뮤니티, 사업체와 협력하여 다방면으로 확장하는 일을 하고 있다.

추형욱

(주)메이커스핸즈 대표이사이자 MA4 village 메이커스페이스의 이장이다. 드라마 〈퍼퓸〉과 〈그것이 알고 싶다: 비트코인 편〉에서 골드버그 장치의 제작을 맡았으며, 기술융합축전에서 5년째 오토마타 장치 대회를 진행했다. 300여 종의 학습용 교구를 개발했고, 발명교육 강사 및 발명가 진로 멘토로서 활동하고 있다. 골드버그 장치 및 오토마타 제작자, 발명가, 교구 개발자, 유튜버 등 여러 가지 일을 하고 있지만, 메이커로 집약할 수 있다.

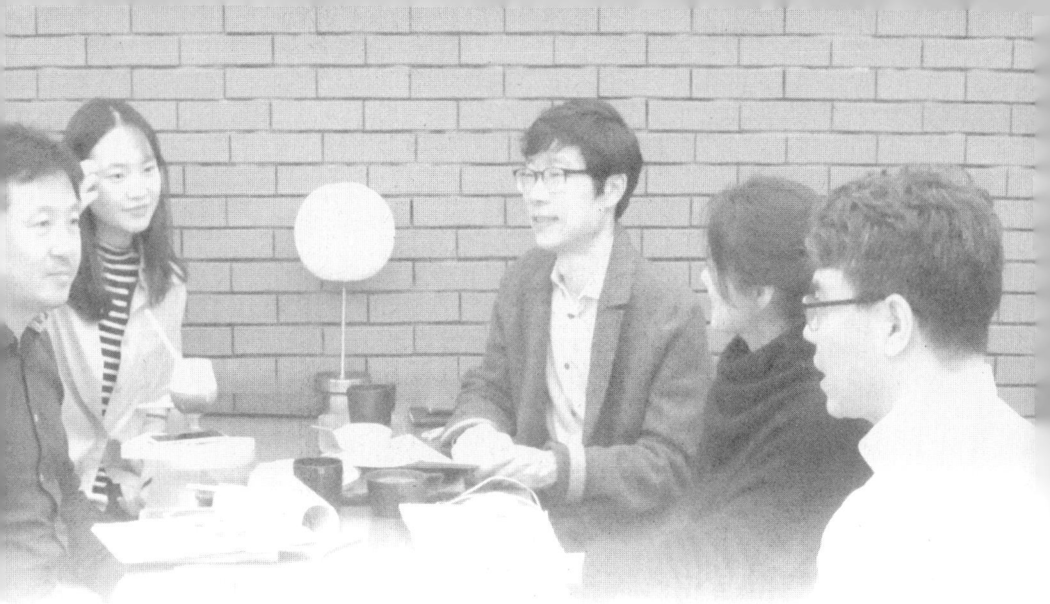

1차 좌담회

참석자
구상권
김상규
김지원
연명흠
이지원

연명흠 원고들 다 마무리하고 오신 거죠?(웃음) 오늘 좌담회 논의 내용을 정리해서 책에 한 챕터로 넣기로 했는데 …… 어떤 주제를 먼저 할까요?

김상규 일단 메이커 운동과 디자인과 무슨 관계가 있는지를, 연결 지점을 얘기해 보는 게 좋을 거 같아요. 연 교수님이 교육 챕터를 맡아주셨는데, 디자인 교육과 메이커 교육의 접점이 뭐라고 생각하세요?

연명흠 그럼 먼저, 교육 얘기부터 시작해 볼게요. 디자인 교육에서 메이커 교육이 갖는 가장 핵심적인 포인트가 뭐냐 생각해 보니까, 워킹 프로토타입을 만드느냐 안 만드느냐가 가장 결정적이지 않나 싶습니다. 융합이 아니어도 메이커 교육일 수 있고, 메이커 문화에서 강조하는 만드는 즐거움도 사실 프로토타입을 만들고 안 만들고와는 관련이 없거든요. …… 저는 워킹 프로토타입을 만드느냐가 관건이라고 생각해요. 디자인 교육에서 워킹을 만들 때 메이커 교육다워진다고 보는 거예요. 그러니까 …… 디자인 교육을 메이커 교육이게 할 수 있는 필수 요소가 워킹 프로토타입을 만드는 거다라고 생각한다는 거죠

김지원 그렇다면 그동안 디자인 교육에서는 워킹 프로토타입을 만들지 않았었나요?

구상권 안 했어요! 디자인 모크업을 만들었죠. 껍데기를 만드는 거죠.

연명흠 그러니까 디자인 모크업과 워킹 프로토타입은 다르다는 거예요. 아두이노 작업 같은 피지컬 컴퓨팅을 예로 들면, 워킹 프로토타입을 만들면 디자이너 혼자 엔지니어링을 다 통제해야 돼요. LED 켜는 정도는 그다지 어렵지 않아요. 효과도 괜찮고 …… 그런데 거기에 모터만 들어가도 어려워져요. 토크torque가 작용하기 때문에. 그러니까 디자인 전공 학생들이 엔지니어링을 배운다고 해도, 잘 작동하는 세탁기라든지, 효율이 높고 신뢰감 있게 작동하는 제품, 이런 것들을 접근하긴 어려운 거예요. 그 결과, 하이마트에는 없을 거 같지만 상상마당 1층에선 팔 거 같은, 기념품숍에선 팔 거 같은 제품들을 설계하게 되는 거예요. 이것이 좋은 측면도 있죠. 삼성, LG에서 일할 거 같은 오서독스한 인더스트리얼 디자이너가 할 것 같지 않은 디자인을 하게 되는 거예요. 그러다 보니까 미감도 약간 키치하거나 큐트하거나, 또는 심지어 병맛스럽기까지 한 그런 쪽으로 자꾸 가게 되는 거죠. 기능도, 이 제품을 쓰면 훨씬 더 생산성이 높아지고 편리해질 거 같애, 이런 쪽이 아니고, 이건 있어도 그만 없어도 그만인데 괜찮을 거 같애, 그리고 내가 살 거 같진 않은데 선물하면 좋을 거 같애, 이런 것들을 자꾸 상상하게 되는 거예요. 이게 좋게 얘기하면 만드는 생산물의 범위를 확장시키는 것이 되기도 하고, 또는 디자이너가 갖춰야 될 스킬셋의 범위도 넓혀줄 수 있고, 미감의 범위도 넓혀주기도 하는데, 한편으로는 역시 좀 마이너한 쪽을 하게 되는 측면도 있다는 거죠.

구상권　디자인 모크업과 워킹 프로토타입이 뭐가 다른지에 대한 구분점이 필요할 거 같아요. 산업디자인 전공자들은 완결체를 만드는 것을 목표로 하되, 그 모형을 만들죠. 그런데 시각 쪽에서는 모크업 그 자체가 완결체나 마찬가지란 말이에요.

연명흠　맞아요, 분야마다 차이가 있어요.

구상권　시각은 그 자체가 워킹 프로토타입이죠.

연명흠　제가 얘기했던 건 확실히 인더스트리얼 디자인 입장에서 얘기했던 거 같긴 하네요. 워킹 프로토타입에 비하면 지금까지의 모크업은 껍데기, 하우징을 만드는 거라는 거죠. 워킹 프로토타입이 더 우월하다 그런 얘기는 아니고, 목표한 바가 다르다는 거예요.

구상권　디자인 모크업으로 얘기되는 산업디자이너의 역할은 정해져 있어요. 대기업이라는 조직에는 이미 그 자리를 비워놨거든요, 디자인을 위한 자리. '요기 와서 요 역할만 하면 돼'라고 되어 있는 …… 우리가 배우기로는, 산업혁명 이후로 조직화가 돼서 부품처럼 딱 그 과정만 담당하는 …… 디자인 프로세스도 딱 그거예요. 전체 프로세스가 이렇게 있으면 '디자인이 차지하는 위치가 요만큼이다. …… 거기서 할 수 있는 건 요만큼이다'. 우리는 전체 물건이 나오는 과정에서 이만큼만 해줄려고 했던 거죠, 항상. 그럼 월급도 나오고 임원도 되고 하니까.

김지원　그런 규정 자체가 디자이너들에게 때로는 소외감을 느끼게도 한다고 생각해요. 그러니까 디자이너들이 메이커 운동에 관심을 갖거나 스스로 메이커가 되려는 욕망을 가지게 되는 것은, 디자이너가 그런 거대한 산업 환경에서 소외될 수밖에 없는 구조에서 비롯되었다고 생각해요. 기술과 동떨어진, 그러니까 완결체에 개입할 수 있는 여지가 굉장히 적은 일을 하게 되는 거잖아요.

구상권　그렇게까지는 너무하고 …… 정해진 기술, 그 안에서만 놀아야 되는 거죠.

엄밀히 말하면…….

김지원 뭔가 기술과 완전히 분리된 것 자체가 소외감을 불러일으키고, 또 한편으로는 직업적으로도 디자이너들의 사회적인 역할이나 기능이 점점 더 줄어들어 왔다는 생각도 들거든요. 그렇게 디자이너의 필요라는 것에 대해 의심을 받는 시대에 와 있다고 생각을 하는데요. …… 어쨌든 메이커 문화는 디자이너들의 입장에서 볼 때, 내가 내 손으로 직접 만들고, 시도해 볼 수 있고, 기술과 디자인과 비즈니스를 상호 융합하고, 충동적으로든 계획적으로든 탐색해 볼 수 있는 여건에 놓였다는 점에서 긍정적으로 보고 있어요.

연명흠 중요한 건 아니긴 하지만 얘길 하자면 …… 그걸 소외라고까지 할 건 없다고 생각해요. 4차 산업혁명 등으로 얘기되는 생산체제의 변화 때문에 디자이너가 지금과 다른 역할을 요구받게 되기도 하는 환경 속에서 지금까지 있었던 설계와 제작의 분리, 김상규 교수님의 말로는 창작과 생산의 분리, 이런 것들이 디자인의 전제였잖아요. 그걸 전제로 하고, '너는 설계까지만 해, 제조는 그다음에 할 거야' 이런 것들이 바뀌게 되거나, 또는 좋게 얘기하면 그렇게 안 해도 되는 기회가 생기거나 그러는 건데 …… 그걸 소외라고 할 수도 있겠지만, 제가 느끼기에 적어도 학생들은 소외라고 느끼기보다 '일자리 없어지겠다, 어떡하지' 이런 측면이 더 크지 않았나…….

구상권 제가 보기에는 소외라기보다는, 그런 역할을 할 수 없는 게 우리나라의 특성이라고 할까요? 실제로 제가 르노자동차 디자이너와 같이 일을 해보니 거기와 여기는 많이 달라요. 우리보다는 역할을 굉장히 많이 주고 책임도 되게 많이 줘요. 우리는 역할도 조금 주고 책임도 별로 안 줘요. 그래서 큰 사고를 쳐도 잘리진 않아요. 그렇잖아요? 거긴 책임을 주되 잘못되면 바로 사표 쓰고 나와야 돼요. 그 차이가 크거든요. 지금도 소외까진 못 느꼈거든요. 그런데 답답한 건 있었죠. 왜냐면 엔지니어가 하자는 대로 할 수밖에 없어요. 제약이 많거든요. 그래서 뭐 …… 헤드라이트 얇게 하고 싶은데, 그럼 밝게 안 되니까 크기에 제약이 있었는데 …… 그런데 요즘 디지털이 그걸 좀 허물어준 거예요, 약간은. 제가 **볼 때는** 그 경계를 …… 어느 정도는.

김상규　인하우스 디자이너든 에이전시 디자이너든, 디자이너가 할 수 있는 역할은 굉장히 제한적이었다는 거예요. 그래서 거기에 대한 불만은 있었다는 거죠. 그래서 실제로 디자인 회사들이 매뉴팩처링을 하기는 했었어요. 거의 다 망했죠. 왜냐면 몰드를 제작해야 되기 때문에 …… 금형 설계 기술이 안 되는 거죠. 그런데, 말씀하신 대로, 디지털 매뉴팩처링이 되면서 그런 것들이 어느 정도는 해결될 수 있고, 또 디지털 제조가 아니더라도 CNC라든지 이런 기술적인 조건들이 갖춰지면서 잠재되어 있던 불만들이 터져 나올 수 있던 거죠. 그럼에도 두 가지를 생각할 수 있을 거 같아요. 이상적인 조건이 그런 가능성을 열어줬느냐? 디자이너들이 끊임없이 그런 갈증을 해결하기 위해 노력을 해서 만들어졌느냐? …… 두 가지가 만나는 어느 시점이 된 거라는 거죠. 한 가지가 원인이 될 수는 없는 거 같고요. 필요도 했고, 기술적으로 가능해졌고. 사회적인 분위기, 또 제작 문화, 메이커 운동이 있고서부터 기회가 가능성이 된 거죠.

연명흠　그게 좋게 얘기해서 가능성이기도 하지만, 한편으로 얘기하면 이것저것 해야 될 게 많아진 거기도 해요(웃음).

일동　(웃음)

연명흠　그전에는 형태만 잘 만들면 됐는데, 이제는 비즈니스도 고민해야 되고, 엔지니어링 세계도 조금은 이해해야 되고, 책임의 범위가 넓어지면서 좋기도 하지만, 거기까지 배워야 되나, 이렇게 될 수도 있죠.

김상규　또 한 가지, 교육에서 이런 게 있잖아요. 내몰리게 되는 거잖아요. 그러니까 예를 들면 그래픽디자이너들이 페어에 자기가 직접 만든 책을 들고 나가는 이유는 자기들이, 특히 젊은 디자이너들이 일을 의뢰받기까지가 굉장히 시간이 많이 걸리니까, 아예 자기가 책 만드는 풀 프로세스를 할 수 있으니까 최종 책을 자기가 기획하고 쓰고 디자인하고 인쇄해서 직접 판매하는 플랫폼을 만들어버리는 거죠. 어떻게 보면 예전에는 없던 일이긴 하지만, 한편 그거밖에는 길이 없다고 볼 수도 있는 거죠. 교육 현장에서 그렇게 생각해서 메이커 교육을 하는 거죠. 예전에는 취업이 잘됐는데, 요즘은 취업이 잘 안 되니까. 독자적인 활동을 할 수 있는 쪽으로, 메이커 교육을 하는 쪽으로 교육의 방향을 틀고 있는 거죠. 그렇게 볼 수 있죠.

김지원 저는 사실 통합, 혹은 융합, 이런 움직임들이 그동안 전공 분야들이 세분화되었기 때문에 일어난 것들이라고 봐요. 그러다 보니 뭔가 할 수 있는 범위가 좁아지는 것 같아요. 그에 비해서 과거에는 디자인 R&D를 위한 투자도 상당했고요. 사실 그게 IMF 기준으로 많이 꺾였고, 뭔가를 만들어 내려고 하는 의지들이 많이 축소가 되었기 때문에 영향을 받을 수밖에 없었다는 생각이 들어요. 디자인의 세분화는 위축된 디자인 환경에서 만들어낸 자구책이 아니었을까요? 분명히 그 부분도 교육에 지속적인 영향을 주지 않았을까, 사회 환경에 의해 교육도 영향을 받다 보니까, 그런 생각도 들고 …… 결국 작동하는 완결체라는 건, 액팅이 가능한 걸 말하는 게 아닌가 싶어요. 뭔가 연결점을 찾을 수 있고, 누군가와 네트워킹할 수 있는 구조로 디자인이 변화해야 한다는 것을 보여주는 거죠. 그런데 이와 같은 융합적 환경에서는 너무 배워야 되는 게 많다는 거죠. 문제는 포괄적으로 배워야 하다 보니까 깊이는 상대적으로 떨어지지 않을까 하는 우려예요. 학교가 어디까지 교육을 해야 하는가 혹은 정부가, 기업이 어디까지 지원해 줘야 하는가에 대한 고민이 분명히 있어야 된다고 생각을 해요. 디자인 교육이 갑자기 메이커 교육으로 쏠리기보다는 기존의 교육을 유지한 상태에서 학생들이 스스로 학습할 수 있는 환경을 만들어주는 것이 필요하다고 봐요. 공유지나 공동체도 그런 환경을 만들어주는 문화적 현상이 될 수 있겠죠. 하지만 무엇보다도 그런 스스로 학습하는 과정과 환경에서 이들이 어떻게 사회 속에 뿌리를 내리는지 혹은 어떤 가능성이 있는지 등을 생각해 보는 게 저는 중요하다고 봐요. 하나의 대안이자 마중물로 인식하는 것이 필요할 것 같아요. 다음으로 넘어가기 위한 중간 단계요. 그랬을 때 교육에서 가져가야 되는 것은, 가장 중요한 것은 무엇인가를 생각해 봐야 하지 않을까요?

연명흠 제가 시니컬하게 얘기하자면, 메이커 교육이 주목을 받는다고 해서, 디자인 교육이 확 바뀌진 않을 거고, 메이커 교육을 하는 척할 거예요(웃음).

김상규 이제 주제를 교육에서 정책으로 넘어가도 좋을 거 같아요. 어떤 것이냐면, 대학에서 메이커 운동을 얘기하는 이유 중에 하나는 정책자금을 따기 위한 건데요. 우리 학교 같은 경우는 메이커 운동이라는 이름으로 공대와의 융합사업 모델을 만드는데, 그게 메이커 운동하고는 좀 다른 거예요. 디자인하고 엔지니어링을 합쳐서 뭔가 새로운 인재를 양성하는 건데, 메이커 운동 얘기도 나오고 있긴 하지만, 사실 메이커 운동은 아마추어리즘이라서 어떤 사업가라든지 프로페셔널한 디자이너를 양성하는 거랑은 좀 다르거든요. 아까 마이너한 거 얘기한 거처럼 아이들이 이제 병맛이라든지, 뭐 이런 식의 마이너 쪽으로 하는 걸 나쁘게 봐야 될지, 아니면 다른 방식으로 가야 될지 그런 게 고민이거든요. 예를 들어서 이제 디자이너를 여전히 어떤 상품을 만들어내는 사람으로 본다면 마이너한 게 맞아요. 그런데 디자이너가 상품을 개발하는 사람이 아니고 코치가 될 수도 있어요. 예전에는 체육학과를 나오면 운동선수가 되는 건데, 지금은 그게 아니고 체육과를 나와서 트레이너가 되는 거랑 똑같이, 지역에 있는 어떤 작은 커뮤니티에서 디자인 전공자가 제작과 관련된 기술들을 설계하고, 또 미학적으로 잘 소화할 수 있도록 안내해 줄 수 있는 트레이너, 또는 코치로서 존재하는 모델. 저는 그것도 하나의, 디자인 교육을 받은 사람이 갈 수 있는 또 하나의 진로라고 생각하거든요. 디자인 교육을 받은 사람이, 설사 제작과 메이커 교육을 받았다 하더라도 비즈니스를 바로 할 수 있는 사람으로 모두가 가야 되는 것은 아니라고 저는 생각하거든요. 그런데 정책적인 입장에서 보면 이 친구들이 막 이제 교육을 받고 나가서, 자기가 취업이 안 되기 때문에 정부가 그 문제를 해결하지 못하니까, '창업이라는 게 있어!'라는 상황이 전개되는 거죠. 그게 얘기를 추론하기 위한 하나의 방편으로 '너는 메이커가 되어서 물건을 디자인할 수도 있고 제작도 할 수 있고 팔 수도 있어. 그러니까 정부한테 불만을 갖지 마!' 그런 방식으로 되어 있고 …… 대학은 또 '디지털로 만들면 되지 않아?' 그렇게 하고, 대학도 그런 정부 정책에 대응하면서 어떤 지원책이나 자금을 받기 위해서 관련되어 있는 국가 과제를 만들거나 프로젝트를 하면서 서로 연동되고 …… 그런 사이에서 학생들은 되게 고민스러운 거죠. 여전히 디자이너는 생산자여야 되고, 어떤 결과물을 팔 수 있는, 아웃풋을 내야 하는 사람이라고 교육 모델이 고정되어 있으면 그 문제가 해결이 잘 안 될 것 같아요. 단지 전에는 기업에 들어가서 인하우스 디자이너라든지 아니면 에이전시로서 디자인 비즈니스를 해주면 되는 거였는데, 지금은 자기가 스스로 할 수 있다라고 생각하지만 또 스스로 해결해야만 되는 묘한 상황이 되어 있다는 거죠. 제작 메이커 운동이라는 게 그 중간에서 애매한 역할을 할 수도 있다는 거죠.

구상권 그런데 저는 생각해 보면 옛날에 그래픽디자인 같은 경우에 먼저 그것을 겪었던 것 같아요. 옛날에는 약간 데이터를 그려서 몇 가지를 해주면 밑에서 이렇게 모눈지나 먹지에 대고 레이아웃한 다음에 활자를 주워오면 감수만 하면 되는 것이었다가, 컴퓨터로 DTP라는 것이 딱 나오는 순간 내가 다 해야 됐어요. 전에는 굳이 할 필요 없는, 그러니까 활판 같은 것은 신경 안 썼었는데, 이제는 오프셋이라고 살짝 경계가 겹치는 것, 그리고 흰 종이에 검은 글자를 찍으려면 밑에 다른 색을 몇 가지 누른 다음에 해야 검은색이 잘 나오는 거 있잖아요. 이런 거, 이런 거를 다 이해해야 훌륭한 디자이너인 거죠. 그러니까 인쇄 프로세스를 다 하고, 별색이니 뭐니, 종이, 어느 종이가 좋더라, 막 이런 거까지 알고. 전에는 신경 써야 했던 것인데, 디지털이 되면서 다 바뀌었던 거거든요. 저도 그랬었는데, 그때는 메이커 이런 거 없이 각자도생, 진짜 막 충무로 뛰어다니면서 배웠단 말이죠. 그런데 이제 지금 물건을 만드는 사람들이 그 상황에 처해진 것 같아요, 똑같이 갑자기.

전에는 CNC나 이런 경우는 기사 자격증이 뭐 이래가지고 …… 엄두도 못 내고 그랬었는데, 지금은 디지털로 하면 되고 …… 디지털에서 하는 오차가 매우 줄었어요, 옛날보다. 왜냐하면 플라스틱 금형 수축 같은 거 잡는 거가 옛날에는 사출 찍고 나서 나중에 고쳤었는데, 지금은 대충 잡아주거든요, 유체 역할 같은 거로. 금형 수정비도 많이 줄어들고, 금형 자체도 싸지고. 여러모로 인쇄가 DTP로 넘어올 때와 비슷해졌어요. 이제는 다 내가 할 수 있게 된 거죠. 그것을 저는 요즘 복기를 하고 있어요. 제가 보기에는 과도기인 거 같아요. DTP, 그 과도기가 처음에 있었어요. 처음에는 기존 인쇄랑 차이가 많이 났어요. 그래가지고 '에이~ 이걸 가지고 어떻게 책을 만들어!' 그러다가 폰트도 좋아지고 하면서 이게 이렇게 된 거거든요. 그러니까 저는 현재 우리가 중간 단계라고 보는데, 이 디지털 제조기계, 3D 프린터도 그렇지만 진공 성형기가 100만 원짜리가 있어요. 시트가 얼마냐면 700원이에요. 그러면 틀을 3D 프린터로 만들잖아요? 그 틀 가지고 100장을 만들면, 7만 원이면 100개의 틀을 만들 수 있는 거예요, 집에서. 이제 이게 더 싸질 예정이에요. 이 진공 성형기 같은 경우도 …… CNC도 요만한 게 나오고 ……. 장비가 작아지는데, 거기서 나중에는 어떻게 될지 모르겠지만, 그때는 완성도 높은 것을 만드는 시대가 되지 않을까. …… 왜냐하면 제 친구 같은 경우, 대학생 때 폰트를 직접 디자인했어요, 90년대 초에. 그런데 그때 서비스 중에서 폰트폰트FontFont라는 서비스가 있었어요. 자기가 폰트를 만들어서 올리면 괜찮은 것은 사고파는 거였는데, 그때 당시 그 친구가 몇백 달러는 벌었던 것 같아요. 그 정도는 큰돈이었죠. 그리고 자기가 만든 걸 해외에서 사간다는 거예요. 근데 그 친구 것이 최고 히트작이 아니었는데, 가장 히트한 것은 몇 배를 번 것도 있었거든요. 그런 것들은 나중에 제품화시키고 이런 거죠. 약간 그 시기인 것 같아요, 처음에 그 느낌. 그래서 보면은 메이커에서 정부가 원하는 것이 뭐냐 하면, 애플 얘기가 나오는 거죠. 처음엔 나무틀에 짜서 출시했는데, 그걸 보고 이거 되겠네, 그래가지고 투자 조금 해가지고 …… 이렇게 해서 아마추어에서 프로로 넘어가는, 아까 마중물 얘기하셨는데, 그런 식의 큰 틀이 되기를 바라는 거겠죠.

연명흠 그런데, 그러니까 다른 말로 제조 민주화라든가, 문턱이 낮아졌다든지, 빠르고 저렴하게 프로토타이핑 할 수 있다든지 하는 부분들이 있는데, 그런 점에서 그래픽에서 DTP가 생기는 상황이랑 유사한 상황이긴 한 것 같아요. 그런데 인더스트리얼 쪽에서는 그 정도로 프로페셔널한 상품이 되겠느냐 하면 지금 당장은 아니라는 거예요.

김상규 그렇죠.

연명흠 그런데 김상규 선생님이 얘기하신 것으로 돌아가서 좀 개념적인 얘기를 하고 싶은데, 메이커 운동이라는 거에는 아마추어리즘이 있긴 한데, 그것만 있지 않고 여러 가지가 섞여 있잖아요. 여러 가지 층위가 …… 특히 오바마 행정부 때 메이커스페이스를 강화한다든지 지원한다든지 하면서 …… 거기서 아마추어리즘을 배제하지는 않았지만 거기에 포커스를 두지는 않았던 것 같고. 우리나라는 더더욱 '메이커 100만 양성' 이렇게 가면서 산업적인 전사를 요구했던 것이지, '만드는 즐거움을 우리 일상생활 속에서 즐기자' 이런 거는 아니었다라는 거죠. 그래서 메이커 문화의 층위가 되게 다양하다라는 것이고 …… 메이커 문화라는 말을 썼을 때는 아마추어리즘에 가깝다는 생각은 드는데 메이커 운동은 여러 가지를 포괄하고 있고, 특히 우리나라는 상당히 인더스트리 위주로 가고 있다라는 생각이죠.

김상규 현상은 그렇죠. 현상은 산업과 정책이 메이커 담론을 빨리 흡수를 해버리는 …… 그리고 이제 운동성 자체는 굉장히 순응적으로 바뀌어버리는 거죠. 원래 메이커 운동 자체는 대량생산되는 전 지구적인 질서에 대해서 균열을 내는 것인데, 이렇게 비싸게 뭔가를 만들어내는 게 되거나, 직접 만들어 저렴해지지만 퀄리티가 떨어지는 게 나오죠. 하지만 상품이 아닌 자기가 직접 쓸 것이기 때문에 크게 개의치 않는 겁니다. 사지 않고 자기가 해결할 수 있는 그런 거였기 때문에 …… 운동 자체는 그렇게 출발했죠. 현상은 그렇게 여러 가지가 나올 수 있죠. 그런데 우리나라는 정책이나 산업이 흡수하는 게 빨랐던 거 같고요, 창조경제 같은 방식으로. …… 세운상가에 만들어져 있는 메이커스페이스 같은 것도 사실은 막 섞여 있어요. 처음에는 민간이 주도해서 만들었던 건데, 계속 해나가기 힘드니까, 또 서울시의 지원을 받아서 공간도 할당을 받고 하다 보니까, 약간 서로 이렇게 맞물려 있는 그런 상태죠. 운동성이 없는 것은 아닌데, 그래도 이제 시라든지 정부 정책하고도 맞물려 있어가지고, 서로 도움도 받고 양보도 하고 그런 관계인 거죠. 지금 되게 묘한 상황인 거 같아요.

김지원 그러니까 결국에는 정부 지원을 받아서 많은 사람들이 메이커가 된다고 해도 그들 모두가 살아남는 게 아니라 일부만이 살아남아도 좋다라는 측면일 거고, 거기에서 끝까지 자급자족하면서 살아남는 디자이너들은 극히 일부일 수 있다는 거죠.

구상권 그건 당연한 거죠. 그건 어디나 마찬가지죠.

김지원 다만 저는 뭔가 이게 돈이 되느냐 안 되느냐, 생존이 가능하냐의 문제를 떠나서, 디자인의 범위가 확장되고 층위가 다양해졌다는 것 자체로도 큰 의미가 있다고 봐요. 디자이너가 꼭 생산자가 아니어도 된다는 것, 그다음에 여러 가지 다양한 출구가 생겼다는 것 자체에서 의미가 있지 않을까요?

구상권 저도 그렇게 보고 있어요.

김상규 서구에서의 메이커 운동은 자본주의에 대한 대안으로서 자급자족을 하겠다는 정신과 강하게 결합되어 있는 거였었잖아요. 그런데 한국에서는 그런 사회 불만이나 대량생산 방식에 대한 비판, 이런 거랑은 전혀 상관없이, 직업적 전망의 부재, 먹고살기 힘들다거나 직업적인 여러 가지 한계점들과 결합돼서 나타나고 있죠. 정부에서 메이커 운동을 지원하는 데는 '이런 거 하면 청년들이 창업을 잘하지 않을까?', '벤처 붐이 일어서, 개인들이 과학기술을 활용해서 뭔가 새로운 것을 개발하고 제품화해서 경제가 활성화되지 않을까?' 하는 기대와 결합되어 있다라고 생각되거든요. 저는 그런 방향으로만 흐르는 게 문제다라고 생각해요. 학교에서도 메이커 교육을 할 때 '자본주의가 있잖아, 자급자족이란 건 말이지', 이러면서 가기는 어려운 상황이잖아요. 그래서 뭔가 진행되고는 있는데, 약간 막혀 있는 그런 느낌인 거 같아요.

김지원 지금 얘기에 공감하는 게, 언뜻 그런 생각이 들 때가 있어요. 메이커 운동이 이렇게 가다가 오히려 자유시장 경제체제를 굉장히 강화시키는 게 아닐까 하는 생각이요.

구상권 그렇게 될 수도 있죠.

연명흠 저는 서구에서의 메이커 운동이라는 게 자급자족적 아마추어리즘으로만 구성되어 있다고 생각하지 않아요. 특히 미국 오바마 정권 때의 메이커 운동은 굉장히 산업주의적인 성격이 섞여 있었다고 생각을 하고요. 전 세계적으로 중국 같은 데는 훨씬 더 공격적인 산업정책을 펼치고 있다고 생각하거든요. 그래서 메이커 운동을 풀뿌리 시민운동이라든지, 자작 문화라든지, 리페어라든지, 이런 쪽으로만 연계시켜서 생각할 필요는 없다고 생각해요. 박근혜 정부를 개인적으로 좋아하진 않지만 그렇다고 해서 메이커스페이스 여기저기 만들고, 정부가 지원하고 산업을 촉진하고 했던 것들이 전적으로 잘못됐냐라고 묻는다면, 그건 아니라고 생각하는 거예요. 정책이라는 것은 부작용이 있을 수밖에 없는 거고, 알면서도 집행해야 할 점도 있는 거죠. 그렇다고 정부 정책에 문제점이나 반성할 점이 없다는 건 아니고요. 그 점을 우리가 깨닫고 관료도 깨닫고 있어야 되는 부분들인데, 그걸 깨닫고 있어도 결국 정책이 시행될 때는 또다시 비슷해지지 않을까라는 거죠.

구상권 깨닫기 힘들어요. 깨닫기 힘들고 …… 그리고 두 가지 측면인데, 미국의 메이커페어 있잖아요, 그거도 원래는 자발적인 거였는데, 그것도 둘로 쪼개졌어요. 처음 메이커페어를 시작한 둘 중 한 명이 "국가에서 지원을 좀 받자, 행정부에서 지원을 해준다" 그러니까…… 결국은 견해 차이로 한 명이 나갔어요. 최근에 들은 얘기예요. 지원받고자 하는 사람은 이 메이커페어라는 게 파리고 LA고 간에 전 세계에 다 있거든요, 이제는 판을 키우고 싶은 거죠. '그러려면 이 상태로는 안 된다, 확장하려면 돈이 더 들어가니까, 정부 지원을 좀 받자!' 또 다른 한 명은 '안 된다, 그러면 운동성을 잃는다' 해서, 결국은 둘이서 싸우고 한 명이 나갔어요. 최근에 일어난 일이에요. 그래서 저도 교수님 말에 전적으로 동의를 해요. 그 사람들도 딜레마가 있는 거죠. 이렇게까지 커질 줄은 몰랐던 거죠. 어쨌든 두 가지 측면으로 본다면 쪼개서 아예 단계별로 할 수 있을 거 같아요. 아마추어리즘적인 메이커와 그다음에 나는 여기서 나와서 다음 단계로 갈래, 이렇게 해야 되는데, 뭉뚱그려 있는 것 자체가 문제인 것 같아요. 정부 지원 정책의 가장 큰 문제는 모방에 있어요, 그냥 가져오기만 하는 것. 여기 우리가 딛고 있는 틀이 있잖아요. 우리 문화 이런 거 무시하고, 메이커스페이스, 팹랩서울, 이렇게 찍어내기만 하면 되고, 이랬던 거긴 한데, 팹랩서울이 적자가 어마어마한 것은 아시죠?

김상규 아마도…….

구상권 그게 임대료가 꽤 높아요. 그리고 인건비 다 주고 나니까, 뭐 지원받는 것 갖고는 안 되는 거예요. 그래서 고산 대표가 비용을 줄이려고 많은 노력을 했어요. 거기 상시 이용 인원이 한 달에 10명 미만이에요. 그러니까 사용료 받아서 하는 걸로는 잘 안 되는 거죠. 제가 볼 때 그거 입안한 전문가가 있느냐? 전문가도 없어요. 없다 보니까 그냥 외국 걸 계속 베껴서 가져오면서 생기는 문제인 거 같아요. 그래서 우리가 어떤 것을 원하는지도 모르고, 사진 찍어서 그 기계 똑같이 사고, 게다가 또 더 문제인 게 뭐냐면 차라리 그렇게 해서 하면 되는데, 나라장터가 껴요. 그래서 전문가가 조언하려면 '우리 틀에 맞는 걸 해야 되고', '우리가 원하는 거는, 아직 10억 원짜리 5억 원짜리 장비까지는 필요 없으니 이 정도로 해서 훨씬 더 자유롭게 쓰자'라든지 이렇게 가야 하는데, 외국에서 사진 찍어온 거 그대로 하니까, 기계도 다 굳어버리고 마는 거죠. 그거에다 또 가장 많이 쓰는 장비들 있죠, FDM 방식 3D 프린터, 저렴한 장비. 그것도 나라장터 것 쓰니까. 다 엉망 되고 …….

김지원 그렇게 따지면 진짜 문제는 정부 지원만을 바라서는 안 된다는 거예요.

구상권 그러려면 그런 자발적으로 하고 있는 사람들한테 일을 맡겨서 매입을 해야 해요. 장비 지원을 하지 말고, 메이커 관련 사업을 하는 회사가 있으면 정부가 B2G로 일을 주는 거죠. 이렇게 해서 키우는 것이 낫죠. 돈을 벌 수 있는 구조를 만들어줘야 되는데, 정부가 나서서 공간(메이커스페이스)을 만들면 이 기업을 죽이는 거예요. 여기는 돈 받고 하는데, 여기서는 무료로 해줘, 그러면 죽이는 거죠.

김상규 불공정한 경쟁을 하게 만드는 것, 어디는 지원을 받아서 쉽게 하고 그렇지 않은 데는 힘들게, 힘들게 자기 돈 들여서 하고 있고 …….

구상권 그러니깐 메이커스페이스가 지금 기존의 업체를 죽이고 있거든요. 공정한 PT도 괜찮아요. 예를 들어 이번에는 1억 가지고 기념품을 만들 건데, 조건은 대기업을 제외하고, 수공업이든 뭐든 다 가능하다. …… 이렇게 입찰이 들어가면 그 돈 가지고 기념품을 만들고 그러면서 스킬도 늘고, 차라리 이렇게 해주는 것이 나은데 …… 지금은 메이커스페이스를 또 뽑아요. 약 60군데 더 만들어요. 작년, 올해 대략 60군데.

김상규 현재 드러나는 정책적 모순을 …….

구상권 그러면 그게 또 뭐냐 하면 입찰받은 사람이 기계를 사잖아요? 해외 업체들이 유통업체들이랑 손잡고 3D 프린터를 파는 이 악순환을 계속하고, 그 외 몇몇 국내 업체들은 팔고 나서 업체 사정이 어려워지니 책임지지 않고 ……. 그러니까 제가 쓰려던 게 뭐냐 하면 산업통상부에서 만든 십몇억 원 들여 만든 사이트거든요. 그거 없어졌어요. 그런 게 몇 개 되거든요.

김상규 지원 제도에 굉장히 숙달된 사람들은 지원을 받고 사라지고, 시장을 교란시키는 거죠. 하지만 정책 또는 산업 차원에서 이런 것들을 안 할 수는 없을 거예요. 중요한 것은 오바마 정부 이전까지는 이런 것들이 자율적인 일이었다는 거죠. 메이커 운동의 현상을, 농사의 예를 들어볼게요. 과거에는 농민들이 농사를 지을 때 자신들의 지혜를 통해서 종자를 키우고 그것들을 마을 사람들과 나눠 썼는데, 기업들이 이것을 독점화하기 시작한 거죠. 농부들이 자기 지식을 다 빼앗기면서 아무런 조건 없이 배웠고, 조건 없이 대물림해 주던 것을 이제는 돈을 주고 사와야 하는 거예요. 이 종자는 다음 해에 싹을 틔우지 못해요. 마지막이에요. 키우려면 또 씨를 사야 해요. 메이커 운동도 그렇게 된 거죠. 공유지가 없어요. 예전에는 (만들기는) 모두가 공유하는 지식이었어요. 사고팔지 않았어요. 스스로 만들고 누구나 공유하던 것들인데 자본의 유입으로 자본에 민감한 사람들이 이것을 독점하고 그에 대한 서비스를 제공하면서 사용료를 받기 시작했어요. 결국, 이러한 방향으로 정부 정책에 동참했던 사람들은 혜택을 받고 있고, 이전의 조직들은 거기에 의존해야 하는 상황이 된 거죠. 메이커에 대한 교육도 해야 하고, 메이커 정책도 펼쳐야 하고, 이를 또 산업이 수용하는 것을 반대할 수도 없어요. 하지만 이러한 장치들이 자율적으로 메이커 운동이 가능한 플랫폼을 만들어주지는 못하고 있다는 거예요. 리눅스가 마이크로소프트와 대항을 하듯이, 서로 지원도 해주고, 연구 프로젝트로 밀어주기도 하고, 대등한 관계에서 상호 경쟁적 협력관계에 놓일 조직들이 없다는 거죠. 정부가 이렇게 개입을 하게 되면 의존적 상태에서 지원만을 바랄 수밖에 없어요.

연명흠 두 가지 측면에서 반대 의견을 얘기해 보고 싶은데요. 하나는 우리나라에 공유지가 있었는가? 그리고 우리나라에 제작 문화가 있었는가?

김상규, 구상권 한국은 없었죠.

연명흠 그렇다면 정부가 역할을 다르게 했다면, 공유지가 생기고 제작 문화가 있었을까요? 또 하나는 메이커 운동이 독점적인 특정 기업의 영리 추구를 위한 수단으로 활용된다는 얘기잖아요? 그런데 그런 측면보다는 정부 지원을 받는 것으로부터 생기는 수동성이 더 문제가 아닐까요? 예를 들어서 메이커 문화에 대한 얘기는 아니지만, 디자인 분야의 정부 지원 사업을 얘기해 볼게요. 디자인 기업이 클라이언트 회사로부터 받을 돈을 정부가 주죠. 그러다 보면 정작 디자인을 해야 할 때, 자기 돈을 안 들이고 어떻게 정부 돈을 따올까를 생각하게 돼요. 좋은 취지로 디자인 지원 사업을 했는데, 결국 내 돈 내고는 디자인을 안 맡기는 부작용이 발생하는 거죠. 메이커 운동에 대한 정부의 지원도 어느 정도 그런 문제이지 않을까. 그 지점이 오픈소스가 없어진다거나 공유지가 사유화된다거나 하는 것과는 다른 문제가 아닐까 하는 거죠.

김상규 연결되어 있다고 생각해요. 정부와 기업은 그렇게 할 수밖에 없지 않을까요? 그래서 시민운동이 브레이크를 거는 건데, 그렇게 할 수 있는 연결점과 구심점이 없다는 게 문제일 수 있어요. 개인은 힘이 없어요. 그래서 연대해서 뭔가를 하는 거고, 조합을 만드는 거예요. 단체를 만드는 건데, 거기에 대한 것을 정부를 탓할 수 없다면 교육에서 얘기를 해줘야 하는 거예요. 환상만을 심어주면 안 되는 거죠. '너는 메이커가 되어 창업을 할 수 있어'라기보다는 '이런 문제들이 있을 수 있고, 이런 것에 대한 각오를 하지 않으면 안 된다'는 식의 교육도 필요해요. 메이커 문화를 읽게 해서 그들 스스로의 대안들을 만들 수 있도록 해야 하는 거예요. 그렇지 않다면, 끌려다닐 수밖에 없다는 얘기를 해줘야 해요. 우리가 우려하는 것들은 피할 수 없는 현상이에요. 예측되었던 일이죠. 자율적인 문화와 공동체가 튼튼하지 않으면 그럴 수밖에 없어요. 그런 자본화에 대한, 정책에 대한 협상을 할 주체가 없다는 것이 안타까운 것이죠. 단순하게 지금의 시장을 인정하고 맞춰서 이렇게 살아야 되고, 이것을 알아야 된다고 교육시키는 것은 한편으로는 안타까운 일이에요. 이 친구들이 거기서 몇 명이 살아남을지 알 수가 없어요. 교육도, 환경도 바뀌고 있고 메이커 운동이 디자인 교육이나 산업에 큰 영향을 끼친 것도 맞아요. 과도기예요. 앞으로의 과제는 지금의 지형을 잘 읽어내는 거예요. 새로운 대안적인 연구를 해야 할 시점이라고 생각해요.

이지원 비판적인 얘기가 많았으니 희망적 얘기 하나 해볼까 해요. 하자센터 청개구리 교육장이라는 곳이 있는데, 초등학생을 대상으로 하는 자율적 워크숍이에요. 무료 시설로 교육받는데 재활용 소재를 모아놓고 만들기를 해요. 아이들의 만족도가 상당히 높고요, 정규 멤버도 모집해요, 연 20명 정도. 학교처럼 운영을 하는데 1주일에 한 번씩 모여서 공동으로 창작도 하게 하고요.

김상규 청개구리 작업장의 목적은 제도 교육에서 수용할 수 없는 창조교육을 학생들에게 시키겠다는 것이었어요, 하자센터처럼. 그런 대안을 디자이너가 만들어내야 한다고 생각해요.

이지원 수요에 대한 생각을 할 필요가 있어요. 아이들은 직업이나 돈과는 무관한 층이잖아요. 대학에서의 메이커 교육을 생각하지만, 산업이나 정책과는 무관한 사람들, 디자이너도 아니고 직장을 다니다 새로운 일을 필요로 하는 사람들, 취미로 하는 사람들처럼 처음부터 아마추어를 대상으로 하는 교육으로 시야를 넓히면 좋겠어요.

구상권 청소년 수련관도 그런 거죠.

이지원 청소년 수련관과는 다르다고 생각해요. 그건 오히려 루틴을 따라가는 것 아닌가요? 메이커 교육의 핵심은 루틴을 주지 않는 것이라고 생각해요.

구상권 꼭 루틴이라고 볼 수는 없어요. 행위를 즐기는 사람들이라면 누구나 다 포함할 수 있는 거예요. 그런 프로그램이 필요해요.

김상규 직업적 부담이나 진로와 관계없이, 아무런 부담 없이 행하는 것들이 즐거움을 주잖아요. 디자인과 접목했을 때, 두 가지 접근 방법이 있을 수 있어요. 전문적인 디자이너 양성이라는 교육의 목표를 벗어나면 자유로울 수 있다고 생각해요. 만일 전문가 양성이 교육의 목적이라면 하자센터와 같은 커뮤니티에서 가르치는 사람으로서 일을 할 수도 있고요. 그러면 디자인학과에서 오히려 교육학을 가르쳐야 할 수도 있어요.

연명흠 메이커 교육을 받는 것이 초등학교 때에는 부담 없죠. 고학년으로 올라가서 입시가 가까워지면 메이커 교육이 부담이 되죠. 결국 학종(학생부 종합 전형)에 쓸 수 있는 한 줄이 될 뿐이에요. 일반인의 경우에는, 예를 들어 먹고살 만한데 시간적 여유가 있는 사람들이 취미로 배우는 거죠. 반면 대학생 교육은 전문가 양성 교육으로 가는 게 맞다고 생각해요.

김지원 직업인을 양성하는 게 디자인 교육의 목적인가라는 질문을 다시 해보고 싶어요. 우리가 디자인 교육을 받을 때 사용자를 위한 것이어야 한다고 배우잖아요. 그런데 요즘에는 1인 창업자들도 늘고 개인이 감당해야 하는 것들이 많아지다 보니까 자립을 가르칠 뿐이지 디자이너들이 실제로 누군가를 위해서 무엇을 만들어야 하는 존재라는 의식은 점점 희미해져 가는 것 같아요. 시장에 적합한, 시장경제에 도움이 되는 디자인만 하도록 양성하는 것이 아닌가. 예를 들어 오픈소스를 이용해서 뭔가를 만드는 것도 공동체를 위한 것이라기보다 다분히 개인을 위한 사용이라는 거예요. 한 프로젝트를 대안적 사례로 들고 싶어요. 대학이 지역 커뮤니티와 연구소 그리고 기업의 후원으로 공동 개발한 메타볼리시티MetaboliCity와 같은 프로젝트가 인상적이었어요. 이 프로젝트를 통해 개발된 바이오루프BioLoops는 도심과 같은 척박한 환경에서도 식물의 신진대사를 촉진시켜서 재배하는 하이테크 섬유예요. 가늘고 긴 줄로 여러 가지 형태를 만들 수 있기 때문에 고층 빌딩이나 좁은 땅에서 재배가 가능하도록 루프를 꼬면 그것을 타고 식물들이 성장할 수 있어요. 가장 인상적이었던 건, 이 루프를 엮는 과정은 워크숍 형식으로 이루어지는데 디자이너와 개발자들이 퍼실리테이터로 참여해서 시민들과 함께 루프를 엮는 중에 환경에 대해 관심을 갖게 하고 디자인에 대한 이해도 높이는 거죠. 시민 안에는 어린이도 있고요. 아이들은 루프를 엮고 장난치면서 디자인을 하는 거죠. 환경운동이라는 게 복잡한 게 아니라 그저 재미있는 거라고 생각할 수 있는 거죠. 이런 것이 디자인에서의 메이커 운동이라고 생각해요. 우리나라의 경우는 내가 끝까지 만들어내는 것 자체에 집중을 하고, 거기에 메이커 운동의 의미를 너무 많이 담다 보니 아쉬움이 있어요. 개인이 행하는 일이라 해도 디자이너 개인의 작은 노력이 세상을 더 나은 방향으로 변화시킬 수 있다는 인식도 디자이너 스스로 가질 필요가 있어요.

김상규 그렇게 본다면 메이커 운동이 디자인 교육에 미치는 영향은 고등교육으로서 대학의 교육이라기보다는 사회 교육의 측면에서 더 살펴볼 수 있겠군요. 디자인이라는 것을 고등 교육으로 가는 전유물이 아니라 누구나 해볼 수 있는, 새로운 시도를 해볼 수 있는 확산의 개념으로 볼 수 있을 것 같아요. 메이커 운동에 자기 설계의 개념이 들어가 있으니까요. 자기 주도적 공간을 만든다든지요. 주어진 포맷 안에서 만드는 것에서 벗어나 자기 스스로 창작을 하는 것이고요. 디자인이 대중적으로 확산되는 데 기여한다고 볼 수 있지 않을까요?

연명흠 지금까지는 디자인과를 졸업하면 대기업을 가는 것이 목적이었고, 그에 적합한 능력을 키우는 거였는데, 그 길이 점점 좁아지고, 그러다 보니 다양한 방향으로 모색하게 되는 거 같아요. 디자인과를 졸업해서 카페를 차렸는데, 카페가 세련되어 더 잘되는 경우도 있다고 들었어요. 김상규 교수님 말씀처럼 디자인싱킹을 가지고 교육을 하거나, 커뮤니티에서 퍼실리테이터의 역할을 하는 길도 생각해 볼 수 있겠네요. 대학의 디자인과에서 직능 교육만이 아니라 교양 교육이 가미될 필요와 조건들이 갖춰지는 거 같아요.

김상규 취업의 문제를 벗어나는 거예요. 디자인 전공자가 즐겁게 사는 방법으로 메이커 교육을 받을 수 있어요. 사회에서는 메이커 운동을 통해서 어렴풋이 디자인 감각을 인지하게 되는 것이죠. 훌륭하고 멋진 디자인을 하라고 강요하거나 소비되는 디자인을 강요하는 것이 아니라, '이것도 디자인이네'라고 생각할 수 있게 해줄 수 있다면 메이커 교육이 디자인 교육을 확산시켜 줄 수 있다고 아주 긍정적으로 말할 수 있을 것 같군요.

이지원 저는 워킹 프로토타입이 가능하도록 하는 것이 메이커 교육이라는 점에 대해서는 회의적이에요. 저는 졸업해서 소규모 스튜디오를 운영하고 있는데, 제 주변의 친구들을 보면 대기업에 가서 살아남은 친구들도 거의 없어요. 여성은 더욱 그렇고요. 대학에서 워킹 프로토타입을 배우는 것에 한정하기보다는 오히려 더 많은 가능성을 보여주는 정도로 확장하는 것도 좋겠다는 생각이 들어요. 직조나 봉제, 가죽이라든가, 산업디자인에서 다룰 수 있는 소재나 분야들을 많이 다룬다든지 그것으로 공동 작업을 해보거나. 졸업한 이후에 취업이 아니더라도 자기 주도적인 작업을 통해서 제작이 가능하다는 의식들을 심어주는 교육이 필요하다고 생각해요.

연명흠 워킹 프로토타입이라는 것이 아두이노 마이크로 컨트롤러 같은 개념만은 아니지만, 피지컬 컴퓨팅으로 가장 잘 드러나긴 해요. 그런데 저도 같은 생각을 해요. 혼자 가방을 만들어보는 것도 메이커 교육의 일환이 될 수 있다는 거죠. 가방은 워킹이 되니까, 쓸 수 있으니까. 그런데 여기서 공예와 디자인 얘기를 같이 해야 할 거 같은데, 디자이너는 어떤 교육을 받았냐면은 스스로 자르고 봉제하고 해서 만드는 것이 아니라 '요렇게 만들면 된다'라고 제작자에게 제시하는 역할을 교육받아 왔다는 거죠. 그러니까 모델만을 만들고 끝나는 거잖아요. 그래서 설계와 제작이 분리가 됐다는 거죠. 모델이 아니라 워킹 프로토타입을 만든다는 것은 그런 점에서 제작과 설계가 통합된 걸 말하기도 해요. 여기에 3D 프린터를 포함한 여러 가지 쉽고 저렴해진 생산-매뉴팩처링 가능성이 생기면서, 디자이너가 계획하고 만들고 1인 미디어를 통해서 유통까지 해결할 수 있는, 그런 상황이 벌어지고 있기 때문에 …… 워킹 프로토타입을 좁게만 생각한 건 아니었다라는 거죠. 그리고 그런 의미에서 공예적인 접근 방법에 대해서 한번 새롭게 생각해 볼 필요가 있어졌다는 생각이 듭니다.

이지원 사실 그게 취업이 계속 힘들기 때문에 그런 거 같아요. 점점 더 힘들어지고, 대기업에서 신입 공채로 뽑는 인원은 계속 줄고, 졸업해서 당장 돈을 벌어야 되는, 먹고사니즘 그런 거에 부딪히는데, 결국에 자기가 계속 주도적으로 만들고 판매까지 하고 해야지, 먹고살아야지 사회적으로도 생각을 할 수 있고…….

김지원 실제로도 그러다 보니, 디자인 교육에서는 아무리 소량이라고 하더라도 매뉴팩처링 시스템 안에서 다뤄지다 보니까 대부분 내가 시제품을 만들고 나서 누군가에게 맡겨서 생산하게 되는 경우가 많이 생기죠. 그러다 보면 중간 마진이 생기고 판매가가 올라가면서 가격 경쟁력이 떨어지죠. 결국 나 혼자서 또는 내 친구랑 삼삼오오 모여서 할 수 있을 정도의 시스템은 없는 거예요. 반면에 오랫동안 숙련된 공예 기술, 예를 들어 도자나 유리 등 기술적인 숙달이 많이 필요한 경우를 제외하고 디자이너 제품 개발의 차원에서 소재로 볼 수 있는 가죽이나 금속, 섬유, 나무 등 디자인 전공자가 소화할 수 있는 가능 영역으로 진출하는 사례가 늘고 있는 것 같아요.

이지원 사실 그리고 디지털 제조가 많이 일반화되어 가지고 동네만 가도 어디에선가 CNC를 할 수도 있고 레이저 커팅을 할 수도 있고 그러면서 만들 수 있는 것들이 많아지긴 했거든요. 그 부분은 되게 긍정적인 거 같아요. 그래서 그런 것들이 교육에서도 앞으로 이런 가능성들이 있다라는 것을 가르쳐주는 방향이 좋지 않을까…….

김지원 결국에는 공예와 디자인의 경계가 모호해지고 있는 게 아닌가…….

김상규 모호해져도 상관은 없는데, 교육에서 편견이 있긴 있는 거 같아요. 예를 들면 이광석 교수 같은 경우에도 주장하는 게 우리나라의 메이커 운동은 다 디지털이라는 거예요. 해외 메이커페어에 가면 무식하게 큰 나무 구조를 만들기도 하고, 요리도 하고 그러거든요. 우리나라 메이커페어 1회 때는 그게 있었어요. 요리도 하고 목공도 있었는데, 2회부터는 다 디지털인 거예요. 그러니까 메이커 운동 그러면은 뭔가 인터랙션이 있고 전자 회로가 들어가야 하는 걸로 생각되고, 나오는 친구들도 다 그런 친구들이고, 과학고에 다니는 애들이라든지 그런 동아리 애들이 나오다 보니까, 손기술 갖고 있는 것은 거기에 해당 안 되는 거 같아요. 소외된 분야처럼 되어 있어요. 그래서 가죽으로 만들거나 직조를 하거나 하는 거는 굉장히 구닥다리처럼 되어 있는 …… (웃음) 그것도 사실은 메이커 운동 중의 하나거든요. 원래 메이커 운동이 뜨개질부터 시작했기 때문에, 그래서 그런 거에 대한, 새로운 테크놀로지를 사용하는 것에 대한 편견이 생기는데, 저는 정책적인 부분이 반영된 것으로 봐요. 4차 산업혁명이라는 것에, 새로운 기술을 활용하는 것에 대해 더 많이 지원을 해주고 드라이브를 하기 때문에 학습이 된 거 같아요. 대학 교육에서는 그런 게 약간 공예적인 거라고 생각을 하고, 가르치지 않기도 하잖아요. 제가 학교에 가서 가구를 가르친 게 불과 몇 년 안 되거든요. 그전에는 가구수업 얘기 꺼내면은 자동차 회사를 가야 하는데 왜 가구를 가르치냐고 해서 …… 반대도 있었는데, 어쨌든 지금은 가구 수업이 만들어졌어요. 그리고 몇 친구들은 가방도 만들고 싶어 하고 신발도 만들고 싶어 하는데, 그 수업은 없어요. 그래서 메이커 교육을 대학에서 하긴 하는데, 아마 포커스가 거기엔 없을 거 같아서 …… 약간 그런 편견도 있긴 있는 거 같아요.

연명흠 대학에 가구, 봉제 등과 관련된 수업이 없는 건, 우리나라 산업구조와도 관련 있는 거 같아요. 우리나라는 삼성, 현대, LG, SK의 나라잖아요. 괜찮은 스포츠웨어를 만드는 회사라든지, 그런 회사는 없는 거죠. 그러다 보니, 저도 그렇지만, 대학에 있는 교수들 대부분이 대기업 출신, 전자 회사 출신, 자동차 회사 출신들만 많지 가죽으로 만드는, 예를 들어 루이비통 제품의 디자이너도 별로 없고 ……. 그런 것과 관련 있는 거 같아요, 산업구조와의 관련 …….

이지원 좀 학교에서 판을 확 키워가지고, 제가 어떤 교육을 받았으면 좋았겠다라는 생각을 했던 적은 있어요. 그러니까 정말 여러 가지로, 가구도 있고, 가죽도 있고, 신발도 있고, 가방도 있고, 그런 여러 가지를 배울 수 있고 …… 내가 나가서 할 수 있는 일도 많구나라는 것을 모르고 졸업하게 되는 거 같아요.

연명흠 공예적인 방법과 아이템, 디자인적인 방법과 아이템, 두 개가 사실 분리되어 있잖아요. 그렇다고 제 얘기가 두 분야를 통합하자는 얘기까지 하는 건 아니지만, 서로서로 다른 경향성이 있는 걸 알았으면 좋겠어요. 그런데 이런 얘기를 하다 보면 공예과 사람들은 어떻게 생각하냐면, 크래프트맨십의 가능성이 부각되면서 고무되어 있긴 하거든요. 근데 상대적으로 그 친구들은 산업적인 감각, 비즈니스적인 감각이 약하기도 해요, 어떤 면에서는 ……. 그것이 서로서로 보완되면 좋겠다는 생각을 해요.

김지원 디자이너가 계획을 수립하는 것을 훈련받았다면, 어쩔 수 없이 물성을 다루는 사람들은, 즉 공예하는 사람들은, 가령 도자 전공 학생은 흙과의 싸움을 4년간 하다가 졸업을 하는 거잖아요. 그러다 보니까 상대적으로 색채 연구라든지, 어떤 디자인을 해야 한다든지 그런 것들은 덜 교육받는 거죠, 교육 구조상. 그리고 4년 동안 배울 수 있는 것들이 그렇게 많지는 않다는 거예요.

구상권 정말 융합이 필요한 거 같기는 해요. 제가 공예하는 학생들과 디자인하는 학생들을 멘토링하면서 자세히 관찰해 볼 기회가 있었어요. 꽃병을 만들던 공예하는 학생이 생각나는데, 재료, 물성, 이런 건 정말 잘 이해하는데, 꽃병의 기능을 위해서 최소한의 기본 요건은 어떤 게 있나, 그 기능과 형태를 어떻게 결합할 것인가에 대해서 고민을 해야 되는데, 그 친구가 다루고 있던 형태 메타포에서 계속 머물고 있는 거예요. 그래서 내가 '형태에 대해서 한 번만 다시 생각해 봐라'라고 했는데, 제가 그 멘토링을 한 순간이 친구가 완전히 굳어버려서, 결국에는 계속 실랑이를 벌이다가 넘어서지 못했어요. 결국에는 그 메타포를 벗어나지 못한 거죠. 저는 그 과정에서 정말 벽을 느꼈거든요, 공예를 전공한 학생들의. 그냥 좀 다른 형태를 상상해서 해볼 수 있는 건데 …….

김지원　그런데 그것이 공예의 장점이 되기도 한다고 생각해요. 대중들의 취향이 점점 다양해지고 있다는 거예요. 디자이너의 관점에서 봤을 때 오랜 시간 고민하여 기능에 대한 실험을 하는 반면, 공예는 작품에 가까운 작업을 하다 보니 만들 때마다 다양한 게 나올 수 있죠. 작가 본인이 직접 만들 수 있으니까 그게 가능한 거고요. 디자이너는 자기가 손으로 완성을 못 시키니까, 처음부터 설계하고, 생산에서 문제가 되지 않도록 디테일하게 들어가는 반면에, 공예하는 친구들은 그때그때 생산의 즐거움을 느끼면서 다양한 시도를 해보는 거죠. 소소하게 만들어 판매도 해보고요. 그러니까 디자인 마인드하고 공예가 마인드가 부딪히는 지점이 그런 것 같아요. 우리는 대량생산을 전제로 해서 뭔가 정제된 기능의 형태를 만들고, 이걸로 오랫동안 롱런할 수 있는 걸로 생각을 하는 반면 굳이 이 친구들(공예가)은 그럴 필요가 없는 거죠. 여기서 디자이너는 절대다수를 상대로 하다 보니 보편성과 효율성을 고려하게 되고, 그렇게 표준화를 하다 보면 개인에 대한 고려가 부족할 수 있는데 그 틈새를 공예가들이 채워주고 있다고 생각해요.

구상권　근데 말하자면 디자이너들은 3D 프로그램에서는 수백, 수천 가지의 꽃병을 머릿속으로는, 그림으로는 엄청나게 만들어낼 수 있는데, 그게 과연 현실이 됐을 때 사람들을 매혹시키는 조형을 가지게 할 수 있느냐, 재료나 기술을 정복할 수 있느냐라는 점에서 솔루션이 없는 거고, 공예하는 사람들은 물성에 대해 너무 잘 이해하고 있는데, 형태에 대해서는 수백 가지까지 바라지 않아도, 지금 하고 있는 것에서 다섯 개만 바꾼 것만이라도 나왔으면 좋겠는데, 그걸 벽으로 느끼는 거 같아요. 사실은 두 가지가 다 문제죠. 3D 프로그램으로만 아름다운 꽃병을 만드는 학생이나, 소비자라든가 사용성이라든가를 생각하지 못하는 학생이나 …….

연명흠 그런 의미에서 디자이너들은 공예가처럼 끝까지 만들어보는 경험을 해보는 게 필요하고, 공예하는 친구들은 사용자 개념을 이해할 필요가 있어요. 공예가들은 자기 작가의 세계가 비난받고 파괴되는 순간 그걸 수용할 수 없는 거죠. 그런데 디자이너 같은 경우는 '사용자가 싫어할 수도 있지'라고 생각을 하는 습관이 있어요. 디자인에는 사용자라는 개념이 있고, 공예는, 내 편견인지 모르겠지만, 그게 좀 부족하다고 생각이 들거든요. 그게 서로 약점이기도 하면서 어쩌면 강점이기도 해요.

김상규 메이커 운동을 통해서 크래프트맨십이라는 공통된 지점이 있을 거 같은데, 현실은 차이가 많은 거 같아요(웃음). 공예랑 디자인의 차이도 있고 …… 여전히 디자인과 엔지니어링의 차이도 있고, 그런 거 같아요. 메이커페어에 가면 여러 장르의 사람들이 있지만, 교육 현장에도 많은 차이가 있는 거 같아요.

구상권 도구를 아예 안 쓰는 메이커가 있을까요? 어떻게든 도구를 조금은 다 쓰겠죠? 내가 왜 이런 얘기를 하냐면, 디지털을 쓰더라도 제가 지켜본 바로는 쓰는 방식이 다 달라요. 누가 옳은 건 아니고, 습관과 자기 스타일이에요. 정리를 잘하면 디테일을 잘 파요. 정리가 잘되어 있기 때문에 혼동하지 않는데, 저같이 정신없는 사람은 너무 많은 디테일을 넣으면 힘들어요. 저는 역할 분담이 돼서 다행이긴 하죠. 아니면, 하더라도 시간이 오래 걸린단 말이에요. 크래프트맨십이라는 것도 너무 공예에 한정되어 쓰이는 게 아닌가 싶은 생각이 들긴 해요. 어느 정도 수준에 도달할 때까지 끝까지 밀어붙이는 정신, 그런 거로 봐야 하지 않냐는 거죠. 저희 FAB365 같은 경우는 모델링의 기준이 여러 가지가 있죠. 기동성, 잘 움직여야 되고, 디테일도 많아야 되고, 심지어는 어떤 프린터에도 잘 나와야 된다라는 기준이 있어요. 기준이 많아진 건 팔겠다고 하니까 많아진 건데, '이 기계에서만 잘 나오면 돼, 나만 쓸 거니까'라고 하면 일이 갑자기 쉬워져요. 그렇지만 아마추어도 스스로 머릿속에 만족하는 수준이 있어요. '이거 못 하면

나는 실망스러운데, 프로가 만든 것보다는 별로지만 애초에 내가 만들려던 거는 이거야', 그러면 만족하고 가거든요. 그래서 전 앞으로 크래프트맨십이란 말이 좀 바뀌어야 하지 않나 하는 생각이 들어요.

김상규 크래프트맨십은 리처드 세넷이 얘기하는 거처럼 프로그래머들도 쓰는 용어거든요. 인디 게임 만드는 개발자들은 정말 장인정신으로 만드는 거예요(웃음).

연명흠 제가 진행상 토론을 해야겠다 싶은 주제가 있었는데, 그거는 출판사에서도 요청했던 거거든요. 메이커 운동이나 메이커 문화의 큰 흐름들을 잡아주면 좋겠다고 그랬었죠? 메이커 문화에는 어떤 것들이 있다, 메이커 문화의 지형은 어떤 결로 나뉘는가라는 주제인데 …….

김상규 굉장히 큰 과제고 …… 우리가 하긴 힘들 거 같아요. 우린 디자인 교육에서 메이커 운동이 갖는 의미를 찾아보고 어떻게 그 현상이 나타나고 있는지를 추적하는 거라서 전체 운동을 보기가 쉽지 않은 것 같아요. 어쨌든 우리는 계속 얘기한 거처럼 한국적인 상황을 얘기하는 거죠. 우리나라에서 정책적인 단위가 먼저 주도를 하고 있다는 것은 확실한 거고요. 그게 우리에게 정말로 부정적인 건지 긍정적인 건지는 사람들의 관점마다 다른 거죠. 어쨌든 확실한 거는 예를 들면 대학이라는 고등 교육에서는 어떻게 대응할 것인가, 그게 숙제로 남아 있고 그 정도지, 메이커 운동의 여러 갈래들을 정확히 판단해내기는 쉽지 않다는 거죠.

연명흠 뭐, 우리 수준에서 얘기를 하면 되지 않을까 싶은 거죠.

김상규 우리 글에서 나온 걸 보면 정부 정책 차원에 대해 얘기하는 거, 산업적인 분야에서 하는 거, 그다음에 교육에서 나오는 부분이 있고, 그 외에 개별적인 창작자들 수준에서 하는 거, 그렇게 크게 네 덩어리 정도 나올 거 같아요.

구상권 외국에선 아마추어리즘을 지키자라는 움직임도 크죠. 아까 메이커페어 얘기한 것처럼 …… 그리고 비판적 메이커 운동도 있는 걸로 알아요.

연명흠 비판적 메이커 운동은, 사실 우리나라에는 별로 존재하지 않는데, 그거를 강조하고 부각시킨다는 느낌도 들었어요. '있으면 좋겠다, 있어야 된다'고 생각하면서 얘기하지만 사실은 그 정도로 있는 거 같지는 않아요. 그것이 일부 작가들, 다른 말로 하면 캠페인, 이데올로기적인 차원에서 보면 있기는 하겠지만 많지는 않다 …… (웃음)라는 생각이 들어요. 메이커 운동의 여러 현상을 조금 생각해 보면 저는 네 가지 정도로 볼 수 있을 것 같아요. 산업주의형 메이커, 비판적 메이커, 사회혁신 메이커, 생활형 메이커로. 완벽하게 깔끔하게 나눌 수는 없지만.

김지원 비판적 메이커와 사회혁신 수단으로서의 메이커의 차이는 뭘까요?

연명흠 사회혁신 메이커는 서울시에서 하는 혁신파크 같은 거죠. 사회혁신 수단으로서의 메이커는 공공 영역에서 벌어지지만 내용적으로는 비판적 메이커와 통하는 지점이 있어 보여요. 볼륨은 좀 작고요. 비판적 메이커 문화 또한 볼륨이 크진 않을 것 같다는 생각이 들고요.

김상규 그래피티 리서치랩 같은 친구들은 디지털 기술을 활용하지만, 진짜 디지털로 그래피티를 하잖아요. 정치적인 것 같은 것을 …… 그런 친구들이 여기에 속하는 거죠.

연명흠 그런 사례가 충분히 될 수 있죠. 생활형 메이커라고 했던 것은 공예적이고 삶이 된 경우인데요, '이게 메이커 운동이야?' 할 것 같은?

김지원 그렇게 말한다면 얘는 왠지 디지털스럽고 얘는 아날로그 같고 …… 너무 그렇게 구분 짓는 게 아닌가라는 생각이 드는데요.

김상규 저는 한국에서 메이커 운동의 한 그림자가 존재했었다고 한다면 그런 게 있을 거 같아요. 동네에 철물점하고 전파상이 있었거든요. 스스로 고쳐서, 저도 어릴 때 동네마다 목재소가 있고 철물점이 있어서 맡겨서 만들었거든요. 그그런 곳들의 가장 큰 역할은 삶의 여건을 만들기 위해 일주일 내내 일을 해야 했고 집에서 아무것도 할 수 없는, 아파트기 때문에 작업실이 없는, 그러니까 차고가 없는 것을 대신한 거죠. 그런데 어느 사이에 그런 인프라들이 사라진 거예요. 개별적인 메이킹을 할 수 있는 그나마의 인프라들이 없어진 건데, 지금은 동네에서 나사못 하나도 사기 힘들잖아요. 그래서 우리나라에 늦게 메이커페어가 들어오게 되면서 할 수 있는 것은 힙스터들이 좋아할 만한 와우팩터Wow Factor가 있는, 디지털 기술을 활용해서 '야, 이거 되게 신기하지!' 이거 아니면 안 되는 거죠. 그러니까 우리가 일상적으로 쓸 수 있는 메이킹 자체는 우스운 것으로 되고, 그거 자체를 하기에는 이미 인프라는 사라져버린, 되게 묘한 상황인 거죠.

연명흠 저는 인프라가 다 사라진 거 같지는 않아요. 지금도 철물점이 아니라 다른 이름이긴 하지만 있긴 하단 말예요. 근데 그게 옛날에는 고치는 게 더 싸고 수리할 시간도 있고 그랬다면 지금은 그게 일종의 고상한 취미 같은 걸로 바뀌었다는 생각이 들어요. 지금 말씀하신 흐름, 수리해서 쓰고 하는 거, 이게 다른 말로 하면 생존형, 생활형, 생계형과 연결되는 거 같은데 …… 그런데 그 사람들은 이걸 '메이커 문화야'라고 받아들인 게 아니라 '내 업이야'라고 받아들인 측면이 있는 거 같거든요. 그게 한편으론 공예적인 길과도 맞닿아 있지 않을까 그런 생각이 들어요. 메이커페어에서 현란한 IoT스러운 것도 있고, 또는 시민운동적인, 좌파적인 크리티컬 메이킹critical making 같은 것들도 있고 하지만, 어떤 측면에선 그냥 항상 그랬듯이 도자기 굽고 너무 비싸지는 않은 가격에 팔고, 또는 나무로 도마 만들어서 쓰거나 팔고 …… 이런 식의 것들도 존재하는데, 그걸 새삼 메이커 문화라고 얘기할 수 있을지는 모르겠지만, 면면히 있어온 생활형 공예가의 길이 있다고 얘기해 볼 수 있지 않을까.

김상규 좀 다른 층위라고 생각해요. 예를 들면 도쿄에 도큐핸즈Tokyu Hands가 존재할 수 있는 건 누구나 집에서 고쳐 쓰고 만들 수 있다는 거가 일상화되어 있다는 거죠. 마치 이거랑 똑같은 거에요. 우리나라 자전거 문화는 운동 개념이거든요. 차에 자전거를 싣고 가서 한강에서 자전거를 타는 건데,

출퇴근으로 쓰지는 않잖아요. 그런 거랑 마찬가지라고 생각해요. 메이커 스페이스라는 번듯한데 가서 '자, 이제 뭔가를 만들어봐야지' 하는 거지 내가 평상시에 '가구가 필요하니까 만들어봐야지' 그러지는 않거든요. 그런 차이라고 생각하는 거죠. 우리에게 갑자기 불현듯 메이커 운동이 찾아온 거고, 우리가 자체의 운동성을 갖고 끊임없이 지속되다 결실을 맺은 게 아니라서, 서구랑은 다른 현상이라고 했잖아요. 그 이유를 찾아보면 그런 게 있다는 거죠. 노동시간도 길고 집의 구조도 뭔가를 만들 수 있는 게 아니었기 때문에 산업에서 먼저 그런 걸 수용했다, 그런 생각이 드는 거죠.

구상권 제가 토양이 잘못됐다고 한 게, 뭔가를 만드는 걸 하대하는 것도 있어요. 전반적으로.

김상규 그렇죠. 을지로 없어지는 걸 보면 그런 생각이 들죠. 그거 굉장히 중요한 인프란데 …….

구상권 아직도 대학생들은 제품디자인 쪽 졸전하면 (모델 만들려고) 다 을지로로 가요.

김상규 지금 많이 헐고 있는데, 매주 갈 때마다 헐고 있어요.

구상권 세운메이커 그 주변에는 남아 있거든요.

김상규 그 주변만 남아 있어요, 왜냐하면 거기는 서울시가 만들었기 때문에. 그 옆에 블록들은 많이 없어졌어요. 세운상가 위에서 보니까 밤에도 계속 헐고 있더라고요.

구상권 을지로가 없어지면 대학도 치명타를 받지 않을까요?

김상규 거기서 흥미로운 지점은 그곳에 제작 문화가 없었던 것도 아니고 또 지금도 관심이 있고 한데, 아무도 거기에 대해 기록하는 아카이빙 활동이 없다는 거예요. 거기에 주물단지가 다 있었거든요, 근데 거기가 없어지는 것에 대해 아무도 기록하지 않아서 리슨투더시티Listen to the City 같은 작가 집단들이 지금 아무 돈 받지 않고 자기 스스로 다니면서 기록하고 있어요.

이런 것을 보면 이율배반적인 게 있는 것 같아요.

이지원 을지로에서 그런 분들이 계세요. 여성 메이커라든지 언론에 화제가 됐던 분들도 있는데 다 철거당했어요. 사실 소규모 디자인스튜디오들에게는 을지로 철거가 타격이 정말 커요. 저도 을지로의 한 공업사에 작업을 맡기곤 하는데 을지로 철거 기사 보자마자 저희 작업하는 공업사에 전화해 봤어요.

구상권 을지로 골목 가보면 그런 생각이 드는데 서서히 그들도 정비를 했었어야 하는 것 같아요. 일본이랑 다른 것이 뭐냐면 일본은 이런 것이 남아 있는 이유가 본인들이 환경을 쇄신시켜요. 동네 모임에서 주변 보도블록이나 접근성이나 이런 걸 협의해서 나아지는 게 있거든요. 근데 을지로는 그런 것을 안 하는 것 같아요.

이지원 월세라든가. …… 그런 상황 때문은 아닐까요?

구상권 거기가 제일 안 올랐어요, 다른 곳에 비해서. 세운메이커 통해서 들으면 그분들이랑 뭘 하기기 힘들대요. '난 이 상태로만 가. 내가 옳아. 나는 여기서 고칠 생각 없어.' 이런 식이래요. 다른 분들과 함께하기가 힘들대요.

김상규 택시업계랑 비슷한 거 아니에요? 안타깝긴 하지만 그분들도 너무 고집이 세서 …….

구상권 우리 같은 사람들이 중간에 껴서 을지로 살리기 위해서 긴급 수혈한 거예요. 우리가 을지로의 부족한 부분을 도와주는 거예요. 일본 아키하바라 같은 곳 가보면 자체적으로 조금씩 바꿔요. 인프라, 도로라든가 물건 실을 수 있는 접근성이나 …… 사실 그것은 큰돈 들어가는 게 아니라 그냥 하면 되는 건데 을지로는 지금 가보면 불나면 큰일 날 것 같아요. 소방시설이나 이런 것들이 갖추어져야 하는데 같이 할 수가 없으니까 서울시도 이런 것에 대해 누가 책임을 질 것인가, 할 말이 있는 거죠.

김상규 복잡한 이해관계죠.

구상권 을지로 사람들도 빌미를 제공한 것 같아요. 을지로 보면 아쉬워요.

김지원 이제 우리 주변에서 일어나는 메이커 운동이 어떤 모습으로 나타나는가에 대해서 좀 얘기해 볼까요? 만들기 공방이라든가 …….

구상권 메이커 운동 붐이 불기 전에 홍대 앞에 약간 이런 붐이 있었어요. 가구 DIY라는 게 조금 있었어요, 의외로 목이 좋고 임대료가 비싼 곳들에. 그래서 '이렇게 비싼 임대료에 이걸 한다고?' 어쨌든 거기 와서 직접 자기가 만드는 거죠.

김상규 이케아가 들어오기 전이었죠(웃음).

연명흠 이런 경우가 있나? 있으니까 이 사람들이 했겠죠?

김지원 그런데 요즘에 가죽공방 같은 공방은 많이 생기지 않았나요?

구상권 가죽공방이 장난 아니에요. 특이해요. 엄청 잘돼요. 어떻게 하냐면 전문가가 와서 에르메스 같은 유명 브랜드의 자재를 다 공수해 와요. 부자재, 로고 같은 것들도 아주 똑같은 것으로 구할 수 있어요. (엄마들이나) 참여자들의 만족도가 굉장히 높아요. 진품의 1/5 가격? 가죽도 나쁘지 않고 좋은 것을 가져오고 명품 브랜드와 똑같이 만들 수 있도록 틀도 똑같은 것으로. 가장 마지막 단계가 핸드백이래요.

김상규 메이커 운동이 왜곡되어 있는……(웃음).

김지원 근데 그분들이 그 샤넬 백을 본인이 만들었다고 하진 않을 것 같은데?

구상권 그렇진 않아요(웃음). 모르겠어요. 분당 이쪽 지역에 특히 많아요. '이거 짝퉁이야', 그래도 '내가 만들었어', 그럼 인정해 준대요. 이태원 이런 곳에서 사면 '에이 별로인데' 하는데 내가 만들면 '똑같은데?' 하면서 …….

연명흠 이해가 가네요.

구상권 '내가 만든 건 괜찮아, 남이 만든 것은 안 되고' 하는 …… 그래서 '이게 되게 신기한 문화다' 하고 생각했죠.

김상규 　로고를 자기의 것으로 또 만들면 …….

구상권 　근데 그런 방법은 또 아닌 거죠. 왜냐면 진짜랑 내가 만든 거랑 구별이 안 가도록 하는 거예요.

연명흠 　그게 일종의 자기 목표군요.

김상규 　경지에 이르러야 하는군요.

구상권 　자신의 숙련도? '내가 이렇게 열심히 해서 잘 만들었어'라는 …….

연명흠 　산 줄 알았는데 '내가 만들었어' 하면 이기는 ……?

구상권 　그럼 그때 시인하는 거죠. '내가 만들었어' 하고. 그럼 '대단하다' 이야기 듣고.

연명흠 　재미있네요(웃음). 그리고 생각할 거리를 주네요.

이지원 　벌써 시간이 많이 지났네요. 얘기도 많이 했고 …… 오늘 좌담회는 이 정도로 마무리 지을까요?

김상규 　예. 우리 각자가 의견이 약간씩은 다르고, 큰 틀에서는 동의가 되고 그런 거 같아요. 이제 정리하려면 큰일 났네요(웃음). 이걸로 오늘 좌담회를 마치도록 하죠.

일동 　수고하셨습니다.

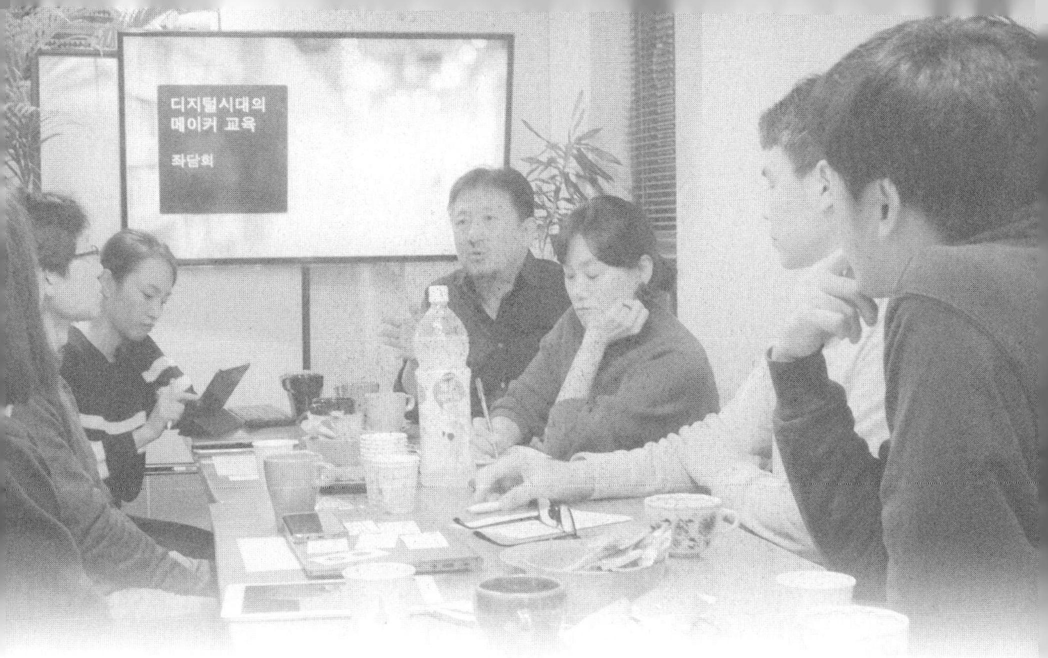

2차 좌담회

참석자
구상권
김상규
김주현
김지원
연명흠
이지원
정 희
추형욱

연명흠 메이커 교육에 대한 좌담회에 참석해 주셔서 고맙습니다. 이번 좌담회에는 세 분이 더 참석하셨는데, 그분들의 말씀하신 내용을 듣기 전에 저자들이 먼저 간단한 소개와 인사를 해야 하지 않을까요?

김상규 저는 2010년부터 제작 문화에 본격적으로 관심을 가져왔는데, 점점 제작 문화는 사라진 것 같고, 메이커 산업이 활성화되는 과정들을 보면서, 제작 문화의 원류를 이야기해 봐야겠다 싶었어요. 그래서 제가 맡은 1장 집필에서 메이커 운동, 제작 문화 전반을 돌아보는 내용을 담았어요. 그러니까 4차 산업혁명 같은 얘기가 나오기 훨씬 이전부터 제작 문화가 시작되었는데 산업화 과정부터 하나의 운동 차원에서 시작된 제작 문화, 자신에게 필요한 것을 만드는 자급자족의 생활 풍경, 디지털 패브리케이션이 활성화되면서 나온 제조 민주화, 이런 식의 여러 가지 결이 있더라고요. 여러 가지 결들을 정리하면서 오늘날 제작 문화를 언급할 때 놓치고 있는 부분들 …… 다들 공감하시겠지만 정책과 산업에서 왜곡되는 부분까지 개괄하여 한번 이야기해 보았어요. 그리고 대학에서 디자인을 가르치고 있기 때문에 교육 부분도 염두에 두고 있고요.

김지원 저는 한국공예디자인문화진흥원에서 근무를 하고 있습니다. 최근 제작 문화 안에서 공예가 많은 관심을 받고 있는데요. 디자인 문화 안에서 만들기에 대한 이슈도 많고요. 곳곳에서 메이커들을 육성하려는 움직임도 많이 보여요. 그 과정에서 디자이너-메이커, 즉 공예가나 디자이너인 창작자들이 다양한 활동을 통해서 시장에서 자기 주도적인 환경을 만들어가는 것에 관심을 갖게 되었고요. 그들의 활동들이 메이커 문화에 어떤 영향을 주고 있는지 한번 이야기를 나눠보고 싶습니다.

이지원 저는 아키타입이라는 디자인스튜디오의 운영자이자 그래픽디자이너로 활동하고 있습니다. "지속 가능한 '만들기' 방법들"이라는 제목으로 디자인 분야 네 분의 제작자들과의 인터뷰를 바탕으로 글을 썼습니다. 첫 번째 인터뷰이는 소셜 코딩 플랫폼에서 활발하게 활동을 하는 개발자이자 미디어디자이너이고, 두 번째는 오픈 도면을 활용해서 가구 제작 워크숍을 진행하는 가구 디자이너, 세 번째로는 메이커스페이스를 운영하면서 사회적으로 고민이 필요한 문제들에 대해서 만들기 프로그램을 개발하는 창작집단, 마지막 인터뷰이는 업사이클링 디자인과 피지컬 컴퓨팅 키트를 통해 메이커 교육 활동을 하는 디자인스튜디오입니다. 인터뷰를 하면서 발견했던 점은, 이들은 각자 다른 지향성을 가지고 제작 문화를 보고 있지만, 그들의 만들기 활동은 다른 이들과 공유가 되고 또 이것이 제작자의 작업으로 다시 돌아와 확장된다는 것이었어요. 또 이런 경험이 다시 메이커 교육으로 이어지는 것이었고요. 만들기 활동이 공유되고 그것이 다시 확장된 만들기 활동으로 이어지는 선순환의 구조를 가지고 있다라는 관점으로 글을 썼습니다.

연명흠 제가 맡은 4장은 디자인 교육과 메이커 교육의 접점의 한 사례를 저의 수업을 통해 이야기한 것이고요. 아두이노를 이용한, 그러니까 넓게 말하자면 피지컬 컴퓨팅이라고 이야기되는 분야를 수업하면서 느꼈던 인사이트, 아쉬운 점, 저도 수업할 때 예상하지 못했던 효과나 어려움 등을 서술했던 내용이었어요. 앞부분에는 메이커 교육이란 무엇인지를 정리해서 적었습니다. 이 책이 문화예술진흥원의 출판 지원을 받게 되고, 교육이라는 키워드가 중요해지면서 제가 쓴 챕터에 대해 약간 부담감을 느끼고 있습니다.

구상권 저는 5장을 맡은 FAB365 대표입니다. FAB365라고, 3D 프린팅 콘텐츠 플랫폼을 만들려고 했는데 플랫폼에 물건을 파는 사람이 없어서 내가 만들어야겠다라는 생각이 들어서 물건까지 만들고 있는 사람입니다, 하하. 저는 제품디자인 전공자인데 오래전부터 3D 프로그램을 썼어요. 지금까지 한 27년 정도? 그 정도 계속했었죠. 그런데 하다 보니까 3D 프린터까지 오게 되었는데 그걸 가르쳐주는 사람이 없어서 제가 스스로 다루게 됐고, 이걸로 돈을 버는 게 잘되겠다 싶어서 스스로 이리저리 좌충우돌했던 그 과정들을 적었습니다. 그리고 거기에서 좀 아쉽다 생각했던 교육에 대한 부분이나 저 말고도 다른 기업의 성공 사례 등을 써서 글 내용에 좀 담았습니다.

연명흠 이렇게 저희 저자들의 다섯 개의 챕터가 있고요, 첫 좌담을 올해 3월 말에 했고요. 모임 구성원들 중 교수가 많아서 그럴 수도 있는데 교육 이야기를 많이 하게 되었어요. 그러니까 디자인과 공예의 관계, 공유지를 바탕으로 하는 메이커 교육, 이런 이야기들을 하면서 제작 문화 전반과 우리의 환경에 대해서도 이야기했어요. 그게 지금까지 진행된 건데요. 미리 자료를 보내주시기는 했지만 이제부터 자기소개를 해주시면서 얘기를 하면 어떨까 싶습니다.

정희 예, 안녕하세요. 저는 정희입니다. 초대 매거진(≪메이크:≫) 편집자 겸 메이커페어 기획자인데요. 저는 8년 동안 이걸 해서 작년까지 메이커 사업을 전체적으로 총괄했고, 지금은 개인 콘텐츠 기획자로 일하고 있습니다. 그런데 제가 초기에 만들었던 책들이나 행사들이 지금은 메이커라는 단어를 쓸 때 레퍼런스들이 되면서 종종 이런 자리에도 불리고 그런 것 같은데요. 초기 메이커 커뮤니티를 만들던 분들이랑 네트워크를 만들기도 하고, 만나서 "앞으로 뭘 할 거냐" 이런 것들을 이야기하면서 살고 있습니다.

김주현 저는 영등포고등학교에서 기술교사로 근무하고 있는 김주현입니다. 제가 어떻게 초대가 된 건지 사실 잘 모르겠어요, 하하. 그렇긴 한데 메이커 교육이라는 걸 처음부터 했던 건 아니고 예전에 석사 파견 갔을 때 썼던 제 논문을 제 수업에 어떻게 적용해 볼까, 제가 안 쓰면 아무도 안 써주니까, 그렇게 해서 아두이노 커리큘럼을 만들었었고, 그걸 수업에 넣어봤었어요. 근데 거기에서 생겼던 여러 가지 문제점들도 있었죠. 그런데 숙명여대 이지선 교수님을 어떻게 연수에서 우연치 않게 알게 되면서, 내가 뭔가 잘못 생각한 부분이 있었구나 하고 제 수업을 바꾸게 되었고, 그런 사례들이 서울 기술교사 연구회나 전국 기술교사 모임이나, 또 다른 여러 연수 모임에서 사례로 많이 소개가 되면서 저를 찾게 되지 않았나 하고 있습니다. 이상입니다.

추형욱 저는 주식회사 메이커스 핸즈라는 회사를 운영하고 있고 메이커스페이스 운영도 시작한, 그냥 메이커라고 보시면 될 것 같아요. 저는 메이커 교육 문화 봉사를 한 5년째 하면서 '학생들에게 기술적인 것을 가르치는 것만이 메이커가 아니구나', '이 운동을 왜 하는지조차도 학생들에게 좀 가르쳐야겠다'라는 것을 많이 깨닫고 있는 중이에요. 저는 발명가로 직업 멘토링들을 많이 하고 다니다가 제가 하는 모든 것이, 골드버그 장치나 오토마타나 이런 것들이 메이커라는 틀 안에 다 들어와 있는 것을 알게 됐고, 그걸 크게 아우를 수 있는 것이 메이커라고 보고 있어요. 그런데 저는 메이커 교육이라는 말은 잘 안 해요. 일단 교육이란 글자가 앞에 붙는 순간 학생들은 조금 머리 아파하고, 뭔가 책상에서 해야 할 것 같고, 신나는 놀이가 아니라고 생각을 하고 있습니다. 그래서 저는 과감하게 아예 책상이 없는 곳에서 수업하는 것을 좋아하고요. 맨바닥에서 뭔가 부수고 자르고 뚫고 조립하고 이렇게 본인 스스로 하는 것을 계속 진행해 보고 있어요.

연명흠 오늘 세 분 좌담회 초청을 제가 하게 된 경우를 말씀드리는 것이 좋을 것 같아요. 좌담을 한 번 더 해야겠다, 이런 생각을 하면서 교육, 메이커 교육이라는 키워드가 중요하다고 생각했어요. 그래서 메이커 교육이 벌어지는 전반적인 인프라와 관련된 부분을 정희 선생님이 이야기를 잘하실 것 같다라는 생각을 했었고, 현장 실천가 메이커 교육자를 찾기 위해 메이커 교육실천 홈페이지를 찾아 김주현 선생님을 섭외했죠. 번호는 몰랐지만 무작정 영등포고등학교에 전화를 했죠, 하하. 그래서 연락된 거고 …… 김주현 선생님은 제도권 교육, 고등학교에 있는 정규 교과라고 해야 하겠죠? 그런데 교육에 비교과 교육도 있단 말이죠. 그러니까 뭐, 자유학기제라든지, 아니면 뭐 동아리라든지, 방과후 교육이라든지 …… 그런 분들도 좀 추천을 받으면 좋겠다 해서 주변에 요청을 드렸고, 그래서 추형욱 선생님을 모시게 되었습니다. 음, 여기까지 했는데, 이제 어디부터 논의를 시작해야 할지 모르겠네요(웃음).

제가 생각해 온 저의 토론 주제를 한번 읽어볼게요. 이런 것들이 있어요. 한국 메이커 교육이 잘 전개되고 있는가? 잘 하고 있는 건가? 또 하나는 메이커 교육과 제도 교육, 또는 교과 교육과의 관계는 어떠하고 또 어떠해야 할까라는 것이 있고, 또 문화예술교육으로서의 메이커 교육의 사례와 가능성은 무엇인가. 디자이너 메이커, 또는 지속 가능한 생산자, 공유지를 토대로 한 건강한 제작 문화 …… 다 챕터에 있는 내용들이죠. 융합적이고 도전적인 디자이너를 위해 교육이 어떻게 바뀌어야 될까, 어떻게 전개될 수 있을까. 뭐 이렇게 조금 생각을 해봤는데, 여기에 국한되지 마시고…… 아마 국한 안 받으실 것 같고요(웃음). 얘기를 해보면 될 것 같습니다. 제가 짜온 순서대로 현황부터 이야기를 하면 될 것 같거든요. 현황에 대해 이야기를 조금 하다 보면 의견이 나오지 않을까(웃음).

추형욱 메이커 교육이 그러니까, 제 개인적인 느낌인데요. 저는 뭐 행사도 많이 나가보고, 또 부모님들과 애들이 손을 잡고 저희 부스를 막 이렇게 다니고 하는 것을 많이 봤을 때, 작년부터 좀 바뀐 게 있어요. 예전에는 사실상 부모님들이 키트 만들고 가져가기 바쁘셨는데, 저희가 부스 운영에서 한 건 바이스에 나무 올려놓고 톱질하는 걸 애들하고 했었거든요. 근데 옛날 같았으면 부모님들이 싫어했을 거예요.

김상규 뭐, 톱 들고 하는 거 못 하게 하시죠.

추형욱 네, 뭐 공돌이 될라 그러냐, 그런 얘기도 쉽게 들려오고 그랬을 거예요. 근데 요새 제가 느끼는 거는 부모님들이 수군수군거리세요. 아, 이게 메이컨가 봐. 그렇게 이야기를 하세요. 네. 이게 메이커구나, 이게 메이킹이구나, 이런 소리가 귀에 들리는 횟수가 잦아지더라고요. 그래서 여기저기에서 운동이 활발하게 되고 있나 보다라는 생각이 들었어요. 부모님들의 인식 변화가 없으면 학생들은 변할 수가 없거든요. 그러니까 제가 학생들하고 수업하면서도 애들이 부모님한테 거짓말하고 메이커 수업하는 애들이 상당히 많았었어요. 그런 친구들을 제가 보면서 마음이 아프기도 하면서 참 대견스럽더라고요. 지금은 예전보다는 많이 인식 변화가 되었는데 저는 미국이나 외국의 메이커 문화들을 한국에 너무 접목시키려 하지 않았으면 하는 생각이 들어요. 여긴 한국이고, 쉬운 말로 미국은 차고 문화에서 비롯되었다는데 한국에서는 차고 있는 사람이 몇이나 되겠어요, 이 좁은 땅덩어리에서. 그리고 뭐 취미생활로 주말에 가족들하고 만드는…… 이런 문화도 어떻게 보면 한국에서는 가당치 않은 이야기들이거든요. 아빠는 일주일 내내 힘들고 주말에는 쉬어야 하는데 애하고 같이 어디 가서 무언가를 만든다, 이게 참 쉬운 일은 아닌 것 같아요. 근데 그런 인식 자체가 조금씩 조금씩 변하고 있는 것 같아요.

그러니까 지금 인구의 추이를 봐서도 이제는 먹고살 만한 세대가 된 거는 맞거든요. 그래서 그때보다는 인식 변화가 많이 되어서 학생들도 공부, 공부, 공부 하다가 이제는 그게 약간씩 조금씩 수그러들고 있지 않나 하는 생각도 좀 들어요. 전문가적인 거를 많이 양성하려고 부모님들도 많이 생각을 하더라고요. 어차피 성공하는 길은 정해져 있고, 그게 너무 치열하다 보니 그런지도 모르겠어요. 예전에는, 제가 처음 메이커 문화를 접했을 때는 정말 낯선 땅이었는데 지금은 부모님 수군거리는 소리를 들어봐도 뭔가 애들한테 이런 것도 체험하게 하고 싶어 하고, 전동 드라이버로 나사 박고 톱질하는 데에도 줄을 서 있었어요. 별다른 완성된 키트를 가져가는 것도 아닌데 …… 일단 애들이 너무 좋아하고, 태어나서 그런 도구를 처음 써보니까. 그런 인식 변화는 어느 정도 이루어지고 있다고 봐요, 저는.

김주현 학교에 있다 보니까 이런 이야기도 많이 하고 저런 이야기도 많이 듣고 하는데, 저는 잘 모르겠어요. 많이 변화되었다? 정부에서 계속 밀고 있고 자꾸 메이커, 메이커 하니까 부모님들께서 관심을 가지는 건 사실인 것 같은데, 그게 본질적으로 변화가 있어서라기보다는, 이것도 하나의 스펙 쌓기 아니야? 어떻게 이거라도 하나 해서 네 생기부에 넣을까? 이런 식의 컨트롤이 좀 이루어지고 있지 않나 하는 생각들이 좀 들고요. 결국에는 그런 것들은 시간이 필요한 것 같고, 말씀해 주신 것처럼 애들이 막 와가지고 진짜 학원에 가야 하는 시간 빼고 자기가 해야 할 것들을 하는 아이들이 있어요. 선생님이나 이런 사람들이 해야 할 일은 그런 애들을 잘 발굴해서 얘네가 뭔가 자기가 가지고 있는 끼를 발현할 수 있도록 기회를 주는, 그런 시간을 주거나 공간을 주는 게 필요하다고 생각이 들어요. 다만, 엄마는 애가 그 시간에 학원에 가 있는 줄 알고 있어요(웃음). 그런 것들은 아직은 좀 문제가 있다라고 생각이 들어요. 그래도 희망이 보이는 건, 우연히 들은 얘긴데요. …… 저희 학교 인근에 사는 어느 학부모가 그 학교 가면 이런 것도 있고 메이커스페이스도 있고 선생님이 뭐 해주고, 이런 이야기를 한다는 거예요. 그게 참 놀라웠어요. 왜냐하면 저희 학교는 일반계 공립 고등학교고, 주변에 사립고도 있고 자사고, 특목고도 있어서 거기에 다 떨어지고 난 애들이 와요. 정말 한 반에 상위 5등에서 100등까지의 애들이 있어요. 그래서 주변의 인식은 "저 학교는 영등포인데, 똥포야"라고 이야기를 해요. 그런 학교인데 이제 인식이 좀 바뀌어가고 있구나, 그런 것들이 보이는 것 같긴 해요.

정희 음, 저는 이런 자리에 올 때마다 만감이 교차하는데요. 제가 메이커 잡지를 처음 만들 때는 메이커라는 단어를 쓰는 데 대해 논란이 있었어요. 저희 ≪메이크:≫ 편집부 내부에서도 "새로운 단어를 쓰면, 사람들이 모르는 단어를 쓰면 책을 사지 않을 거니까 한국의 문화에 맞게끔 타이틀도 바꿔야 되는 거 아니냐", 이런 이야기가 많이 나왔어요. 그런데도 저는 이게 기존에 없었던 사람들을 지칭하는 단어였기 때문에 굳이 밀어붙여서 메이커라는 단어를 썼는데, 이게 의미 그대로 이해를 하는 사람들이 지금은 많아져서 이런 자리도 생기고, 저변은 많이 넓어졌구나 하는 것을 느끼고 있어요.

그런데 교육에 메이커가 붙는 것은 되게 이질적이라고 생각을 해요. 기본적으로 이게 ≪메이크:≫ 매거진이 취하는 입장이기도 하고 저도 같은 생각인데요. 새로운 시대가 되면서 사람들은 배우는 방법을 배워야 하는 시대에 살고 있고, 지식을 주입한다고 해서 그게 10년 뒤에 쓰임이 있지도 않을 거예요. 이제 앞으로 새로운 것들을 배우는 사람들이 나와야 하는 시점인데 그걸 어떻게 가르치느냐가 지금 교육의 가장 큰 문제인 거잖아요. 그런 시점에서 기존 교육처럼 지식을 가르쳐주는 사람이 있어야 하고, 또 어떤 특정한 것들은 암기를 해야 하고 …… 그런 걸로 충분한가? 앞으로의 교육은 실행을 통해서 체험으로 알게 된다는 새로운 교육인데, '이걸 어떻게 부를까?' 했을 때는 지금 있는 개념들 중에서는 그래도 메이커가 제일 비슷하겠구나라고 해서 임의적으로 붙인 것 같다는 생각은 좀 들어요. 그러니까 기존에 교육이라고 하는 건 어쨌든 가르치는 사람이 있고, 이 사람들을 중심으로 일어나는 것인데 저희가 취하는 기준은, 우리는 이 많은 좋은 정보들을 바깥에 떠다니게 하고 배우는 사람들이 알아서 배우게 하자는 거죠. 그걸 지금 있는 교육에 빗대보면 체육에 가장 가까운데요. 이 아이들은 이 바다에서 스스로 몸을 쓰는 법을 배워야 하는데 '우리는 코치의 역할을 하자'가 우리가 정한 바였어요. 그러면 만약 걔가 3D 프린터에 관심이 있다고 하면 3D 프린터에 대한 정보도 엄청 많고, 예를 들어 30만 원짜리 프린터들도 엄청 많은데 이걸 어떻게 선택을 해야 하느냐, 그런 시점에 있어 적절한 조언을 해주는 조언자가 되자는 거죠. 조언자의 역할로는 사람이 있을 수도, 책이 있을 수도, 웹사이트가 있을 수도 있는 건데, 어쨌든 선택은 배우는 사람이 스스로 선택을 할 수 있게 하고, 그리고 또 그런 지식이 쌓이면 그게 메이커 교육의 가장 큰 축이겠죠. 저희는 항상 코치의 입장에서 그 사람이 갈 수 있을 곳, 방향을 잃었을 때 제시해 주는 무언가는 가지고 있어야겠다라고 생각해서 이런 지식들을 매거진이랑 여러 형태로 만들었고 이제 메이커에듀라든지, 여기 메이커교육실천에서 하시는 것처럼 형태를 갖추게 됐다고 생각해요. 공간이 있고, 코치들, 사람들도 있고, 자료들도 있고, 도구들도 있고, 그렇게 됐죠. 이제 그 안에서 아이들이 스스로 길을 발견하게끔 하는 거, 그게 핵심인 것 같아요.

구상권 현재로 봤을 때는 되게 좋은 말씀 많이 하셨는데, 현재 코치는 되게 많거든요. 그 사람들을 보셨을 거 아니에요. 그 코치분들의 자질은 어떤 것 같으신가요?

정희 사실 그것도 뭐 여러 가지가 있는데 스스로 획득을 하는 사람들도 있고, 아니면 자기가 배우는 와중에 옆에 사람이 궁금해하니까 같이 배우면서 배우는 경우도 있고, 아니면 누구 하나가 프로젝트로 완성을 했는데 그게 재미있어 보이니까 가르쳐 달라고 해서 가르쳐주는 경우도 있고요. 코치라는 건 스스로 배울 수 있는 내용에서는 그 범위가 정해져 있지는 않다고 생각을 하고요. 그럼에도 불구하고 서로 가르쳐줄 수 있는 오픈 마인드를 메이커 마인드셋이라고 하기 때문에 메이커 교육이라는 분야로도 설명이 될 수 있는 것 같아요.

연명흠 그러니까 메이커 교육이란 게 학습자가 중심이 되어서 능동적으로 학습을 하고, 또 교사는 정해진 커리큘럼의 틀을 넘어서는 교육을 하자, 이런 거잖아요.

정희 네, 그런 걸 지칭하는 키워드도 사실 여기는 메이커 교육으로 하시고, 어떤 곳은 어린이 코딩이기도 하고, 이제 이름이 여러 가지가 있는데, 가서 보면 성공 사례는 전부 그런 거예요. 선생님은 뭔지 잘 모르겠는데, 3D 프린터 하나를 교실에 놨는데, 한 아이가 어떻게 그걸 쓰는 방법을 찾아내더니 다른 애들한테 가르쳐주더라. 그래서 모두가 그거에 대해서 심취를 하게 되었고, 다 함께 어떤 공동 프로젝트를 하더라, 뭐 이런 건데, 듣다 보면 선생님이 일반적으로 생각하는 코치의 역할은 아니에요. 약간 그 환경이 코치일 수도 있고, 아니면 이걸 처음 시작한 아이가 코치일 수도 있고 …… 그런 거죠.

연명흠 들어보니까 구상권 대표님의 질문은 현실에서 '메이커 교육 철학에 맞는 코칭이 잘 이루어질까'라는 의문이 있었던 것으로 보이는데, 답변하신 거는 코치의 입장에 있던 사람이 잘할지 어떨지 몰라도 그 환경 속에서 그런 역할을 하는 사람은 생기기 마련이라는 거죠?

정희 완성도가 어떠냐에 대해서는 사실 의문스러운 거죠, 저도. 그러니까 어디까지 가는지 잘 모르겠는데, 어쨌거나 현재로서는 뭔가 정해진 형태가 없기 때문에 그렇게 흘러가게 놔두는 것이 …….

연명흠 그럼 그 이야기는 "판을 짜주는 것만 해도 가능성이 보인다"라고 이야기하시는 건가요?

김주현 처음 시작은 판을 짜주는 게 중요하다고 생각이 들고, 그런 환경이 구성이 되면 거기에서 하나둘 생기는 것들이 있는 것 같아요. 근데 하나 좀 궁금한 거는, 코치라고 말씀을 하셨는데, 처음에는 내가 몰라도 괜찮아요, 코치 입장에서도. 그런데 그다음 또 질문이 나오고, 또 나오고, 또 비슷한 질문이 나오는데 또 모른다? 그거는 좀 문제가 있는 것 같아요. 그래서 코치는 지속적으로 공부를 해야 하고, 본인 스스로가 메이커가 아니면 이걸 코칭하기는 굉장히 힘든 것 같다는 생각을 하고 있습니다.

추형욱 그래서 저 같은 경우는 저 혼자 해결하려 하지 않고, 애들한테 '여러 공개된 자료들을 찾아봐라, 잘 몰라도 베껴 와서라도 해봐라'라고 하거든요.

김주현 그 점에 대해서는 제가 한 말씀을 드릴 수 있을 것 같은데요. 베끼는 부분이 당연히 있다고 생각이 들긴 들어요. 오픈소스의 장점이기도 하고 단점이기도 한데, 똑같이 만들기만 하면 안 되거든요. 그런 것들을 깨기 위해 저 같은 경우에는 아두이노 수업에서 나름대로의 방법을 찾았어요. 아두이노 수업을 3년가량 했었거든요. 근데 사실 처음에는 교재대로 만들게 하는 게 문제란 생각을 못 했어요. 그리고 그전에는 기술교육 과정에 자동차 이런 것들이 있었는데 그때 저는 교과서에 있는 내용을 잘 가르치기만 하면 됐었거든요. 학교는 다 그런 분위기였었고, 지금도 그래요. 수능 체제도 그렇고 …… 그리고 뭐 학종이나 이런 걸로 대학을 간다고 해도 누군가가, 선생이라는 사람이 무언가를 가르쳐줘야 해요. 근데 그런 걸 깨자고 나온 게 메이커 교육의 근본적인 철학이라고 보시면 될 것 같고, 그 생각이 맴돌다 보니까 하게 된 방법 중 하나가, 예전 같았으면 저는 '제가 열심히 공부해서 완벽하게 이해를 해서 학생이 완벽하게 이해할 수 있도록 전달을 잘해주면 돼'라는 게 교사의 역할이라고 생각했거든요. 근데 지금은 그게 안 되더라고요, 아예.

교직원 연수 중에 이런 게 되게 많아요, 창의 기법들 배우는 연수. 트리즈나 스캠퍼SCAMPER나 이런 것들 배우는 연수들이 되게 많은데, 연수받을 때는 되게 기분 좋은데 학교에 가서는 쓸 일이 없는 거예요. 수능에 안 나오거든요(웃음). 근데 그거를 쓸 일이 있구나라는 걸 이걸 하면서 알게 됐어요. 애들의 생각을 끄집어내는 게 훨씬 더 중요하다는 걸 알게 됐고, 교육의 방법이 이렇게 바뀌어야 한다는 걸 알게 됐고. …… 왜냐하면 아두이노를 강의했을 때는 한 반에 쓰레기통이 꼭 하나씩은 나와요, 스마트 쓰레기통. '너희 주변에서 문제를 찾아봐' 하고 주제를 던지면 다 쓰레기통을 찾아요. 교실 안에는 그거밖에 눈에 띄는 게 없어요. 그런데 그거는 아니잖아요. 그러니까 인터넷 통해서 똑같은 거 만들어서 카피하고……. 물론 시작은 카피로 시작하는 경우가 굉장히 많은데, 그것들을 깨기 위한 방법이 창의 기법을 사용하는 거였고, 그러면서 다른 단어들을 엮어놓은 랜덤 모드나 뭐 이런 기법들을 쓰면 이상한 문장들을 만들어낼 수 있고, 그 문장 중에서 굉장히 새로운 것들, 기존에 생각지도 못한 것들을 찾아낼 수 있거든요. '거기에서부터 문제를 시작하게 하는 게 수업에 들어와야 되는 거구나' 하는 생각이 들더라고요. 그래서 작년부터는 수업을 완전히 바꿨어요. 더 이상 도구는 가르치지 않아요. 그렇게 해서 문제를 발견하게 되면 그걸 풀려고 하는 도구는 본인이 찾는 거고, 재료도 본인이 찾는 거고. 저는 재료 구입 사이트의 링크만 알려주고 학생들이 비구니에 담으면, 저는 도구를 사주기만 해요. 그리고 모든 과정을 다 온라인에 올리게 하는 것까지 적용하고 있어요.

구상권　사주기만 한다는 게 굉장히 마음에 드는데요.

일동　(웃음)

김주현　사주기만 해요. 근데 걔네들이 거기에서 엄청 실수해요. 그리고 알아채요. 아, 잘못 주문했네, 개수를 잘못 선택했어, 옵션을 선택 안 했네, 이건 너무 크잖아 ……. 와봐야 알아요. 와보기 전에는 전혀 모르는 거거든요.

김상규　실패를 경험해 보는 거군요.

김주현　네네, 그런 경험을 자연스럽게 하게 되더라고요.

김상규　자크 랑시에르Jacques Rancière의 『무지한 스승』이 떠오르네요. 프랑스어를 네덜란드 학생들에게 가르치는데, 그는 네덜란드어를 모르고 학생들은 프랑스어를 모르는데 스스로 학습해서 웬만큼 프랑스어를 읽게 되는 그런 과정 같다는 생각이 듭니다. 그러니까 교육이 일방적으로 가르치는 것이라기보다는 스스로 알아가게 만드는 거라는 말인데 메이커 교육이 딱 맞는 것 같아요.

김주현 네, 그렇게 생각하고 있어요.

정희 사실 메이커 교육도 완전 바닥부터 할 수는 없으니까 대표님이 말씀하신 것도 그렇고, 창의적인 교육도 그런데, 커리큘럼으로 있어야 하는 건 사실 3D 프린터 교육, 드론 교육, 이런 도구에 대한 타이틀을 붙이는 커리큘럼이죠. 그런데 그런 교육을 그저 듣는 것이 메이커 교육은 아니기 때문에 이런 담론을 해야 하는 것 같고, 또 그래서 그게 역으로 그럼 문제가 생겼을 때 '도구를 배우는 건 가서 수업 들어가서 들어라' 하고 나머지는 자기가 해결을 하게 해야 하는 것 같아요. 그 과정에 코치가 필요하고 그런 거죠. 이건 다 동의를 하시는 부분인 것 같아요.

연명흠 아, 저는 …… 아전인수로 해석하는 건지 모르겠는데, 이야기하시는 것을 들으면서 '디자인 교육이랑 너무 똑같은데'라는 느낌을 좀 받았어요.

김주현 제가 하는 수업의 앞부분에 그 디자인싱킹이 들어가 있어요.

연명흠 그리고 그 스캠퍼, 트리즈라는 이야기도 해주셨고. 정말 비슷하다는 느낌을 저는 받거든요.

김주현 창의 기법에는 그게 당연히 들어가죠. 마지막에 진짜로 만드는 과정에서 실패까지도 포함한 그 과정 전체를 다 기록하게 하고 온라인에 올리게 하고 그런 것들이 조금 더 추가가 되죠.

연명흠 아, 저는 이제 어떤 의문이 드냐면, 창의적으로 접근하게 하면 정말 비슷해져요. 그렇게 가는 것이 타당하고 효과적이라는 생각이 드는데, 문제는 이게 제도적인 틀을 거의 깨야 한다는 거예요. 학점을 줘야 하고, A인지 B인지 정해야 한단 말이에요. 그래서 제도 교육이, 대학도 그렇고 고등학교나 중학교도 그럴 것 같은데, 이게 너무 어려워진다는 거죠. 선생님들 시수도 나누어주어야 하고…….

김상규　수능에 안 나와야 하고……(웃음).

김주현　어쨌든 처음 시작은 그것 때문에 할 수 있었던 거긴 해요. 그거는 확실해요. 수능에는 안 나오기 때문에. 그리고 평가는 제가 평가해서 순위를 매기면 되니까. 근데 실수한 적도 있죠. 1등급이 안 나와서(웃음). 100점이 4퍼센트 넘어가면 1등급이 안 나오거든요. 근데 그런 것도 실수한 적이 있기는 한데, 평가가 불가능하지는 않은데, 대신 평가가 정말 힘들어요. 그리고 지금은 그 과정을 약간 넘어서서, '아, 이제 평가를 오픈시켜 버리자' 이렇게 넘어간 단계로 가 있어요.

연명흠　아, 동료 평가같이요?

김주현　그거를 이제 그 반에서 동료평가가 아니고, 어차피 온라인에 다 올리니까. 제가 링크를 다 가지고 있거든요. 전체 반에 다 뿌려서 평가하는 시간을 가지려고 하고 있어요. 그리고 서술형 평가로 이제 완전히 전환이 되었고요. 객관식으로 아두이노 프로그램, 뭐, 뭐, 체크하고 이런 건 내지 않아요.

연명흠　근데 정규 교과에서 하기 어려운 부분은 없어요?

김주현　전 기술 교과라서. 만약 이게 제 교과가 '수능에 나온다' 하면 전 못 할 것 같아요, 지금 상황에서는. 중학교에서는 조금 다르죠. 자유학기제나 기술 수업에서도 생기부에 써주는 거나 이런 게 대입과는 또 다르니까. 그렇긴 한데, 만약 이게 제 내신 성적 낸 거나 생기부에 기록된 걸로 대입 가는 거 말고 '정시로만 간다' 하면 이런 교육은 없어지는 거라고 생각해요, 지금까지는. 저는 그래도 지금 한 10년 정도는 학생들이 굉장히 뭔가 해볼 수 있는 쪽으로 많이 바뀌었다고 생각이 되는데, 다시 환원시키고 있다고 생각해요, 지금 그분들의 발언은.

연명흠 서술형 평가는 어떻게 하세요?

김주현 제가 예전에 아두이노 가르칠 때는 수행 40, 중간 30, 기말 30 이렇게 해서 아두이노 문제만 푸는 거 오지선다 해가지고 내고 그랬었거든요. 근데 평가를 바꾼 것 중에 하나가 지금은 수행평가 하나를 한 학기 단위로 하고, 서술형 평가를 10퍼센트를 집어넣어요. 근데 거기 문제가 원래 역사나 미술이나 이런 거에서 단답형 문제를 내면 답을 모르는 애들은 거의 다 뭐라고 쓰냐면, "사랑해요, 선생님" 쓰고 자고(웃음). 원래 그러거든요? 근데 진짜 깜짝 놀란 게, 제 문제는 진짜 지금도 공개해도 되는 게, "너희 팀에 요거 요거 요거 할 때 너는 뭐 했니? 서술형으로 써", "다음 너희 프로젝트의 주제는 뭐니", "진행하면서 어려웠던 점이 뭐니", "네 역할은 뭐였니?" 그리고 이게 어려웠던 점을 해결을 했다면, "해결할 때 어떤 방식을 찾아서 해결을 했니", "해결하지 못했다면 그 이유가 무엇이니?" 이렇게 물어보거든요.

이지원 되게 체계적이네요.

김주현 네, 제가 한 학기 동안 한 게 그거뿐이니까. 원래 저희 학교 애들이 5에서 100퍼센트라고 했잖아요. 다 자요. 60프로, 70프로까지 다 자요. 정말 깜짝 놀란 건 제가 서술형 평가지 보고 너무 놀라서 동영상을 찍어놨어요. 안 쓴 애들이 없어요. 진짜 경계성 장애 있는 애들 정도 빼고는, 한 반에 한두 명 빼고는 다 썼어요. 근데 사실은 평가하는 게 그거 때문에 여덟 시간, 아홉 시간 밥도 안 먹고 하니까 너무 힘들긴 한데, 그래도 그 결과물을 보면 '아, 그래도 얘네가 뭘 하긴 했구나' 이 생각이 들 정도고. 본인 스스로도 본인이 뭘 했는지 알고 있으니까 답을 쓴다는 거에서도 기분이 되게 좋다고 생각하는 것 같아요. 시험 보는 시간에도 30분을 주는데, 그냥 모르는 애들은 시작하면서 자요. 다 한 거예요, 이미 한 줄로 다. 근데 제 시험 시간에 들어가 보면 다 꽉 쓰고 있어요.

연명흠 흔히 약 빨고 했다고 하는 것처럼 선생님이 열심히 평가하신 거네요.

일동 (웃음)

김주현 약 기운인지는 잘 모르겠고, 하하. 처음에는 고민이 엄청 컸어요. 이걸 어떻게 전부, 다 다른 프로젝트 48개를 어떻게 똑같이 평가를 하지? 이 생각을 했는데 '핵심적인 요소들은 이거구나' 느껴지더라고요. 평가를 그렇게 했습니다. 자연스럽게 바뀌는 것 같아요.

김상규 이제 교육 측면에서, 특히 제도 교육에서 보면 고등학교든 대학이든 시스템을 전환하는 문제가 있는 것 같아요. 또 교육의 틀 자체가 스스로 배우는 형식으로 바뀌는 게 많잖아요. 대학 교육의 경우 MOOC 같은 방식도 있고요. 지금은 유튜브를 많이 쓰면서 이제 유튜브에서 검색해서 배우기도 하는데, 예를 들어 목공만 하더라도 굉장히 많은 콘텐츠가 올라와 있거든요. 스스로 올린 콘텐츠인데 그 유튜버들이 교육자는 아니지만 본인이 갖고 있는 지식을 공유하기 위해 여러 가지 방식으로 여러 회에 걸쳐서 일종의 커리큘럼을 짜는 거죠. 그걸 본 사람들도 스스로 학습하고요. 이것이 어떻게 문화예술교육과 연결이 되는지 모르지만, 환경이 많이 바뀐 것은 분명해 보여요. 또 한편으로, 원래 만드는 기술은 기본적인 거였어요. 저도 어릴 때 주변에 필요한 건 다 만드는 것이 당연했거든요. 농촌에서 농사짓는 것이 기본이듯이요. 누구나 알고 있는 보편적인 지식이었는데, 이게 특별해졌어요. 소수의 사람만이 다루는 기술이 되다 보니까, 유튜브에서 자랑할 수 있는 기술이 되고, 예전에는 자연스레 익히던 기본적인 기술이 지금은 특별한 활동이 되어서, 이게 뭐 입시에 필요한 점수에도 보탬이 되어야 하고……. 아무튼 제도 교육을 벗어나서도 교육환경 자체가 굉장히 복합적인 모양새로 바뀌었다는 생각이 들었어요.

구상권 여기 오기 전 다른 회의에서 융합 교육 관련 이야기하면서 잠깐 드는 생각이 있었는데 융합 교육을 했을 때 보면, '디자인 쪽이랑 공대랑 융합이 잘 안 된다', 뭐 이런 이야기를 했었거든요. 요즘 저도 융합 교육 많이 하는데, 그때는 머리에 딱 드는 생각이 뭐였냐 하면 디자이너는 어떤 하나의 결과물에 다 뭉뚱그려져 있다는 거예요. 창의력이 필요한 일들, 글을 쓰거나 디자인을 하거나 회화하는 이런 사람들도 다 마찬가지인거 같은데, 자기가 제시한 것을 어떤 결과물 하나로 뭉뚱그려요. 그리고 그걸로 끝났다고 생각해요. 근데 공대 사람이 보면 이제부터 시작인 거예요. 이거를, 굉장히 잘게 태스크를 쪼개야 하거든요. 센티의 두께는 얼마고, 어떻게 결합하고, 무슨 나사를 쓸 건지. 아무것도 없이 딱 해놓으면, '뭐야 이게', 이러거든요. 그래서 공대 쪽은 어떻게 하냐면 자기가 수업에 올 때 딱 한 가지 생각을 정리해 가지고 나타나요. 그리고 그 외의 일들은 다 거부해요. 근데 디자인 쪽은 얼마든지 바꿀 수 있는 여지가 있고, 특히 전체가 있으면 내부는 좀 바뀐다고, 되게 열려 있거든요. 공대생들이 보면 디자인과 애들은 아무것도 안 된 걸 가져온 것 같고, 디자인과 애들이 볼 때에는 하면 되는데 '쟤들은 왜 아무것도 안 해?' 이런 식으로 되는데. 제가 생각했을 때에는 메이커를 할 때는, 뭔가를 만들 때는 딱 중간 지점이 생겨요. 그러니까 디자인을 어쩔 수 없이 자기가 만들려면, 공대생이 만들려면 갑자기 그때부터 생각이 복잡해지는 거예요. 뭐 어떻게 잘라야 하고, 나사못을 쓸지 말지 생각해야 되고, 공대 쪽에서는 이것만 제시를 해왔잖아요. 근데 그게 너무 협소하다는 걸 발견하게 돼요. '내가 만들 수 있는 게 이것밖에 안 되는구나' 하고. '작지'라고, '작업지시서'라고 나오거든요. 주문서하고 작지가 나오는데, 분야마다 틀린데, 그때 가서 갑자기 접점이 생기는 것 같다는 생각이 저는 무지하게 들긴 하더라고요. 근데 그게, 메이커 할 때 그게 생기거든요. 주문지 아까 잘못 작성해 가지고 그러는 거 …… 제가 지금 서울대에서 하는 수업 보면 주문이 잘못되어 있는 거 정말 많아요. 그리고 혹은 '이게 이렇게 해도 강하구나, 좀 더 얇게 해도 되겠네', 뭐 그런 거 있잖아요. 자기 머릿속에서만 감돌던 물성에 대한 감을 실제의 재료를 겪으면서 알게 되는 그런 것들이 또 있더라고요. 그거를 저도 가르쳐주지는 않는데, 이제 직원들한테 큰 선만 쥐어주고 '너희 부분은 알아서 해'라고 하거든요. 그래서 시행착오를 하게끔 할 때, 스스로가 서로 같은 시작을 가지고 있는 사람들이 거기에서 다시 만나는 것 같아요.

김주현　가끔 프로젝트 안에 들어오면 그런 접점을 스스로 찾게 되는데, 또 하나 거기에서 볼 수 있었던 것들 중 하나는 저 같은 경우에는 팀원의 역할을 네 개로 나누거든요. 디자이너, 엔지니어, 프로젝트 매니저, 레코더, 이렇게 나누는데 디자이너랑 엔지니어가 하는 일이 너무 다르니까 나중에 가면 '아, 쟤는 나랑 다른 애구나'라는 걸 알게 돼요. 그래서 서로를 좀 이해하게 되더라고요. 처음에는 되게 안 맞아요, 말씀하신 것처럼. 근데 서로 역할이 다르구나, 내가 잘하는 것도 있고 쟤가 잘하는 것도 있구나, 그래서 같이 해야 하는구나, 이런 생각을 하게 되는 것 같아요. 그런 것들은 메이커 교육에서 가장 중요하게 이슈로 잡을 만한 것들이라는 생각이 들어요.

연명흠　같은 학교 학생들인데 역할을 다 따로 주는 거예요? 영등포고가 특성화고가 아닌데, 너는 디자인 맡고 너는 매니저 맡고, 그런 식의 역할 분담이 가능해요?

김주현　지금은 1학년이라 문과, 이과 구분 없고요. 역할 …… 그거는 본인이 선택해요. 한 반에 스물네 명인데 네 명씩 여섯 조가 돼요. 여덟 반 해서 마흔여덟 조가 되거든요. 그 네 명의 역할이 각각 다 달라요.

연명흠　제 이야기는 이거예요. 본인이 정한다 하더라도 기본적으로 그 학생들은 비슷한 학생들이라는 거죠. 대학교에서 융합 교육을 하면 아예 공대 학생들과 디자인과 학생들은 다른 교육을 받았고, 다른 DNA를 가지고 있는 애들이 많아요. 그때 정말 접점이 더 적죠. 그게 더 힘들어요.

김주현　얘네는 아직 말랑말랑한 건 있기는 하지만, 그래도 특징은 있어요. 어떤 애들은 디자인 쪽으로 확 드러나는 애들이 있고, 어떤 애들은 그 공대 쪽 성향을 완전히 가지고 있는 애들이 있긴 해요. 그래도 아직은 덜 굳어진 …… 말랑말랑하긴 하죠.

연명흠　가소성이 있다.

김주현 그래서 팀을 짤 때 보면 딱 본인이 '그 역할만 하겠다'라고 하는 애들보다는 '역할 하겠다' 해서 일단 뽑기는 하지만 그다음에, 팀이 만들어진 다음에는 팀 내에서 다시 조율을 하죠, 서로.

김상규 굉장히 주체적이네요, 그죠? 자율적이고, 주체적이고.

김주현 그렇게 하려고 많이 하고 있어요.

추형욱 그 수업에 관해 말씀하신 게 너무 관심이 많아서 …… 저는 요즘 메이커 교육이라는 말은 잘 안 쓰지만, 메이커 관련 교육은 저는 이제 대상이 되게 어린 애들을 데리고 하고 싶어요. 수업을 하다가 팀 수업을 하면 애들이 적응을 못 해요. 네 명씩 팀을 짜면 그냥 익숙한 게 '여기서 조장 뽑아'가 끝이었거든요. 근데 그거를 세분화시킬 필요가 분명히 있더라고요. 여기서 저는 '너는 레코더를 하고, 너는 디자이너야. 여긴 뭐 기획자야' 이렇게 하나씩 포지션을 주는 게 정말 중요한 역할 같아요. 그러니까 애들이, '제가 기획자 하라고요? 전 사진도 못 찍는데요?' 근데 '너 스마트폰 사진 잘 찍잖아!' 하고 억지로라도 시키면 스마트폰으로 사진 잘 찍더라고요, 보니까. 이런 식이라도 하면 본인들이 그 역할에 뭔가를 해내요. '뭘 맡았잖아요' 하게 되는 것 같아요. 근데 그냥 뭐 대표, '여기서 팀장, 리더 뽑아' 그래버리면 '발표 누가 하나요?'라는 질문이 꼭 나와요. 그러면 '팀장이 해야지'라고 이야기하거든요. 저도 처음에는 그런 식으로 수업을 진행했었어요. 여기에서 '조장 뽑아', 그래놓고 '발표는 누가 하나요?' 했을 때 '선생님이 봤을 때 제일 노는 애들 시킬 거예요' 하면 다 열심히 하긴 해요.

일동 (웃음)

추형욱 근데 이럴 때 한 명씩 뭔가를 갖다가 직책이라는 걸 주게 되는 거잖아요.

김지원 역할 부여 같은.

추형욱 네, 그 역할에 대해서 뭔가 하려고 하더라고요. 물론 백 프로의 교육은 없으니까 모두가 다 그렇지는 않고요. 근데 그렇게 하는 게 정말 중요한 것 같아요. 근데 저는 요즘에는 메이커 관련 교육을 그런 팀들끼리 해야 한다고 생각해요. 저는 그걸 유치원 때부터 해야 한다고 생각을 하는 게, 중학생들, 초등학생도 마찬가지고요. 정말 이기적이에요, 세 명이서 팀을 하면요. 한두 명은 그래도 뭔가 하긴 해요. 근데 한 명은 항상 빠져 있어요. 그래서 보면 어떤 애들은 부모님이 베트남 사람이라서 잘 안 끼워준다든지, 지레 겁을 먹어서 아예 안 끼려고 하는 친구들도 있고. 다문화가정 애들은 더더욱 본인들이 소외감을 느껴서 더 안 들어가려고 하는 경우들도 있더라고요. 그런 거 보면서 걔네들도 잘하는 게 있을 텐데, 본인들이 스스로 발을 빼는 걸 제가 많이 보고 나서 좀 많이 안타깝더라고요. 그래서 '팀 수업은 언제부터 해야 될까' 하는 생각들을 많이 했었어요. 그게 보니까 애들이 모여서 뭔가를 하는 건 어린이집은 너무 어리고, 말을 못하니까. 유치원 때부터 뭔가 팀별로 세 명, 네 명, 다섯 명씩 뭔가 해서 역할 부여 하는 게 습관처럼 수업 때마다 하게 되면, 걔네들이 좀 익숙하게 되면, '얘네가 만약 초등학교, 중학교, 고등학교를 가게 되면 얼마나 팀별 수업을 잘할까' 하는 생각이 들더라고요. 그래서 요즘 제일 관심이 있는 게 저희 마포 근처에 있는 유치원을 다니면서 제가 교육을 해보려고 해요. 애들이 도구를 쓰고 이런 게 중요한 게 아니고, 팀별로 종이를 찢던, 풀로 뭘 하나를 붙이고 가든지 간에 메이커스페이스로 와서 팀별로 뭘 하면 되게 재미있겠다라는 생각이 좀 들더라고요.

연명흠　지금 우리나라의 아이들이 이기적이라고 말씀을 하셨는데, 저도 그런 생각이 좀 많이 들거든요. 저희 집 애들이 고등학생들이에요. 근데 논문을 쓴대요. 네 명이서 논문을 쓰는데 누구는 하고 누구는 안 하고 속 썩이고, 이런 이야기 하고 그래요. 그리고 대학교에서 팀 작업들이 당연히 많은데, 어려움이 있는 거예요.

김상규　기피하려고 하죠.

연명흠　네, 기피하려고 하죠. 오리엔테이션 후에 '이 수업은 팀 작업으로 한다' 그러면 학생들이 안 좋아해요. 그리고 너무 극단적일 수 있는데 A 수업도 팀 작업하고, B 수업도 팀 작업한다 그러잖아요. 그러면은 A 수업의 네 명이 B 수업에서도 똑같이 조를 짜고, A 수업에서 렌더링을 담당하는 애는 B 수업에서도 렌더링을 담당하고 그런 경우도 생기는 거예요. 그러니까 이게 좋은 의미의 분화가 아니라, 안 좋은 의미의 역할 분화가 생기기도 하고, 그리고 팀 작업 했을 때 '아, 쟤는 프리라이더야'라든지 …… 말씀하신 다문화 같은 것이 대학교에도 있어요. '아, 쟤는 외국 유학생인데 너무 한국말도 못하고', 그런 것들이 있는 거예요. 비슷한 현상이 벌어지고. 어떻게 보면 이거는 잘못된 전제일 수 있는데 고등학교나 중학교 때 좋은, 성공적이고 보람찬 팀 작업을 한 경우도 있지만 아닌 경우도 많은 거예요. 그리고 이제 대학교 와서 '아, 팀 작업 안 좋아', 또 사회에서도 그렇게 되고 ……. 이런 것도 있지 않나. 그리고 그런 심리의 기저에는 이렇게 공정하게 팀 작업을 했을 때 '내가 내놓은 만큼은 가져가야 돼'라는 강박증이 있는 것 같기도 하고 그래요.

김주현 강박이라고 말씀을 하시니까 맞다는 생각이 드는데, 어차피 근본적으로 사회는 바뀌었고 팀 작업을 안 할 수는 없는 거잖아요. 근데 그거를 '대학에서, 고등학교 교육에서 팀 작업을 애들이 싫어하니까 안 한다', 그런 것보다는 저는 연습을 시켜야 한다는 생각이 조금 더 큽니다. 대학에서 어려워하는 이유가 고등학교 때 안 해서 그렇고, 중학교 때 안 해서 그렇고, 초등학교 때, 유치원 때 안 해서 그렇다라는 생각이 조금 더 들었어요. 그래서 어려서부터 그런 것을 계속 해봐야 하는 거고, 그걸 계속 해봐야 대학교 때 잘할 수 있다고 생각이 들거든요. 근데 미래가 어차피 그렇게 바뀐다면 교육에서 해야 할 일은 그걸 연습시키는 거다라는 생각이 들고, 아까 정희님께서 말씀해 주신 것처럼 교육의 3요소에서 지식, 기능, 태도, 이런 것들로 많이 분류를 하는데 지식과 기능은 유튜브에서 다 해결해 줬어요, 이제. 태도는, 이제 우리가 해줘야 하는 역할인 거고, 만약 "교육의 역할이 그 태도를 변화시켜 주지 못하는 거다"라고 이야기를 하면 교사는 없어져야 해요.

김상규 메이커 교육에 대해 많이 말씀해 주신 것 같아요. 그러니까 스스로 학습하는 방법을 터득해 나가는 것도 생각해 보고, 그리고 관계를 설정한다든지, 뭐 함께 협업을 하는 방법을 스스로 모색한다든지, 그런 것들이 되게 좋은 측면 같은데요. 그전에 제가 미술관에서 일할 때는 그것도 일종의 문화예술교육처럼 초등학생이나 중학생들을 단체로, 선생님이 학생들을 데리고 와서 진행하던 프로그램이 있어요. 한 시간이나 두 시간 정도 되는, 길게는 못 하니까. 그러면 정해져 있는 템플릿이 있어요. 딱, 교재가 있어서 그걸 함께하고 전리품으로 가져가요. 그리고 그걸, 학교에서 데리고 왔든지 부모님이 데리고 왔든지 간에 '너 뭐 했니' 하면 뭐 하나 보여줘야 하잖아요. 그럴 때는 저는 성취감은 별로 없었던 것 같아요. 그 결과물만 있는 거니까, 정해져 있는 프로세스를 따라서. 지금 말씀해 주신 교육이 그것보다는 훨씬 더 적극적이고 과정에 대한 경험이라든지 과정을 통해서 얻어가는 자신의 자산이 생기는 것이죠. 그러니까 그 예전의 미술관 중심의 문화예술교육은 창의성에 집중해서 뭔가 자기가 잠재되어 있는 창의성을 계속 끄집어낼 수 있는 건데, 그게 사실은 너무나 정형화되어 있는 거고, 지금 말씀하신 것 보니까 결과물이 창의적이고 아니고는 별개의 문제고, 그 과정에서 자기가 새롭게 시스템을 형성해 나가는 그런 것에 대한 이야기가 있는 것 같아서, 예전보다는 굉장히 이상적인 모양을 따라가고 있어요. 메이커 교육은 그런 가치가 있어 보이네요.

김지원 저는 메이커 교육이라는 말이 굉장히 포괄적이라는 생각이 계속 들거든요. 그러면 우리가 학교 다닐 때 이런 교육이 없었나? 메이커 교육이라고 해서 특별한 기술이 있다기보다는 사실 우리가 어렸을 때부터 계속 해왔던 교육이라는 생각도 들어요. 대체 무엇이 다른가. 계속 이야기를 들으면서도 뭐가 다르지 도대체? 다만 요즘 부쩍 활발해진 것에는 여러 동인이 작용하겠지만 학원 교육이 활성화되었던 70년대 세대들이 성장해서 아이들을 키우면서 과거에 학습했던 것들을 조금 더 쉽게 접근할 수 있지는 않나 하는 생각도 들고요. 왜, 저희 때 학원 많이 다녔잖아요. 별별 학원 다 다니다 보니까.

연명흠 주산학원.

구상권 컴퓨터 학원도 다녔어요.

김지원 그렇죠. 음.

김상규 속독학원도 다녔어요, 웅변학원도.

김지원 어떻게 보면 저희 때 학원이라는, 사립 학원을 다니고 과외도 했던 세대들이 이제 아이들을 키우면서 다른 방식의 교육에 대한 습관들이 남았고, 그 때와 다른 방식의 교육이 필요하다는 생각들이 쌓여서 이런 문화가 확산된 것이 아닌가 하는 생각도 사실 들거든요.

김주현 지금 그 말씀은 '사실 우리도 다 그거 하지 않았나'라는 말씀이지만, 저는 우리가 못 했다는 생각이 더 들거든요. 그렇기 때문에 우리 자녀들을 통해서 더 나은 교육을 하려고 하는 게 아닌가, 이런 생각이 드는데, 과거에 교과별로 다 분절이 되어 있었던 게 이제는 융합이라는 말까지 오게 되었고, 중간에 STEM, STEAM, STS 뭐 어쩌고 쭉쭉쭉 내려와서, 이제 융합이라는 말이 나왔잖아요. 지금 제가 메이커 교육을 통해서 바라보고 있는 거는, '융합도 아니다'라는 생각을 하고 있습니다. 애초에 그냥 홀리스틱holistic이었어요, 애초에. 처음부터 홀리스틱이었는데, '가르치기 편하게 하려고 교과별로 나눠버린 거야' 하는 생각을 오히려 하고 있어요. 그리고 세상을 배우려고 하는 거지 내가 수학 하나를 배우기 위해서, 물론 그거에 맞춰져 있는 사람들도 있긴 하겠지만, 그런 건 아니고. 어차피 내가 프로젝트 단위나 뭔가의 조금 더 큰 단위에서 하려면 안 섞일 수는 없구나 하는 생각을 하고 있어요, 애초에 섞여 있는 거고.

정희 비슷한 생각을 자주 하는데요. 사실 지금 뭐 AI도 그렇고 80년대부터 있었던 오래된 개념인데, 지금 마치 새로 하는 것인 양 회자가 되고 그러잖아요. 메이커 교육도 마찬가지라고 생각을 하는데요. 사실 저는 디지털 시대의 메이커 교육이라는 이런 고민은 창의 교육이 왜 정규 교과에 들어갈 수 없는가라는 오래된 고민이 지금까지 이어진 질문인 것 같아요. 그래서 창의 교육이 어떻게 지금의 교육에 묻어날 수 있는가? 그거에 대해서는 교육이 태초부터 있었겠지만 지금까지 못 풀었다는 얘기고, 그래서 메이커 교육에서 이야기를 해야 하는 건 뭐냐? 그건 '어떤 게 교육적 가치냐?'보다는 '그럼 그걸 해봐서 얻을 수 있는 것이 무엇이기에 우리가 추구를 해야 하나'와 같은 생각을 해야 할 것 같아요. 사실 저는 행사를 오래전부터 해왔으니까, 초등학교에 있는 애들이 고등학교에 가서 프로젝트 만들어서 전시를 하면 '저 애들은 잘 컸구나' 하는 생각이 들고 흐뭇하거든요. 네, 그래서 개인적인 리워드를 그런 곳에서 받는데, 교육을 함으로써 얻을 수 있는 교육자의 경험, 아니면 그 아이들의 경험에 있는 어떤 가치 때문에 계속 추구를 하게 되지 않는가 싶어요.

김지원 제가 궁금한 게 하나 있는데, 아까 역할을 디자이너, 엔지니어, 프로젝트 매니저, 레코더 이렇게 나누셨다고 하셨잖아요. 그러면 내가 엔지니어고, 디자이너고, 이런 친구들이 본인들을 스스로를 메이커라고 생각을 하나요? 디자이너도 메이커다, 엔지니어도 메이커다, 이런 식으로 역할을 줬을 때 그 역할자들이 누구나가 다 자신이 메이커라고 생각을 하냐는 거죠. 예를 들어서 메이커라고 하면 아직도 제작자라는 말로 통용이 되는데, 사실 디자이너를 그냥 메이커라고 말하지는 않거든요. 디자이너는 디자이너라고 하고, 또 기획자는 기획자라고 하는데, 결국 그들은 스스로를 메이커라고 이야기를 할 수도 있지만 아니라고 생각하는 사람들도 있으니까. 어린 학생들을 가르치고 이런 역할을 주었을 때 이들이 자기가 어떤 메이킹을 하는 사람으로 인식을 하냐는 거죠.

김주현 그런 인식이 왜 필요한지 잘 모르겠어요. 그냥 디자이너도 만드는 사람이 있으니까, 엔지니어도 만드는 사람이 있고 그런 건데…… 근데 왜 그걸 스스로 인식을 해야 하나요? 언어에 대해서?

김지원 그렇죠, 그렇죠. 근데 메이커 교육이라는 새로운 혹은 대안 교육이 생겨났고, 교육을 하는 사람들은 이 교육을 어쨌든 정규 교과 과정과는 분리하고 영역을 나누어서 새롭게 해석한다는 생각이 들거든요. 그런 개념에서 볼 때, '메이커 교육을 받은 아이들과 받지 않은 아이들 간에 메이커라는 단어에 대해서 인식하는 데 어떤 차이가 있지 않을까?'라는 생각을 해보게 돼요.

추형욱 저는 이렇게 봐요. 초등학교 때 구구단을 외우잖아요. 구구단이 나중에 얼마나 필요가 있을지를 알고 외우는 애들은 없거든요, 사실상. 그때 되니까 당연히 수업 과정에 있기 때문에 외워요. 그러니까 메이커도 마찬가지인 것 같아요. 저는 아이들에게 메이커라는 것을 처음 알리기 위해서 구워삶기도 하고 달콤한 말들로 해보기도 했는데, 결국 미끼로 던진 거는 돈 잘 번다고 이야기하니까 눈이 초롱초롱해져요. 제가 메이커라고 이야기를 해요. 그럼 '아, 그런가 보다' 하고. '나는 제작도 하고 있고, 교구 제작도 하고 있고, 나는 너희보다 정말 멍청했었어', 그런 얘길 막 해요. 그래도 애들은 별로 관심이 없는데, '근데 선생님은 돈 잘 벌어'라고 얘기하면 '메이커가 그럼 돈 잘 벌어요?' 이렇게 되는 거예요.

김지원 결국 메이커는 뭔가 돈을 벌기 위한 수단으로?

추형욱 일단 전 미끼를 그렇게 던지죠. 동기 부여를 하죠. '선생님 유튜브도 해. 그런데 그거 제법 짭짤해. 너네들, 모르지.' 막 이러면요, 애들이 자기가 아는 유튜버 이름 대면서, 그렇게 공감대가 형성이 되는 거에 돈만 한 게 없어요. 초등학생들도 그래요.

구상권 이제 그런 이야기가 있어요. 옛날에 누구 기타리스트 관련된 잡지가 있었는데. 롤링스톤스인가? 아무튼 되게 잘나가는 기타리스트가 인터뷰한 게 있는데, "왜 기타리스트를 시작했는가" 했더니 90프로가 여자 꼬이려고 시작했대요.

일동 (웃음)

구상권 근데 모든 분야가 다 그런 게 많아요. 그래서 원래 내가 기타리스트가 되려고 한 건 아니었지만, 혹은 메이커가 되려고 한 건 아니었지만 그게 시작이 되는 거죠. 그런 미끼를 던지는 것 자체가 진실이다 아니다를 떠나서 뭔가 할 수 있었다는 것 자체는 좋은 쪽이라고 생각을 해요, 저도.

김주현 약간 차이가 있는 것들 중 하나는, 원치 않는데 왔을 때랑 원해서 왔을 때랑 완전히 다르다고 생각을 해요. 저 같은 경우 1학년 전체를 수업하다 보니까, 수업은 제 수업이니까 강제든 뭐든 애들이 와서 뭘 하잖아요. 그중에서 '어, 이건 내가 재밌네' 해서 오는 애들은 거의 수치가 8에서 12프로 사이에요. 걔네들은 나중에 동아리 활동으로 쭉 빠지고 방과후로 쭉 빠지더라고요. 지들이 하고 싶은 거 하니까, 학교에서 돈도 대주고 재료도 사주고. 근데 예전에는 그런 경험을 해볼 수 없었던 거죠. 학원 가야 되고 막 …… 그렇지만 지금은 이제 학교에서 그런 판을 깔아준다는 것 자체가 걔네한테 기회를 줄 수 있는 거고 ……. 모든 사람이 다 이걸 해야 한다는 생각은 애초에 저는 가지고 있지 않습니다.

연명흠 그렇죠, 그렇죠.

김주현 근데 메이커 교육은 제가 기술 쪽이라서 이런 쪽의 접근을 하고 있고, 하드웨어나 소프트웨어에 관심 갖는 학생이 8에서 12퍼센트가 있지만 메이커 교육을 범주를 넓혀가지고, 뭔가 만들어내는 것 전체로 넓힌다면, 기타를 치건 음악을 만들건 작곡을 하건 공예를 하건 디자인을 하건 다 만들어내는 거잖아요. 그러면 그 퍼센티지는 엄청나게 넓어질 수 있을 거라고 보고, 학교 안에 저 같은 기술교사가 운영하는 메이커스페이스 말고도 다른 선생님들이 운영하는 메이커스페이스가 다 있다면 애들도 다 나눠서 다 자기 하고 싶은 것 찾아서 갈 수 있을 거라고 생각해요.

구상권 저는 선생님 말씀하신 내용 중에 태도가 제일 마음에 들어요. 왜 그러냐면, 지금 대기업 말고 작은 회사들의 경우는 보면 그런 사람이 필요해요. 디자이너가 있지만, 사실 디자인 말고 다른 걸 시켜도 적극적으로 했으면 하거든요.

김지원 아, 일당백인 사람? 하하.

일동 (웃음)

연명흠 사장님 말씀하십니다.

김상규 사장님 입장.

일동 (웃음)

구상권 근데, 메이커를 하다 보면 그게 익숙해져요. 제가 몰라도 일단 해보게 되고 그거에 대한 스트레스가 없어요. 내가 모르는 걸 시켰을 때 받는 스트레스가 굉장히 적어요, 한번 해본 사람들은.

정희 사실 전 이런 사고의 방식은 정말 배우는 게 익숙한 사람이 되는 게 궁극적인 목적인 거 같아요.

구상권 심지어 그런 걸 안 해본 사람들은 안 한 걸 시키면 안 해요. '제가 왜 해요?' 약간 막 이런 식으로 불평하고…….

일동 (웃음)

구상권 '잘 모르지만 시간만 주면 한번 해볼게요' 하면 좋거든요. 사실 못해도 상관은 없어요, 저는.

김주현 근데 웃기는 건 그러면서 나중에 자기 실력이 는다는 것을, 나중에 알고 있는 거죠. 그 사람은 경험을 해봤으니까.

구상권 네, 그래서 그 태도가 그전과는 확실히 다른 것 같아요.

연명흠 메이커 교육이라는 말이 왠지 좀 수동적이어서 학습이라는 말도 좋을 것 같은데, 어쨌든 이 이야기를 하고 있는데, 우리가 이 단어의 범위를 되게 넓게 쓰기도 하고 좁게 쓰기도 해요. 넓게 쓰는 경우 스스로 학습, 능동적인 학습을 이야기하기도 했고, 또 협업의 관점으로 이야기하기도 했고, 융합의 관점에서 이야기하기도 했고요. 근데 이렇게 이야기하면 굳이 메이킹-만들기가 아닐 수도 있단 말이에요. 그냥 학생이 듣고 배우는 게 아니라 스스로 수식을 만들어가면서 '수학적인 공리를 내가 증명했어'라고 한다면 그것도 스스로 학습이란 말이에요. 이렇게 넓은 이야기까지 포함할 수 있는데, 조금 더 좁히면 만들기로, 만들기에는 작곡도 포함되잖아요, 더 좁히면 뭔가 탠저블tangible한, 약간 조형적인 외관을 가지고 있을 듯한 것을 만드는 …… 그렇다고 예쁘고 매끄러운 걸로 좁히는 건 아니고, 움직이거나 기술이나 실기 수업에 할 수 있을 것 같은 만들기로, 그렇게 좀 좁혀갈 것 같거든요. 근데 초기 얘기는 되게 넓은 이야기도 나왔던 것 같네요.

김상규 종합해 보면, 스스로 문제를 해결하는 문제 해결자로서의 역량들을 키워나가는 것에 대한 얘기였다고 생각해요. 필요한 것이 있으면 예전처럼 그냥 구입하거나 선택하는 수준에 그치는 것이 아니라 내게 적합한 것을 새롭게 만들어보리라 마음먹을 수 있다는 것이죠. 그게 단지 3D 프린터를 사용하고 아주 정형화되어 있는 툴을 배우고 해서 뭔가를 만들어야지 하는 얘기가 아니라, 어떤 필요를 발견했을 때 소비를 통해 문제를 해결하는 것이 아니고 자율적으로 창의적인 도전을 하기 시작했다는 그런 이야기를 전반적으로 해주신 것 같아요.

이지원 넓은 영역의 메이커 교육은 제조 도구나 기술적인 측면에 중점을 두는 메이커 교육도 필요하겠지만 좀 더 넓은 범위로 생각을 해보면 사회적인 문제들이나 환경적인 문제들, 이런 것들까지도 같이 이야기를 해보고 그것을 교육적인 부분으로 연결시키는 것도 필요하다고 생각을 하는데요. 제가 인터뷰했던 디자이너 중에서는 오픈소스로 나와 있는 플라스틱 리사이클링하는 기계를 만들어서 워크숍에서 플라스틱 페트병이라든지 폐플라스틱들을 활용해 그 기계로 새로운 플라스틱 제품을 만들어본다든지 하더라고요.

정희 프래그 스튜디오인가요?

이지원 네, 맞습니다. 실제로 이 스튜디오는 문화예술 기관이라거나 메이커 행사, 혹은 대학교 디자인과 학생들과 협업을 해서 지속적으로 새로운 만들기 활동을 해왔거든요. 메이커 교육의 좋은 사례가 될 수 있을 거라고 생각합니다.

김지원 저는 공예인들을 많이 만나는데요, 사실 이분들 학습 방식이 혼자 혹은 스승에게 배워서 내 스스로 만드는 1인 창작자인 경우가 많다 보니 협업을 하는 사람들을 쉽게 만날 수가 없어요. 의외로 대표적인 메이커인데 같이 협업하는 메이커는 보기가 어려운 거죠. 전공이 다른 작가랑 혹은 디자이너랑 협업한 사례도 있지만 그건 정말 일부인 거고, 그럴 기회나 교육을 접한 적도 없을 것 같고요. 어린 학생들이나 혹은 비전공자들, 아마추어들의 메이커 교육과 전공자 또는 종사자의 메이커 교육 간에는 조금 다른 교육이 필요하다는 생각이 들거든요, 재교육이라든지. 문화예술 분야도 마찬가지인 것 같아요. 내가 파인아트를 전공을 했는데 무언가를 실질적으로 만들고 싶을 때 메이커 교육이 어떤 도움을 줄 수 있는지, 혼자 학습하고 혼자 만들었던 사람들이 어떻게 누구와 어떤 형식으로 문제를 해결해 나갈 방법을 모르는 경우도 있으니까. 이런 부분들의 좋은 사례들은 없는지요.

정희 그건 완성도에 대한 이야기인 것 같은데요. 사실 저는 메이커가 태도라고 하는 게 정말 맞는 말이라고 생각을 했어요. 메이커 커뮤니티의 초기부터 수공예 커뮤니티랑 같이 믹스가 안 되는 게 사실 저희 기획자들에게는 좀 문제였는데, 왜냐하면 우리는 이 사람들도 메이커라고 생각을 하는데, 이분들은 스스로 '나는 그냥 장인이고 이 기술은 내가 가지고 있어야 하는데'라는 입장이기 때문이에요. 그러니까 메이커라는 거는 우리는 모든 걸 공유한다는 그 콘셉트를 받아들인 사람들이라고 생각을 하는데, 이분들은 공유를 한다는 걸 처음부터 생각하지 않기 때문에 닫혀진 커뮤니티 안에 있는 거예요. 그리고 수공예는 특히나 그렇지만, 이 기술을 배우면 완성품은 이미 시장 가치가 있는 무엇이잖아요. 메이커가 뭘 만들었는데, '아, 이게 뭐야', (웃음) 남이 봤을 때 이게 무슨 실 나부랭이고 선 나부랭이고. (일동 웃음) 생각을 들어보면 재미있긴 하지만 완성품으로 누구에게 팔릴 것인가, 그 시점에서는 정확하지 않은 거잖아요, 이게. 그래서 저는 수공예는 그냥 다른 메커니즘으로 움직이는 집단으로 생각을 하기로 했어요. 어떤 도제 방식을 가진, 자체의 시장 가치를 가진 어떠한 완성된 기술을 전시를 하는 그런 것이더라고요. 그런데 메이커라는 단어는, 새로운 시도를 하는 사람들을 부를 만한 뭐가 필요했으니까, 우리가 그렇게 부른다, 이렇게.

김주현 사실, 장인들이 그런 벽을 가지고 있는 사람들이라는 거는 사실이라고 생각이 드는데, 근데 요즘은 해외 영상만 봐도 나무 가지고 이런 책상 짜던 장인들이 레진 같은 거 같이 작업하고 그러거든요. 근데 원래 목공만 다루던 사람한테 레진이 들어온 것처럼, 뭔가 시작을 하고 있지 않나 싶어요.

정희 그걸 오픈을 해주면 정말 고마운 일이지만 그걸 막, '왜 너는 스스로를 메이커라고 인지하지 않는 거야' 하고 강요를 하기엔 좀.

연명흠 '넌 메이커란 말이야!' 이러고(웃음).

김주현 변화가 필요한 거죠(웃음), 시간이 좀 더 필요하고.

김상규 배웠던 과정이 다른 것 같아요. 도제식이라서 예전에는 아주 힘들게 배웠을 거예요. 자기가 특별히 고통의 시간을 감내하면서 익힌 것이라서 그것을 공유한다면 그것은 그 사람들에게는 용납하기 힘든 일일 것 같고요. 직업적으로 완성도를 높이는 훈련을 한 사람이기 때문에 아무나 할 수 있다고 생각하지 않는 것도 같아요. 그런데 제 어머니가 뜨개질을 굉장히 잘했거든요. 완성도도 있어요. 근데 직업적으로 한 게 아니라서 주변에 다 알려줘요. 어릴 때 겨울만 되면 동네 사람들이 저희 집에 모여서 북적북적했어요. 근데 어머니는 그냥 일본 잡지를 보고서 스스로 배우셨어요. 손재주가 있으시니까, 가족 옷을 모두 어머니가 만드는 거죠. 동네 아주머니들도 비싼 옷을 살 수가 없으니까 저희 집에 와서 옷 만드는 법을 배우곤 했어요. 무슨 돈을 주는 게 아니고 먹을 것을 갖고 와서 얘기를 하면서 뜨개질을 하는 거예요. 그러면 그분들이 또 배워서 자기들이 가르쳐주는 식이었죠. 커뮤니티 기반의 배움의 과정을 거쳤다면 당연히 메이커 운동에 참여했을 텐데 …… (웃음). 힘들게 장인이 되어 있으니까. 크래프트맨십이 중요한 건데, 그냥 크래프트맨으로 계속 남는 분들이 있는 거죠.

추형욱　그 예전에 광고에도 나왔잖아요. 떡볶이 잘 파는 할머니. 비법은 며느리도 모른다고, 누구한테도 안 가르쳐준다고.

김상규　자기 자산인 거죠. 영업 비밀이고.

추형욱　네, 내가 어떻게 이거를, 어떻게 익혔는데, 어떻게 했는데.

김상규　익히는 과정이 너무 가혹하면.

김주현　그래서 그 사람들에게도 그런 경험이 되게 중요한 것 같은데, 저는 그걸 딱 느꼈거든요. 저는 교사잖아요. 그 '배달의 민족 딜리'라고 하는 광고 영상이 있어요, 배달의 민족에서 한 거. 저는 그거 프로젝트를 어떻게 이분 덕분에 참여하게 되었는데, 결과물을 보고 '아, 이렇게 돼서 같이 하자고 하는구나', 이 생각이 들 정도였어요. 저는 전자 제조를 조금 할 줄 알고 그러니까 제품으로 만들면 그냥 볼품없어요. 뭐 선 꽂혀 있고, 이런 식인데, 디자인은 완전 그럴싸한데 동작이 막 안 되고 그래요. 그러니까 기구 설계 전문가, 모크업 전문가, 제가 전자제어, 그 사람은 디자인, 또 한 사람은 촬영 팀 뭐 이렇게 있고, 그렇게 해서 광고물이 나왔는데. 참, '이게 내가 참여해서 만든 거란 말이야?' 이런 생각이 계속 들어요. 그래서 그게 다른 사람들에게 계속 사례로서 설명이 되면서 '저 직업 뭔지 아세요? 교사예요', 그런 이야기를 하게 되고 자연스럽게 커뮤니티와 네트워크와 이런 것들이 중요하다는 것을 알게 되더라고요. 그런 사례로 보여줄 수 있는데, 장인들, 좀 전에 말씀하신 그분들은 그런 경험이 없었던 거죠, 가려져 있었으니까. 그렇지만 이제부터 새로 커나가는 사람들은 그렇지 않을 수 있잖아요. 그래서 메이커 교육이 필요하지 않나 하는 생각이 들어요.

연명흠 저도 메이커 문화, 메이커 운동 이런 것들을 고민하게 되면서, 아까도 말씀드렸지만, 약간 아전인수 해석인지 모르겠지만 디자인과 흡사한 점이 많은 거예요. 근데 또 현상에서는 디자인이 전통적인, 오서독스한 디자인과 다른 비전들이 제시가 되기도 하고 그래야 되기도 하는 환경이 조성된단 말이에요. 그러니까 김지원 팀장님이 이야기해 주신 것처럼 디자이너 대신 메이커가 요청되는 거죠. 그게 공예와 디자인이 근대 사회에 들어서 갈라섰던 길들이 다시 재통합되는, 김상규 교수님 글에도 있지만, 그런 가능성, 필요성이 있는데 …… 그렇지만 현상적으로는, 내가 만나본 공예가들은 그렇게 쉽게 협업에 대한 수용이 안 돼요. 안 되는 것 같아요, 내가 보기엔. 그게 내가 그분들을 바라보는 나의 편견 때문인가 싶기도 하지만 그런 것 같지는 않고, 말했던 것처럼 약간 좀 자기 보호적인, 폐쇄적이라 할 수 있는 그런 것들 있잖아요.

김상규 예전에는 기술을 획득하는 것이 오랜 숙련을 거쳐야 했잖아요. 디지털 시대가 되면서 그런 분들이 아웃소싱이 되었어요. 예를 들어서 자개 같은 세공을 하는 분들이 실톱 대신 레이저 커팅이나 CNC로 훨씬 쉽게 작업할 수 있으니까요(웃음). 그런 기술을 공유할 수 있는 시스템이 아주 예전에는 구술을 통해서 전달되었고 그 뒤에 책을 통해서 널리 알려졌지만 지금은 온라인에서 불특정 다수에게 전달할 수도 있죠. 지식들을 공유할 수 있는 플랫폼의 등장은 아무래도 디지털 환경이 지닌 장점일 수 있어서 융합의 가능성도 있는 것 같아요.

김지원 같이 융합될 수 있는 부분이 또 굉장히 많아진 반면에, 또 자기 차별성이 없어지다 보니 거기에 대한 저항감도 상대적으로 더 있을 수밖에 없을 것 같아요.

김상규 오히려 융합적인 분위기를 벗어나서 원래 자리를 지키려 하실 수도 있겠죠.

김지원 쉽게 또 빠질 수 있다고 생각하는 경우도 많이 있고.

정희 우리도 메이커 교육이라는 명제로 이야기해야 하니까 그거에 대해서 집착을 하게 되는 것 같은데, 사실 저는 그냥 각자 다 창의적으로 하고 각자 할 일 찾아가지고 하면 괜찮다고 생각을 하는데요. 이런 트렌드가 있는데 이거에 대해서 꼭 이걸 해야 한다 말아야 한다 엄청 논의를 해야 하는 게, 지금으로서는 이 과제를 발주하는 그 기관의 기준에 달려 있다는 게 또 한 가지의 문제죠. 발주 기관의 성격에 따라 원하는 결과물과 방향이 다르죠.

추형욱 그쪽 시선에서 보자는 거죠.

일동 (웃음)

김지원 메이커에 문화가 아니라 교육이라는 말이 뒤에 붙으니까 굉장히 좁게 느껴져요. 메이커 문화라고 하면 장인도 메이커고 디자이너도 메이커일 수 있는 포괄적 인식이 가능한데요.

정희 그래서 저는 되려 역으로 가는 것도 있을 것 같은데요. 정말 재미있게 레이저 커팅 자개를 하다가 자개의 신이 되면, 갑자기.

일동 (웃음)

정희 그러면서 이제 오픈하지 않고.

일동 (웃음)

구상권 맞아요, 그게 세운상가예요(웃음).

김지원 그럼 교육은 의미가 없어지는 거죠.

정희 그래서 이런 거는 단계별로 스스로 취사선택할 수 있는 어떤 것인 것 같은데.

김지원 이 장인들도 아마 어렸을 적에는 다 서로가 동네에서 주고받고 배우고 그랬을 수도 있어요.

정희 그러다 노하우를 움켜쥐는 순간, 이제 또 닫아버리고. 자기만 알 수도 있는 거니까.

추형욱 메이커가 이제 제일 앞에 나오는 게 또 공유라는 거더라고요. 이제 뭐 만드는 과정을 공유하고, 보면서 또 따라 만들 수 있게 하고. 그렇게 되면 그 맛있는 떡볶이를 누구나 다 만들 수 있게 해야 한다라는 거죠. 근데 한국 사람들 중에서, 아까 말씀하신 것처럼 내가 뭘 한다고 하다가 딱 이거야 하는 순간 문을 닫아버리죠. '기존 거는 공개해도 돼.' 근데 내가 딱 뭔가를 발견하면 떠오르는 게 돈인 거죠. 나만 아는 기술이잖아. 저는 이게 공유에 대한 거에 대해서 외국 사람들은, 이론적으로는 그렇게 이야기를 해요, 모든 걸 다 공유한대요. 그럼 과연 특허란 뭐냐는 생각을 되게 많이 했었어요. 저는 특허를 내는 걸 좋아했고, 발명을 학생들에게 교육하고 있는데. 그럼 특허 내는 사람들은 메이커가 아닌가? 그 사람들도 분명 수많은 시행착오를 거쳐서 만들고 하거든요. 특허는 공유가 안 되나. 일 년 지나면 다 공개가 돼요, 기술이. 리스트업에 다 공개가 되는데. 그거는 물론 자의에 의해서 공개하는 건 아니죠. 명령에 의해서 공개가 되는 거고. 그럼 메이커들도 거기 들어가서 상업적인 요소로만 쓰이지 않으면 어떤 특허든지 내가 만들어보는 거는 전혀 문제가 되지 않거든요. 판매해서 수익을 올리지 않는 이상은. 그럼 발명가들은 다 문을 닫고 있는 사람들인가요? 근데 그런 기술들이 없으면 나라 경제는 누가 책임지지(웃음). 이게 명암이 너무 확실해요, 공유에 대한 건. 외국 갔다 오신 분들은 특허 내지 말라고, 왜 특허 내느냐, 아두이노 봐라, 다 공개하고 있다, 이런 이야기를 해요. 물론 좋은 일이 있겠지만, 저는 그래요. 공유를 해야 한다, 안 해야 한다? 그건 철저하게 자기 몫인 거예요.

정희 그런데 이게 또 되게 애매한 부분들이 있는데, '메이커 교육 좋은 거니까 100퍼센트 다 해야 돼', 이런 건 아니잖아요. 근데 대표님도 그러시겠지만,

나는 메이커고 오픈된 사람이고 모든 걸 공개하고 싶은데, 예를 들어 '메이커스 핸즈'라는 똑같은 이름의 또 다른 회사가 나왔는데 그쪽이 굉장히 안티메이커스러운 활동을 할 때는 내 이름과 똑같은 이름을 쓰는 거에 대해서 화가 날 거잖아요. 그러니까 그런 지적인 재산들도 있고, 사실 내가 공유를 하겠다고, 안 하겠다고 정하는 선들은 각자 있는 거라 생각합니다.

추형욱　근데 그거 가지고 뭐라고 하고 손가락질할 이유는 전혀 없다고 생각해요.

정희　다 한꺼번에 공존을 해야 하는 건데.

김주현　저는 약간 좀 다른 생각인데요. 제가 그 정도 수준이 되면, 제가 그걸 공개를 해도, 다른 사람이 못 따라올 거라는 생각이 들거든요? 그리고 그 사람도 바빠요. 그래서 이걸 할 시간이 없어요. 그러니까 돈을 주고 사는 거잖아요? 그걸 진짜 나같이 똑같이 따라올 수 있는 사람은 그냥 같이 해도 될 수준이 된다고 생각해요. 웬만한 사람들은 따라오지 못하는.

김지원　달리 생각해 볼 수 있는 것이, 최근에 정말 심각한 저작권 침해를 당한 디자이너 사례를 접한 적이 있어요. 자신들의 주된 자산인데 안타깝게도 저작권 등록을 하지 않았어요. 기업이 아닌 개인이 감당하기에는 어려운 일들이 너무 많이 일어나고 있어요.

정희　저는 공유의 개념이야말로 정확하게 써야 한다고 생각하는데, 지적재산권이랑 얽히면 진짜 장난 아니에요, 이게.

김상규　다른 차원으로 볼 부분도 있는 것 같아요. 제가 참고한 책인 『애드호키즘』, 『빵과 벽돌』에서는 산업적 독점주의를 비판하고 있어요. 마이크로소프트, 어도비 같은 글로벌 기업이 소프트웨어를 독점하고, 종자 회사들도 예전에는 농사꾼들이 나눠 쓰던 씨앗을 다 독점해 버리니까요. 이런 식의 글로벌 기업들의 독점에 저항하기 위해서 개인들이 자주적으로 지식에 대한 방어 체계를 만드는 건 필요한 것 같아요. 리눅스 같은 방식의 차원까지 필요하다는 거죠. 개인이 특허를 선호하는지 거부하는지 따져서 나쁘게 볼 건 아니고, 규모의 경제를 동원해서 폭력적으로 독점하는 움직임에 저항적으로든 어떤 운동 차원에서든 집단적인 힘이 계속 만들어져야 할 것 같아요. 커먼스를 추구하는 사람들이 그렇잖아요. 안정적인 공간을 만들어놓고 여기 와서 쓸 수 있다는 식으로요. 그런 식의 시스템을 갖추지 않으면 개인들의 힘은 너무나 허약해서 뺏길 수밖에 없는 것 같아요.

김주현 사실 지재권 얘기 같은 건, 저는 그걸 본인이 원해서 그랬다면, 본인이 오픈할 거였다면 안 해도 됐지만, 자기가 수익을 창출하려고 했던 거라면 지재권을 했어야 된다고 생각해요. 그런 코치는 필요한 거라고 생각해요.

연명흠 그런데 현실에서는 …… 이 카피레프트라고 하는 정신이랑 사업자의 지적 재산권이랑 되게 갈등이 있잖아요. 근데 동일한 사람이 특허도 내고, 공유도 하고 이런 식으로 섞여 있잖아요.

추형욱 그렇게 하는 건 전혀 문제가 안 돼요. 내가 특허를 걸어놓고 공유했어요. 따라 만드는 건 얼마든지 생큐예요. 근데 단, '이걸로 너희들이 생산해서 돈을 벌면 안 돼'. 그건 나한테 허락을 얻어야 하거든요. 그걸 공유한다고 해서 누가 만들었어요, 여기 정희님께서 만드셔가지고 막 학생들하고 수업도 하고 그걸로 또 어디다 퍼뜨리고, 그런 건 전혀 문제가 되지 않아요. 근데 이제 문제는 기업이죠. 기업에서 그걸 보고 '어, 이거 돈 될 것 같은데?' 카피를 해서 파는 순간, 나는 진짜 몇 년을 고생해서 개발했는데 …….

김상규 그게 커먼스죠. 우리가 공유지로, 공유 자산으로 인정하고 소중하게 잘 쓰면 상관이 없는데 그걸 자기 자산으로 독점해 버리면 문제가 되죠.

추형욱 저는 이제 교구 개발을 하다 보니까, 완구 쪽도 개발 많이 했었거든요. 거래처 사장들하고 만나서 이렇게 얘기를 하다 보면 너무 많이 데여서요. 물론 우리나라도 솔직히 80년대 카피 왕국이었죠. 그걸로 나라가 성장했다고 해도 과언이 아닐 정도니까. 근데 중국이 그러니까, 너무 많은 인구가 카피를 해대니까, 우리나라 사람들이 짜증 나기 시작한 거예요. 그냥, 옛날 일들은 다 잊어버리고.

일동 (웃음)

구상권 단가가 맞지가 않아요. 보면 중국 내부에서도 **문제가** 돼요. 되게 치고받고 있고. 한국 정도의 인구가 아니라 그 안에서 **치고받고** 싸우고 엄청 일이 많아요. 겨울마다 중국에 가서 대학교에서 강의를 하는데, 그 서비스 뭐죠? 물건 많이 파는 거. 타오바오! 타오바오 딱 들어갔는데, '어, 이거 있는 거네~'. 아이디어 좋은데, 더 놀라운 거는 그 똑같은 디자인을 다른 브랜드로 여기 이만큼 있어요, 이렇게. 누가 만든지 알 수가 없어.

김주현 근데 그 정도 인구면 비슷한 거 나올 수도 있겠죠, 뭐. 하하.

일동 (웃음)

연명흠 근데 저는 처음 이야기할 때, 처음 가지고 있던 질문이 하나 있는데, 김상규 교수님이 쓴 그 글의 기조 중에 위로부터의 정책적이고 낙관적인 움직임, 4차 산업혁명이나 메이커스페이스와 관련된 그런 것들이 근대부터 이어져 온 자체 제작 문화와는 다르다, 이런 이야기를 하셨단 말이에요. 그런데 현장에서 겪으신 분들께서는 인식이 변하고 있다라고 이야기를 하셔서 저는 두 주장이 '약간 다르네?'라는 느낌을 받았어요. 그건 어떻게 생각을 하시는지?

김상규 제가 낙관적이라고 하는 건 제작 문화가 제조업을 부활시킨다고 하는 판타지에 대한 것이에요. 미국 오바마 정부 시절이 대표적인 예인데 메이커 운동이 미국의 제조업을 부활시킬 것처럼 호도되기도 했으니까요. 국내 제조업이 침체기에 접어들면서 1인 제조업이 가능해진다는 것이 정책적으로 관심을 불러일으킨 듯해요. 소규모 제조가 늘 수 있고, 그렇게 되면 한국에도 제조업에 활력이 될 것이라는 생각이 정책적으로 연결된 것이죠. 파급 효과를 기대하기 어려운 이야기인 건 다들 알았겠지만, 정책적으로는 나름의 설득력을 가질 수 있었던 것 같고요. 결국 그 수혜를 누가 받느냐 하면 제작 문화에 관련되어 보이는 산업들, 예를 들어 디지털 패브리케이션을 할 수 있는 CNC, 3D 프린터 제조회사들이 수혜를 받을 거라고 생각을 했겠죠. 한편으로, 개인의 경우에는 뭐가 있느냐 하면 어떤 도구가 새로이 주어졌을 때, 그것으로 창작을 할 수 있다고 생각하기 쉽잖아요. 예전에 디지털로 이미지를 만들기 시작하자 거리 간판이 엄청나게 바뀌었잖아요. 예전에는 글자와 이미지 편집은 전문가에게 맡겼었는데, 손쉽게 할 수 있으니까 제각각이 된 때가 있었거든요. 디지털 패브리케이션도 성숙이 안 되어 있을 때는 개인의 창작 도구로 활용되면서 예술가적인 욕구를 드러내곤 하죠. 그래서 정책과 기업 측면의 낙관적 인식을 개인의 측면까지 확장해서 다뤄보았고요. 여기에 대해 당연히 이견이 있을 수 있겠죠.

또 한 가지, 메이커스페이스의 경우에 저는 부정적인 측면을 언급하고 싶어요. 메이커스페이스는 요건을 충족시켜 주면 정부에서 지원을 해주는 시스템이잖아요. 사실 저는 가장 좋은 메이커스페이스는 동네 목공소나 철물점이라고 생각해요. 그런 건 다 없어지고 있는데 메이커스페이스를 지원한다는 것이 맞지 않아 보이는 거죠. 동네마다 제작할 수 있는 공간이 애초부터 있었던 것이죠. 그게 메이커스페이스라는 이름으로 브랜딩이 되어서 마치 없던 것을 새롭게 조성해야 하는 것처럼 되니까, 앞서 말씀드렸던 낙관주의적인 정책 기조랑 맞물려 가는 것이 아닌가 해요.

추형욱 메이커스페이스 운영을 시작하면서 고민을 상당히 많이 했어요. 저는 교육을 하기 위해 사실 메이커스페이스 운영을 하게 된 케이스거든요. 그런데 요 근래 들어와서 분명하게 명확해진 건 뭐냐 하면, 일반인들은 안 받으려고 해요. 일반인들을 받으면, 대여섯 명이 거기에서 움직이기 시작하면요, 난리가 나요. 아무 일도 못 해요. 그건 그 사람들만의 공간이 돼요. 그래서 저도 메이커스페이스를 해서 돈을 벌겠다는 그런 생각은 가질 수도 없고요, 하지도 않아요. 그 대신 어떻게 하면 신나게 만들기를 즐길 수 있을까로 다시 출발점을 좀 돌려놓았거든요. 그러다 보니까 아까 말씀드린 것처럼 유치원 애들부터 와서 신나게 놀게 해볼까. 제가 수업 나가는 곳들에도 이미 이야기를 다 해놨었어요. 이제 우리 메이커스페이스 와서, 교실에서, 책상 위에서 메이커를 하지 말고, 여기 와서 무작정 잘라보고 뚫어보고 이렇게 한번 해봅시다. 그래서 일단 오케이를 받은 상태로, 지금

일단 시작은 그렇게 하고 있어요. 요즘 명확해졌어요. 애들한테 신나는 놀이터로 가야 되겠다, 그렇게 좀 정리를 하고 있습니다.

김주현 결론은 다 똑같은 문제인 것 같은데요. 결론은 그걸 하려는 사람이 누구냐, 이게 결정적인 것 같아요. 어떤 사람이 어떤 마인드를 가지고 그 사업을 지원을 했느냐. 돈 보고 갔거나 짬짜미해서 먹을 생각으로 갔다면 제대로 운영 안 될 거고. 그런 건 옆에 사람들이 다 보고 있지 않겠어요? 결국엔 사람 찾는 게 문제인 거죠. 메이커스페이스 운영하면서 직원을 구하는 것도 그렇더라고요. 직원을 뽑는데도 저 사람이 어떤 생각을 가지고 있느냐에 따라서 면접 합격 하고도 안 오는 사람들이 있고. 여러 가지 조건들이 자꾸 생기는 것 같아요.

추형욱 쉽지 않습니다.

김상규 메이커스페이스가 좋고 나쁘다기보다도 경계해야 할 부분이 분명히 있을 것 같다는 생각입니다.

정희 지금 교수님이 방금 말씀하신 내용이 뭔지 알겠고 사실 현실적으로 운영하는 데도 어려움이 있고 그렇죠. 시작을 할 때부터 그랬어요. 정부에서 그걸 지원을 하기 시작하면 시장에서 장생하는 메이커스페이스도 없어지니까. 왜냐하면 재료비 다 나오고 금전 지원도 다 나오고 그러면 사람들이 돈 내고 쓸 필요가 없어지잖아요. 그러면 시장 경쟁력이 없어지고 …… 이 과정에 있던 고민은 아직도 풀리지 않았고요 ……. 여러 공간이 문을 열었다 닫았어요. 그렇게 해서 이제 살아남은 곳들이 지금 운영이 되고 있는 것이고요. 그럼에도 불구하고 저는 긍정적이라고 보는 거는, 그래도 메이커스페이스라는 이름으로 계속 투자가 나온다는 거는 어쨌든 간에 인구가 늘어나고 있다는 거고, 어쨌든 간에 사람들이 메이커라는 단어를 들을 기회가 많아진다는 거고, 결국에는 문화는 확산이 된다는 거니까, 어쨌든 큰 틀에서는 긍정적으로 보고 있습니다, 저도.

연명흠 흐름을 타서 더 질문을 해보고 싶은 것이 있었는데요. 책을 낼 시점이 되니까 '이거 약간 지나간 거 아니야?'라는 얘기들이 들려왔어요. 이게 성숙되어 가고 있는 것의 증거인가, 아니면 이미 뭐 한물가고 있는 건가 고민도 되고 그랬는데요 ……. 정희님은 메이커페어를 쭉 진행하셨잖아요. 시계열 쪽으로 보는 눈이라고 할까, 거기서는 어떻게 보는지, 운동이라고 해도 좋고, 교육이라고 해도 좋고, 어떻게 보시는지 궁금했어요.

정희 일단 저는 그냥 항상 시작하면서 허둥거리고 있는데, '허둥거리는 동지가 많아진다?' 뭐 이런 정도로 생각하고 있습니다.

일동 (웃음)

정희 같이 허둥거려 주는.

김지원 메이커스페이스가 보다 더 운영이 잘되는 방향으로 바뀌고 있다는 것 자체가 큰 변화라고 생각해요. 지금은 오히려 메이킹할 때 도움이 필요한 사람들이 메이커스페이스나 창작 센터와 같은 공간을 활용하려는 의지들이 생기는 것 같아요.

정희 필요한 사람들이 쓸 수 있는 메이커스페이스가 되고, 이제는 거의 관련 단체가 공동출자를 하시니까 이것의 생존에 대해서도 더 신경을 쓰게 되고, 또 시장에서의 생존 가능성도 높아지는 거죠.

추형욱 이런 생각을 좀 해봤어요. 과학 창의재단에서 중소기업벤처부로 주관 기관이 바뀌었는데, 나라에서 밀어줄 수 있는 방법을 찾았으면 좋겠어요. 저는 이케아 광고만큼 광고를 좀 했으면 사람들이 정말 많이 알 것 같아요. 돈이 얼마 안 들어가는데, TV에서 그런 광고를 하면 사람들은 분명 관심을 가지거든요. 공익 방송이라든지 광고가 계속 나오면 거기 메이커가 뭐야? 요즘 저게 트렌든가? 그래서 저런 거 해야 하나? 만드는 거 보면 집에서 뭔가 만들고자 하는 사람이 애들 손잡고 와서 메이커스페이스에서 의자를 하나 만들고 그런 영상이 TV에 나온다라고 하면 사람들이 정말 많이 알지 않을까요? 대기업만 광고하는 게 아니고 조금만 국가에서 해준다면 메이커스페이스는 정말 힘이 날 것 같아요. 사람들 문의도 많이 들어오고 ……. 저희도 홍보하려고 찾아다녀요. 그렇더라도 광고가 한번 나가면 더 빨리 확산되지 않을까요? '우리 애랑 같이 뭐 주말에 한번 냄비받침이라도 만들어볼까? 휴지걸이라도 만들어볼까? 뭐 할 수 있는 데가 있나?' 찾으면, 검색해 보면 나오게끔 …….

정희　자연스럽게 하면서 인구가 느는 건 중요하죠. 더 높은 수준으로 도달할 수 있는 군이 많아지니까요. 근데 아직 허둥거리고 있는 단계라고 생각하는 거는, 다 같이 허우적거려 보자 하는 와중에 똑똑한 사람이 하나 더 있을 수 있다는 가능성은 높아지고 있다는 거죠. 성숙기냐 하면, 그건 메이커 교육이라는 키워드로 나온 책은 이제 겨우 세 권밖에 안 돼요. 책 시장에서 볼 때도 그건 무슨 일을 하더라도 근거가 될 만큼 많은 양은 아니거든요. 그리고 제가 만든 책이 한 30권 정도인데, 그것 말고 정말 메이커에 포커스를 맞춰서 하는 건 추가로 해봤자 100권 내외일 거예요.

연명흠　이제 한 권 더 추가되겠네요.

일동　(웃음)

정희　더 이야기를 하고, 자연스럽게 퍼지고, 뭐 광고를 때리면 더 빨리 퍼지긴 하겠죠.

추형욱　저는 그거 믿는 게 딱 하나 있는 게요, 메이킹이라는 거는 중독성이 충분히 있다고 생각을 하거든요. 그 사람을 처음 메이킹을 하게 만드는 게 어려운 거지, 한번 만들면 '어?' 재미있고, 친구들끼리 와서 둘이 해도 재미있고요. 아니면 요새는 TV에서 메이커 하는 것들은 꽤 나와요. 버라이어티에서 유재석이 어딜 가서 뭘 만들고, 연예인이 앞치마 뭐 등 만드는 것들. 디오라마 가서 뭐 하는 것도 같이하고 이런 것들 보이더라고요. 전 되게 고무적으로 보거든요, 그런 것들.

정희　'내가 뭘 만들어보거나 할 수 있는 범위가 넓어졌어'라고 그냥 인식만 할 수 있으면 되지, 이게 메이킹인지 아닌지 뭐 굳이 이름 붙이는 건 중요하지 않다고 생각합니다. 저도 국가 차원의 지원이나 관심은 중요하다고 생각하는데요. 예를 들면 중국 같은 경우에는 엄청 전략적으로 해요. 특히 선전深圳이 유명한데, 여기는 옛날부터 일 년에 딱 한 주를 정해가지고, 그 때가 메이커 위크예요. 여기에서 이제 메이커 타이틀이 달린 교육 프로그램부터 시작해 가지고 그 일주일 안에 모든 걸 다 하는데, 그게 지방정부가 주도하면서 거의 전 세계적으로 퍼졌어요. 그러니까 그게 정부 펀딩을 해가지고 문화를 이끌 수 있는가에 대한 답이라고 할 수는 없을 것 같고, '문화로서 있으려면 자연스럽게 퍼져야 한다' 쪽일 것 같아요.

김지원　굉장히 공감하는 게, 정부에서 할 수 있는 건 한계가 있는 것 같아요. 얼마 전에 그 유리공예 하는 공예가들의 상당수가 자기 공간을 잃어버린 거예요. 홍대와 이천에 센터가 있었는데 문을 비슷한 시기에 닫아서 갑자기 작업실을 찾아야 하는 상황들이 생긴 거예요. 거기에는 수가 줄어든다거나 수익 창출이 어렵다거나 하는 여러 가지 문제가 있겠죠. 오랫동안 지원을 했으면 어떤 식으로든 확산이 되어야 하는데 그렇지 않다면 시장이 없는 것은 아니냐는 얘기도 나오거든요.

김상규　이건 조금 다른 문제인데, 부정적으로 보는 이유는 한 가지 더 있어요. 제작, 메이커라고 하는 것이 특정한 용어가 되었는데, 우리나라에서 자전거를 사용하는 방식과 비슷해요. 자전거는 원래 늘 타고 다녀야 하는 거잖아요. 자전거를 차에 싣고 한강에 가서 자전거 타는 방식으로는 한계가 있다는 거예요. 작년에 베를린에서 연구년을 보낼 때 아이들 놀이터가 목재로 만들어진 것을 봤어요. 어둡고 거칠어 보이는데 수선을 해서 계속 쓰는 것 같았어요. 우리보다는 만드는 것에 익숙한 사람들이 있을 텐데, 아무튼 제작이 일상적인 거라는 생각을 했어요. 바우하우스Bauhaus라고 하는 이름의 숍도 큼직하게 여러 곳 있고요. 작은 하드웨어부터 큰 목재까지 마음먹으면 집에 필요한 것을 만들 도구와 재료를 구할 수 있는 거예요. 직원에게 물어볼 수도 있고요. 메이커스페이스를 늘리는 것과 제작이 일상적인 활동이 되는 것은 별개의 문제인 것 같아요. 사실 메이커페어도 여러 도시에서 열려야 마땅한 것 같고요. 베를린에서 또 재미있었던 것은 벼룩시장이 굉장히 많거든요. 매주 열리고 중고품에 대해 거부감이 적은 것 같고요. 우리는 너무나 쉽게 물건을 살 수 있는 것이 오히려 문제가 되는 것 같아요. 이케아가 이미 국내에 들어왔고 다이소 같은 것도 있다 보니까 굳이 내가 안 만들어도 소비를 통해서 많은 부분이 해결되거든요. 정말로 제작 문화가 형성되려면 오래 걸릴 것 같아요.

연명흠 이게 참, 어려운 이야기인 것 같아요. 그러니까 바람직한 제작 문화가 우리 사회에 정착되고 있는가라는 건 참 어려운 문제이고, 그리고 중국 선전 이야기하셨는데, 거기 지방정부가 뭐 지방이겠어요. 굉장히 큰 규모잖아요?(웃음) 그렇게 국가 주도로 하는 성공적인 모델도 있고, 아주 그냥 명료한 이야기지만 바지를 기워 입는 식의 수선 문화도 있는 거고 …… 다양한 국가마다의 그런 문화, 자기의 그 어떤 백그라운드에 따라서 다른 모델들이 있기 때문에 어떻게 보면 한국 메이커 문화의 정체성이 뭔지 모르겠지만, 형성된 건지 반성해야 할 건지 잘 모르겠지만, 뭐, 있을 수도 있겠다라는 생각도 듭니다.

김주현 저는 이번에 느낀 것 중 하나가, 이번 페어에 가서 느꼈는데요. 그 카트 레이싱 하는 거 있잖아요. 첫 번째 때는 그냥 뭐, 몇몇이 모여서 하나 보다 했는데, 이제부터 사람들이 재미를 느끼기 시작하고 뭔가 장난감을 만들려고 하고, 이런 게 느껴졌어요.

김상규 문화비축기지에서 하는 거죠?

정희 네, 메이커페어 서울 안에서 진행하는 카트 어드벤처라는 행사인데요. 이제 3년째 하고 있는데, 말씀하신 것처럼 처음 초창기에는 아마추어처럼 하다가 레이스가 엄청 커졌죠.

김주현 네, 그런 게 느껴지고. 거기에 뭐 재료비가 지원되고 이런 건 아니잖아요. 서울시 교육청에서 하는 것 중에 괴짜축제라고 하는 게 있는데 거기는 학교에다가 돈을 뿌려요, 재료비를. 물론 재료비가 필요하기도 하죠. 근데 그렇게 만들어진 결과물 가지고 와서 부스 하나씩 운영을 하는데, 사실은 제가 까려고 하는 게 있어서 말을 꺼냈는데요, 거긴 3D 펜이 절반이에요. 저는 그거는 아닌 것 같거든요. 근데 지금 메이커페어에서 카트 레이스는 처음에는 거기 팹브로스Fab Bros라고 하는 팀에서 자기 아는 사람들끼리 시작했던 그게 지금은 막 관심 있는 사람들이 생겨나고, 자기만의 것을 만들고, 트라이 휠카tri wheel car를 만들고, 되게 다양한 방식으로, 리눅스 지도 뻗어나가듯이, 그렇게 뻗어나가고 있다는 게 느껴졌거든요.

정희 네, 그것도 그렇네요. 그것도 정정을 약간만 하자면, 그거는 메이커 팀인 팹브로스랑 같이 해보자 해서 만들기로 했는데요. 초기에는 이게 뭔지 잘 몰라서 진행이 어떻게 될지 모르잖아요. 그래서 처음에는 팀에게 재료비를 주고, 카트를 만들 수 있는 팀을 팹브로스에서 직접 섭외를 해서 했었어요. 근데 2차 때부터는 처음에 본 사람들이 '저거 너무 재밌는데 어떻게 해요?' 이렇게 되어가지고, '아, 그러면은 이제는 관심 있는 사람이 생겼으니까 모집을 해서 하자'가 되어서 재미있어 하는 사람들이 주축으로 진행이 됐죠.

추형욱 올해는 돈이 많이 들어갔어요.

일동 (웃음)

김주현 이런 사람들이 생겨난다는 거죠.

정희 처음에는 지원으로 받고 이제부터 나가는 것도 없지만 레이스에 그냥 들어온다, 그거죠. 지나가는 단계인 것 같아요.

추형욱 그건 돈 문제가 아니에요, 자존심 싸움이지.

김상규 도약대를 잘 만들어주셨네요.

연명흠 그건 굉장히 흥미로운 사례네요. 처음에는 페어 기획팀에서 주도적으로 지원하다가 이제는 자체 힘으로 운영되는 …….

추형욱 (카트 레이스에서) 2등 했어요. 마이너에서요(웃음). 메이저가 아니고 마이녀였어요.

김주현 근데 그거를 저는 이번에 봤어요.

김상규 예술교육을 생각해 보면, 초기에는 예술교육에 참여하는 사람들의 동기가 유명한 작가가 되는 거예요. 그러니까 미술 아카데미도 아이가 훌륭한 화가가 되기를 원하는 부모들에게 인기가 있었고, 음악 아카데미는 당연히 훌륭한 피아니스트, 연주자가 되는 기대로 아이를 등록시키는 거죠. 지금은 조금 바뀌었어요. 좋은 향유자가 되는 쪽으로요. 알아야지 즐기잖아요. 그림을 맨날 봐도 모르니까 가서 그려 보고 하다 보면 볼 줄 알게 되는 거고요. 제작 문화에도 시간이 조금 걸리겠지만 그런 방식으로 잘 즐기는 거죠. 누군가 만드는 것을 보고 배우다 보면 나도 언젠간 만들어보겠다는 생각을 하는 거지, 창업해서 돈을 번다는 것과는 조금 다른 동기죠.

정희 저는 미술교육을 받은 사람이긴 하지만 늘 체육에 비교해서 생각하는데, 우리나라 체육, 엘리트 체육이잖아요. 그게 아니라 일반 체육을 했을 때, 올림픽에 충분히 나올 수 있는 정도의 인구가 있는 게 이상적이라고 생각하고, 만들기도 그런 것 같아요.

연명흠 맞아, 맞아. 그런 것 같아요.

구상권 아마추어 체육은 이미 그렇게 많이 되지 않았어요?

김지원 많이 돼서 이제 생활체육이지.

구상권 축구팀, 야구팀, 엄청 많아요.

연명흠 비유를 하자면 태릉선수촌이 있고, 일상적으로 조기 축구회가 있고. 이런 모델처럼 피아노로 얘기하면 조성진도 있지만, 피아노 수준급은 아니지만 칠 줄은 알아, 이런 사람도 있는 거죠. 메이커로 이야기하면 이걸로 4차 산업혁명에서 진짜 떼돈을 벌 수 있는 사람도 나오고, 또 안 팔리겠지만 친구들을 위해 내가 뚝딱뚝딱 만들어주는 사람도 있는 거죠. 그러니까 문화예술교육들이 보편 교육의 향유자로서의 문화예술이 되듯이 메이커 운동도 그런 쪽으로 하는 것이 …….

김상규 동계 올림픽의 영미팀!

일동 (웃음)

김주현 중요한 점이 하나 있다고 생각이 드는데요. 일단 그렇게 해서 경험을 해보도록 하는 것이 굉장히 중요하고. 그걸 해보고 나면 확실한 건 이 길은 내 길이다, 이건 내가 향유하는 거다, 이건 내가 전문가로서 성장할 수 있다, 이건 내 길이 아니다, 판단할 수 있더라고요. 본인이 그 판단을 할 수 있는 기회를 갖는다는 게 엄청나게 중요하고, 제가 이렇게 전체 교육으로 하다가 방과후로 들어왔다가, 이제 로봇 같은 거 좋아한다고 자기 혼자 생각했던 애들이 있어요. 근데 들어봤다가 수학 갑자기 나오고 미분 나오고 이러면 너무 질리는 애들이 있어요. 그런 애들은 '이건 아닌 것 같은데' 하고 나가요. 근데 걔는 확실히 알게 된 거죠. '이건 내 길이 아니다'라는 걸. 근데 그런 것들도 중요한 것 같아요.

구상권 근데 방금 나온 아마추어 얘기, 예전에도 우리끼리 한번 했었는데, 결국은 그 조기 축구회도 그렇고 아마추어도 보면 재미 들리기 시작하면 더 잘하기 위한 방법을 찾아요. 그때부터 교육이 다시 붙어요. 근데 그 교육은 엘리트 교육처럼 혹독하고 가혹하지 않아요. 그러니까 메이커 교육을 한다면 그런 쪽으로 비슷하게 포커싱을 맞추는 무언가가 ……. 아, 물론 그게 비록 도구를 다루는 법이라 하더라도, 아마추어 체육도 보면 '천 번 던져' 이렇게 안하거든요.

김상규 공을 잘 던질 수 있는 요령 같은 거죠.

구상권 한 백 번만 던지는 쪽으로. 약간 스트레스를 완화시키는 방법들도 있을 거고.

정희 조기 축구 한 다음에 직장도 가야 하고 하니까(웃음).

구상권 그러니까 그때부터 교육이 한다면 그런 정도? 새로운 엘리트 체육을 위한 교육이 아니라, 그런 아마추어적이거나 새로운 교육. 제가 수영을 배우는데 수영이 좀 그렇더라고요.

정희 근데 저는 문화적인, 생활을 풍부하게 하는 과정에서는 이제는 우리가 엘리트에 얽매일 필요는 없는 거 같아요. 100살까지 살아야 하는데 할 일도 없고.

일동 (웃음)

추형욱 제가 메이커 교육 실천회에 처음 들어와서 봉사활동을 나가라 그랬을 때, 그냥 제가 잘하는 거를 어린 학생들에게 가르쳐주는 줄 알고 시작을 했는데, 그래서 그전 날 밤 정말 설레었죠. 아, 내가 잘하는 걸 애들한테 어떻게 가르쳐주지? 그런데 저는 배운 게 딱 한 가지 있었어요. 냅두래요(웃음). 애들이 하는 대로 그냥 옆에서 봐주라고 하더라고요. 그리고 절대 가르쳐주지 마라. 스스로 찾게끔 해라. 그래서 저희가 옆에서 해줄 수 있는 건 응원밖에 없었어요. 입이 얼마나 간지러웠겠어요. 그게 정말 인내가, 입을 다물고 있어야 하는 게 ……. 이를 악물고 칭찬했다니까요. '오, 너 정말 어떻게 이런 생각을 했니?' 정말 말도 안 되는 건데. '야, 진짜 선생님은 네 나이 때 이런 생각 못 했는데 …….'

연명흠 역할극 하는 것처럼.

추형욱 네, "드론이 이렇게 해서 날겠니?" 이런 이야기가 막 여기까지 나오는데, "야, 이거 진짜 날겠다", "와, 대부분 드론 날개는 서너 개인데 넌 하나로 날려보겠다고?(웃음) 대박이다". 이렇게 돼야 되는 거예요. 그러면서 옆에서 할 수 있는 건, 모르는 건 그냥 모른다고. "선생님도 모르니까 같이 찾아볼까?" 이러고 같이 찾아주는 그런 행위들을 하는 거예요. 그래야 애들이 쉽게 무언가를 같이하게 되지, 자꾸 가르치려고 드는 건 또 주입식 교육이 되어버리잖아요. 애들의 분위기가 딱딱해지는 거예요. 그래서 이 방식 너무 마음에 들어요. 처음에는, 지금까지도 솔직히 적응은 잘 안 돼요. 혼내주고 싶은 애들도 있고, 애는 생각이 있는 앤가 없는 앤가 하는 생각이 들죠. 근데 칭찬을 그렇게 습관적으로 계속 해주다 보니까 애들도 좋아져요. 그리고 두 번째는 '페어를 꼭 해라'입니다. 저희가 첫 회에는 16주를 했어요. 16주를 토요일마다 계속했었어요. 근데 16주 특훈의 과정보다 페어날 하루에 애들이 장사치가 되어가지고…… 자기가 만든 거, 드론, 안 날아요, 근데 그 과정을, 아, 자기도 고생했다 이거죠, 막 사람들 지나가면 자기보다 어린 애들도 있고 어른들도 있고 그러면, 이걸 막 어떻게 만들었고 이야기를 하는데, 그 하루에 배운 게 애들이 엄청 많아요. 그리고 그 말 안 듣던 친구가 저한테 와서 그래요. 선생님, 내년에 저 진짜 열심히 할 거예요. 그러면 속으로 그래요. '그래, 내년에는 날개가 두 개가 달려 있겠구나'(웃음). 본인이 찾아보는 거예요. 막 검색도 하고. 그날부터 시작인 것 같아요. 페어를 마치고 난 날부터 그 친구는 이제 시작이 되는 거예요. 16주 동안 학생들은요, 지겹고, 가기도 싫고, 가도 재미도 없고 진전도 없고, 이럴 수도 있지만, 페어날 하루 배우는 게 정말 커요.

연명흠 지금까지 나온 이야기를 보자면, 정말 메이커 교육과 디자인 교육이 비슷해요. 그런 측면이 정말 많고, 페어라고 하셨는데, 디자인 수업 끝나면 마지막은 과제전으로 끝나요. 꽤나 비슷한 구조거든요. 그런데 대학에서는, 그러니까 모든 대학은 아니겠고 디자인 계열, 또는 예술 관련된, 파인아트도 뭐 비슷하다고 볼 수 있을 것 같은데, 뭔가를 만드는 식의 프로젝트 기반의 수업을 하는 데에서는 결과물은 그거예요, 전시할 수 있는 결과물. 제가 대학교에 처음 교수로 와서 교수학습지원센터에서 교수법 강의를 들었는데 되게 놀란 게 있어요. 뭐냐 하면 PBL을 해야 한다는 거예요. 그러니까 학생들이 수동적으로 배우게 하지 말고 프로젝트 베이스로 학습을 하게 하라라는 거였어요. 그런데 들어보니까 '어, 지금 그렇게 하고 있는 건데?'라는 생각이 들었어요. 오히려 우리는 이론이나 강의식 수업이 너무 부족한데, 그런데 다른 학과에서는 이걸 PBL을 해야 한다는 거예요. 디자이너들 대부분, 학생들도 그렇고, 그런 느낌을 받을 거예요. 그래서 이게 너무너무 비슷하다. '친숙한데, 똑같은데 이름만 다르구나' 그렇게 느끼는 거란 말이죠. 크게 분석해 보면 둘이 너무 비슷한 거죠. 그런데 고등학교에서 대부분의 경우가 사지선다, 외우게 하고, 이러다 보니까 메이커 교육이 되게 소중하고 그럴 것 같다는 생각이 들고, 디자인과에서는 어떻게 보면 사실 차별성 있긴 하지만 다른 수업들이랑 비슷하겠다 싶었어요.

김상규　여기서 문화예술교육의 어디 접점을(웃음). 정리를 해야 하잖아요.

연명흠　찾아봅시다.

모두　(웃음)

김상규　어쨌든 오늘 현장에 계신 분들 말씀 들으니까 그전에 이야기했던 것보다 훨씬 더 제작 문화, 메이커 운동이 갖고 있는 교육적인 효용이 굉장히 높은 것 같아요. 문화예술교육과 연결시켜 보면, 창의적인 결과물을 내는 게 능사는 아닌 것 같아요. 제작 문화를 통한 교육이 창의적인 태도, 이런 것들을 갖추게 해주는 것 같아요. 미적으로 뛰어난 창작물이 아니더라도 그 과정에서 창의적인 생각들을 계속 유발시키고 또 능동적인 태도를 배우면서 새로운 사고를 불러일으킬 수 있고요. 또 제도 교육에서도 정형화된 틀의 교육을 벗어날 수 있는 하나의 좋은 방법론일 수 있겠다는……. 정리하면, 좌담회를 아름답게(웃음) 마무리를 지을 수 있을 것 같은데요.

연명흠　박수 쳐야 할 것 같은데.

김상규　아뇨, 저도 새로 많이 배웠어요. 저는 이제 항상 부정적인 측면을 많이 짚는데(웃음). 부족하기 때문에, 한계에도 불구하고 아직은 시간이 좀 많이 필요한 것 같아요.

김지원　맞아요.

김상규　그게 입시라든가, 취업, 창업 등에 포커스가 많이 맞춰져 있다 보니까 이것을 전형적인 교육 모델에 자꾸 대입하는 것 같아요. 그런데 오히려 굉장히 나른 방식의 교육적인 자원을 끌어올 수 있겠다는 생각이 들어요.

김주현　한국에서는 이게 좀 중요한 문제이긴 한데, 산업혁명기로 막 넘어오던 때 기존의 그 시간 동안에는 어떤 교육이 먹혔느냐? 교육철학은 크게 주지주의, 구성주의 이렇게 나뉘는데 기존에는 주지주의가 다 먹혔던 거죠. 요 정도 수준의 교육만 하면 공장 돌리고 일할 수 있는 세상이었는데, 이제는 AI 있고 이런 이야기 계속 나오잖아요. 세상이 그렇게 변한 거예요. 근데 AI가 가지고 있는 특징 중에 하나는 사람이 넣어준 것들을 사람보다 더 잘해요. 근데 사람이 넣어준 걸 사람보다 더 잘한다면, 사람이 그 일을 하면 안 되는 거죠. 그러면 사람은 진짜 끊임없이 뭔가 새로운 생각을 해야 하는 건데, 이게 혼자는 안 된다는 거예요. 새로운 생각을 혼자는 만들어내기가 정말 힘들어요. 진짜 천재 수준이 되면 또 모를까. 그러면 결국에는 나와 같은 다른 사람들과 만나서 계속 뭔가 새로운 생각들을 해낼 수 있는 기회를 만들어야 하는 거고. 그러면 걔가 나랑 같은 사람이면 또 같은 생각만 할 거 아니에요. 당연히 다른 사람이 필요한 거죠. 그래서 이제 협업이 중요하다, 뭐 이런 이야기가 나오고 하는 것 같아요. 해보고 나니까.

김상규 개인 창작보다는 협업을 통해서 문제를 해결해야 한다는 그런.

김주현 기존의 것과 다른 무언가가 나와야 한다는 거죠. 그게 또 AI가 학습을 하면 AI가 더 잘할 거예요. 지금 저희 공간에 와서 프로젝트 하시는 한 분이 AI 가지고 도자기를 만드시는 분인데 기존 도자기 다 찍어서 계속 다 조금씩 다른 형태의 도자기를 AI가 더 잘 만들어요.

구상권 웃을 수가 없죠. 정교한 도구까지 AI에 물려놓으면 손보다 더 잘하겠죠.

김주현 네, 더 잘해요.

연명흠 오차도 줄어들고.

김주현 중요한 건, 사람은 새로운 생각을 해야 살아남을 수 있다는 것밖에 없어요, 앞으로는. 그러면 어떻게 새로운 생각을 잘 하게 할 것인가. AI는 근데 새로운 생각을 못 해요. 기존에 있는 걸 가지고 패턴을 분석하고 이렇게는 할 수 있지만.

구상권	오늘 정말 좋은 말씀 많이 들은 것 같아요, 태도도 그렇고. 저의 요즘 관심은 태도거든요.
김지원	직원들의 태도?
일동	(웃음)
구상권	그렇죠, 그렇죠.
김상규	경영자의 시각은 확실히 다르네요.
일동	(웃음)
구상권	근데 그게 왜 그랬냐면 제가 처음 3D 프린터 사업을 한 번 실패했어요, 일년여 전에. 실패한 다음에 할 때에는 왜 실패했는지 봤더니, 기존의 것을 다 답습해서 실패한 거더라고요. 그래서 지금까지 내가 알고 있었던 사실들을 다 뒤집어서, 내가 상식적으로 되게 잘못 알고 있었던, 남이 그렇다고 하니까 막연하게 믿어왔던 거를 다시 생각해 보고 하니까, 지금처럼 하면 안 되겠구나 하는 걸 알게 됐어요. 아까 말한 것처럼 출력 서비스라든지, 기존에 답습한 거 다 어려운 상황인데, 요즘은 오히려 저희 회사 영업 실적, 그래프가 점점 좋아지고 있어요. 그런데 직원으로 뽑은 친구들은 여전히 답습하는 친구들이 많거든요.
김지원	그러면 대표님이 직원 뽑을 때 뽑는 눈이 없는 거네요(웃음).
정희	잘못 뽑았어.
김지원	직관적으로 딱 저 친구야 하는 게 있어야죠.
구상권	저도 안 지 얼마 안 됐는데 어떻게 그래요.
일동	(웃음)
구상권	저도 이제 안 지 3년밖에 안 됐어요. 그러니까 당연히 그렇죠. 그래도 결국 태도라는 게 중요한 게, 뭔가 잘하는 친구보다는, 몰라도 되는데, 몰랐을 때 맡겼을 때 스트레스 없이 '그냥 그거 한번 해볼게요' 하는 태도가 제

일 중요한 것 같아요. 사실 저도 메이커페어 갔는데, '와, 진짜 행복하게 사는구나, 이런 거 만들고도 스트레스 안 받나', 막 이런.

일동 (웃음)

구상권 그랬는데 지금 생각해 보니까, 그 사람들은 자기가 한 번도 해보지 않은 일들을 스트레스받지 않고 하고 적당한 선에서 마무리해서 나온 거잖아요.

김주현 그럼 그 사람이 다음에는 더 멋있게 하고 나와요.

구상권 그렇죠. 그런 것들이 가끔 보이기도 하는 거죠, 그중에서. 소수지만. 어쩌면 그만둘 수도 있고 더 할 수도 있고 그런 거잖아요. 어쨌든 그런 사람들이 있으면, 저는 차라리 뭔가 잘하는 사람보다는 그런 친구들을 가지고 오래 끌고 가는 게 낫지 않나 그런 생각도 합니다.

정희 맞아요. 코치가 그래서 정말 필요한 것 같은데요. 전문가들은 딱 보면 정말 완성도 때문에 걸리는 것들이 있으니까, 그냥 조금 오지랖 부리는 그런 사람들 있잖아요. 그런 사람들이 막 있어서, 페어에서도 삐까번쩍한 전시물들 많아지는데도, 매년 가장 인기가 있는 건 딱 하나 정해져 있어요. 납땜 스테이션이 항상 가장 인기가 많아요.

김지원 납땜 스테이션.

정희 거기서 납땜 키트에다가 땜 여섯 군데를 하면 반짝이는 배지를 만들 수가 있는데요. 삼천 원으로 재료를 사면 납땜할 수 있는 테이블이 있고, 스태프들도 옆에 다 있긴 한데 아무도 누구를 부르지는 않아요. 공대 아빠들이 다 하나씩 가져가 가지고 애들 옆에 앉혀놓고 억지로 가르치려고 하는 거예요.

일동 (웃음)

김상규 성취감이 있잖아요. 결과물이 나오니까요.

정희 이제 막 애들 데려다놓고, 앉혀놓고 아빠의 위대함을 막 가르쳐주면서.

일동 (웃음)

정희 맞아요.

김상규 집에서는 별로 해주는 게 없잖아요, 하하.

정희 그래서 막 이런 오지랖쟁이들이 스스로 뭐 그런 역할을 해줄 수 있게 하는 환경들.

김상규 아빠들의 자존감을 채워주는 좋은 프로그램이네요.

모두 (웃음)

김지원 벌써 시간이 다 됐네요.

구상권 좋은 이야기 오늘 많이 들었습니다.

연명흠 오늘 좌담회는 이걸로 마감하겠습니다. 수고하셨습니다.

일동 수고하셨습니다(박수).

지은이

구상권

서울대학교에서 산업디자인 전공으로 학사학위, 석사학위, 박사학위를 취득했다. 1990년에 애플 매킨토시에 매료된 이후로 줄곧 3D CG를 활용한 자동차디자인, 제품디자인 및 영상 분야에서 활동했다. 한 차례 3D 프린팅 사업에 실패한 이후, 2015년에 지금의 (주)FAB365를 설립해 3D 프린팅용 디자인 콘텐츠를 유통하는 fab365.net이라는 3D 프린팅 콘텐츠 플랫폼 사업에 다시 도전하고 있다. 특히 3D 프린팅의 장점을 집약한 폴더블(Foldable) 시리즈는 전 세계에서 많은 호응을 얻고 있다.

김상규

대학과 대학원에서 디자인을 전공한 후, 예술의전당 디자인미술관 큐레이터로 일하는 동안 〈Droog Design〉, 〈한국의 디자인〉, 〈모호이너지의 새로운 시각〉 등의 전시를 기획했으며, 〈사물학II: 제작자들의 도시〉(국립현대미술관, 2015)의 작가로 참여했다. 번역서로는 『사회를 위한 디자인』, 저서로는 『의자의 재발견』과 『디자인과 도덕』 등이 있다. 현재 서울과학기술대학교 디자인학과 교수로 재직 중이다.

김지원

런던대학교 골드스미스 칼리지에서 디자인학 석사학위를 받았다. 성균관대학교에서 경영학 석사를 받았고, 동 대학에서 비교문화 박사과정을 수료했다. 모닝글로리 디자이너를 시작으로 국립박물관문화재단에서 문화상품개발팀장, 한국전통문화대학교에서 연구교수로 일했으며 디자인과 상품 문화에 대한 글을 써왔다. 2015년부터 한국공예·디자인문화진흥원에 재직 중이다. 『런던 디자인 산책』, 『행복의 디자인』, 『좋은 디자인은 내일을 바꾼다』, 「메타상품으로서 문화상품」(2014 한국디자인학회 최우수논문상), 「박물관 문화상품 개발 및 유통 플랫폼 개선 방안 연구」 등의 논저가 있다.

연명흠

서울대학교 산업디자인과를 졸업한 후, 대우전자 디자인센터에 재직하며 제품디자인 및 사용자 인터페이스 디자인을 담당했다. 일본 쓰쿠바대학에서 석사학위와 박사학위를 취득했고, 인제대학교 제품인터랙션디자인 전공을 거쳐 현재는 국민대학교 조형대학 공업디자인학과와 테크노디자인전문대학원 스마트경험디자인학과 교수로 재직하고 있다. 현재 한국디자인학회 부회장 및 논문편집위원, 디자인트렌드학회 논문편집위원을 역임하고 있다. 『기초 디자인 교과서』와 동명의 수업을 위한 교재 『디자인의 이해』를 공동 저술했으며, 2008년 한국디자인학회 최우수논문상을 수상했다.

이지원

서울과학기술대학교에서 산업디자인을 전공하고 동 대학원에서 「디자인사 자료 수집을 위한 구술 연구의 방향 모색」이라는 논문으로 석사학위를 받았다. 현재 디자인 기획사 아키타입(archetypes)에서 그래픽과 공간을 디자인하고 있다. 〈기록 기억: 일본군 '위안부' 이야기, 다 듣지 못한 말들〉 등의 전시를 디자인했고, 〈미각의 미감〉(국립현대미술관, 2016)의 작가로 참여했다.

한울아카데미 2210
디지털 시대의 메이커 교육

지은이 구상권·김상규·김지원·연명흠·이지원
펴낸이 김종수 | **펴낸곳** 한울엠플러스(주) | **편집책임** 최진희
초판 1쇄 인쇄 2020년 1월 6일 | **초판 1쇄 발행** 2020년 1월 15일
주소 10881 경기도 파주시 광인사길 153 한울시소빌딩 3층
전화 031-955-0655 | **팩스** 031-955-0656 | **홈페이지** www.hanulmplus.kr
등록번호 제406-2015-000143호

Printed in Korea.
ISBN 978-89-460-7210-7 93600
* 책값은 겉표지에 표시되어 있습니다.